JN496084

방언으로
열리는
성령의 은사

방언으로 열리는 성령의 은사

펴낸날 1판 1쇄 2026년 02월 15일

지은이 김상률
펴낸이 이환호
편집인 생수의 강 편집부

펴낸곳 도서출판 예찬사
등 록 1979. 1. 16 제 2018-000103
주 소 경기도 고양시 덕양구 중앙로 557번길
8-9. 엠앤지프라자 407-2호
전 화 02-798-0147
팩시밀리 031-979-0145, 02-798-0145
블 러 그 blog.naver.com/yechansa
전자우편 octo0691@naver.com

* 저자와 협약하여 인지를 생략합니다.
좋은 책은 좋은 사람을 만듭니다.
예찬사는 기독교 출판 실천윤리강령을 준수합니다.

방언으로 열리는 성령의 은사

| 김상률 지음 |

예찬사

목차

3. 방언이 주는 7가지 유익

4. 방언의 은사

5. 방언 통변의 은사

6. 예언의 은사

7. 믿음의 은사

8. 능력 행함의 은사

9. 신유의 은사

10. 지혜의 은사

11. 지식의 은사

12. 영 분별의 은사

13. 영력 개발

14. 은사는 배가 되어진다

15. 성령에 대한 4가지 범죄

16. 은사 깡패

† 머리말

아브라함이 본토 친척 아비 집을 떠나 가나안을 향해 나갔듯이 저 또한 그랬습니다. 몇 명의 젊은 청년들과 함께 열심히 목회해 보았습니다. 그러나 성령의 나타남이 없는 사역의 한계를 경험하고, 오로지 기도에 힘써 성령의 불을 받았습니다.

내가 불을 땅에 던지러 왔노니 이 불이 이미 붙었으면 내가 무엇을 원하리요 (눅12:49)

그때부터 성령세례와 함께 방언기도는 일상적인 기도가 되었습니다. 저뿐만 아니라 교회 모든 성도들도 마찬가지입니다. 방언기도로 열리는 성령의 은사는, 신앙생활에 놀라운 축복의 열매를 맺어가고 있습니다.

무릇 하나님의 영으로 인도함을 받는 사람은 곧 하나님의 아들이라 (롬 8:14)

여러분은 어떻게 성령의 인도함을 받고 있나요? 저는 방언을 통한 영의 기도로써 성령의 인도함을 받습니다. 영의 기도 속에 성령의 나타남이 증가되어집니다.

근래에 한국 교회는 성장이 멈춰졌다고 합니다. 우리 주변에서도 개척 교회가 부흥하는 것을 찾아보기 힘듭니다. 그 많은 전도 프로그램 행사와 교회 성장 세미나를 통하여 부흥을 모색해 보지만 열매가 맺히지가 않습니다.

제가 시무하는 교회는 단지 성령이 주시는 영의 기도 속에 인도함을 받고 있습니다. 성령의 기름부음은 모든 은사로 나타납니다. 신령한 하나님의 세계를 보여줍니다. 축복교회 교인들은 대부분 세상에서 맛보지 못한 신비한 하늘의 능력과 기적을 체험했습니다. 하나님께서 주신 은사로 주어진 은총입니다. 성령의 은사는 이 세상의 죄와 마귀와 우상과 세상을 이길 수 있도록 하십니다.

내가 너희 가운데 거할 때에 약하고 두려워하고 심히 떨었노라 내 말과 내 전도함이 설득력 있는 지혜의 말로 하지 아니하고 다만 성령의 나타나심과 능력으로 하여 너희 믿음이 사람의 지혜에 있지 아니하고 다만 하나님의 능력에 있게 하려 하였노라 (고전2:3-5)

바울과 같은 위대한 하나님의 종도 그의 사역에서 성령의 나타남이 없을까봐 떨었습니다. 그것도 그냥 조금 떤 것이 아니라 심히 떨었다고 합니다. 우리는 무엇으로 떨고 있습니까? 암에 걸릴까봐, 직장에서 해고 당할 우려로, 아니면 사업이 부도날까봐 떨립니까? 바울은 그런 문제로는 떨지 않았습니다. 바울은 성령의 나타남이 없을까봐 떨었을 뿐입니다. 바울은 어느 누구보다 방언기도를 많이 했던 종입니다.

내가 너희 모든 사람보다 방언을 더 말하므로 하나님께 감사하노라 (고전14:18)

바울의 사역은 방언기도를 통한 성령의 나타남이었습니다. 방언을 통한 영적 실상이 드러나지 않으면 세상 권세를 이길 수 없기 때문입니다. 이 책을 통하여 한국 교회가 다시 한 번 성령의 은사를 회복하여 지옥으로 달려가는 수많은 영혼을 구원하고 하나님의 나라를 확장할 수 있기를 소원합니다.

1

난소암이 사라졌어요

다급한 전화 목소리

어린 학생이 난소암이라니…

몸 속으로 성령의 불이 들어가다

성령의 불

뇌 손상으로 잃어버린 말을 되찾았어요

성령의 능력이 흐르는 것을 사모하라

1. 난소암이 사라졌어요

† 다급한 전화 목소리

주일을 보낸 월요일 저녁, 모처럼 한가함을 누리고 있었습니다. 전화벨이 울려 무심코 수화기를 들었습니다.

"목사님 댁이지요… 저, 인회 엄마예요."
"누구시라고요?"

평소 잘 듣지 못한 음성이었기에 물었습니다.

"저… 장인회 어미 되는 사람이라고요…!" 하시며 다짜고짜 우십니다. 그제야 우리 교회에 다니시는 이옥순 성도님이라는 것을 알게 되었습니다.

'평상시 연락하시는 분이 아니신데 무슨 일인가…?'

궁금함이 몰려 왔습니다. 그 집사님은 딸의 많은 눈물의 기도로 늦게 전도가 되신 분입니다. 아직 초보 신앙인이어서 주일예배를 자주 빠지셨습니다. 몇 달 동안 그분의 얼굴을 뵐 수가 없었는데 갑자기 전화를 주신 것입니다. 항상 명랑하고 밝은 분위기에 패션 감각이 있어 옷도 화사하게 잘 입으시는 분이셨습니다. 그런데 전화를 걸자마자 무섭게 우시니 제 가슴이 뛰고 당황스러웠습니다.

"무슨 일로 이렇게 전화를 주셨어요?"

물어본즉, 전주에 사는 19살 되는 조카딸이 있는데 급작스럽게 암에 걸려서 현재 서울에 있는 아산병원에 입원했다는 소식이었습니다. 목요일에 수술을 받기로 되어있는데 너무 불쌍하니 수술하기 전에 한 번 가서 기도해 달라는 부탁 전화였습니다.

우리 축복교회 성도들은 매일 밤 9시부터 새벽 2시까지 기도합니다. 당시 아내는 2시간 더 연장해서 새벽 4시까지 40일 작정기도를 하고 있었습니다. 기도는 주로 방언으로 합니다. 방언기도 속에는 성령의 교제와 간구, 그리고 찬양이 올려집니다. 아내는 기도하는 시간이 즐겁다고 합니다. 어려서부터 말하는 것을 좋아했는데 그 입을 신실하신 하나님께 드리는 그 자체가 축복이라고 여깁니다.

철야기도를 하다 보면 성령님의 임재를 느낍니다. 환상을 보여주시거나 세미한 음성을 들려주십니다. 앞으로 있을 일에 대한 무언의 감동을 받습니다. 성령님께서는 그 자매가 입원한 병원에 심방을 가서 기도해 주라는 감동을 주셨습니다.

수술 날짜를 확인해 보니 목요일이었습니다. 수술 하루 전, 수요일 낮에 집사님 두 분과 함께 그 병원을 찾아갔습니다. 그곳의 많은 환자들을 바라보면서 건강을 주신 하나님께 감사를 드렸고, 보호자들을 보면서 근래 우리 성도들 중에 중병으로 병원에 입원한 자가 없는 것도 감사했습니다. 도착해 보니 온 식구들이 초조한 기색으로 저를 맞이했습니다. 누군가에게 무슨 말을 들었는지 온 가족과 병실에 있는 환자들과 간병인들이 우리를 뚫어지게 쳐다보았습니다.

† 어린 학생이 난소암이라니…

환자 가족들은 그간의 상황을 설명해 주셨습니다. 올해 19살 된 혜진이라는 학생은 배가 자꾸 아파서 동네에 있는 내과에 가서 진료를 받았다고 합니다. 병원에서는 위염이라고 하며 입원해 치료를 받아야 한다고 해서 보름 동안 치료를 받고 퇴원했다고 합니다. 그러나 계속 배가 많이 아파, 그 병원에 다시 가 보았더니 의사가 산부인과로 가 보라고 하였답니다. 산부인과에 가서 검사해보니 자궁에 물혹이 터진 것 같다고 하면서 대학병원으로 가보라는 조치를 받았습니다. 그렇게 전주에 있는 대학병원에 입원해서 여러 가지 검사를 받은 결과, 예상치 못한 난소암 2기라는 진단을 받은 것입니다. 병원 측에서는 전주에서 치료가 어렵다고 서울에 있는 아산병원에서 치료받도록 했습니다.

아산병원에 온 후, 재차 정밀검사를 해보니 의사선생님은 난소암 2기인데 그것도 암이 자궁과 그 주변 부근까지 퍼져 있다고 하시면서 수술시에는 자궁을 들어내야 한다고 말씀하셨습니다. 뿐만 아니라 앞으로 아기도 가질 수가 없다고 합니다. 결혼도 안 한 어린 학생에게 이런 중병이 걸린 것을 보고 부모님은 하늘이 무너지는 심정이라고 하셨습니다.

저는 아직 예수를 믿지 않는 혜진이에게 진지하게 주님의 복음을 전했습니다. 그녀는 제 얘기를 조용히 들으면서 마음의 문이 열렸는지 고개를 끄덕이며 잘 받아들였습니다. 가방에서 꺼낸 성경책 위에 학생의 두 손을 올리고 영접 기도를 따라하도록 했습니다. 그런 후 혜진이 학생에게 침대에 누우라고 말하고 오늘 내가 말한 모든 것들을 너의 마음에 믿으면 지금 이곳에 예수님이 오셔서 너의 질병을 깨끗이 치료할 것이라고 말했습니다. 혜진이는 고개를 끄덕끄덕했습니다.

† 몸 속으로 성령의 불이 들어가다

저는 두 손을 배 위에 얹고 주님 앞에 간절히 기도를 드리기 시작했습니다. 사역할 때 우리는 모두 방언으로 기도합니다. 병실이라서 조심스럽기는 했지만, 마음을 다하여 주님 앞에 방언기도를 드렸습니다.

얼마 후 몸에 뜨거운 불이 임하면서 내 손을 통해 혜진이의 몸으로 성령의 불이 들어가는 것을 느꼈습니다. 치유의 기름부음이 흐르고 있기에 손을 얹은 상태에서 혜진이에게 지금 불이 들어가고 있는 것을 본인이 느끼고 있냐고 물어보았습니다. 혜진이는 자기 몸에 따뜻한 기운이 임하는 것을 느낀다고 했습니다.

제 몸에 땀이 날 정도로 뜨겁게 기도를 마쳤을 때, 가족들을 다 들어오라고 했습니다. 그리고 의사에게 이야기해서 내일 수술을 하지 말고 일주일만 미루라고 했습니다. 수술을 미루라고 한 것은 오늘 하나님이 치료하셨는데 의사가 그것도 모르고 지금까지의 검사 결과만을 가지고 무조건 수술하면 어떻게 하나 하는 걱정에서였습니다. 내일 꼭 수술해야 한다면 수술 전에 다시 검사해 달라고 의사에게 부탁하라고 했습니다.

가족들은 교회를 다니고 있지 않았기 때문에 제 말을 듣고 의아한 표정을 지었습니다. 6인실 병실에 있는 모든 사람도 나를 이상한 표정으로 바라보았습니다. 심방은 그렇게 마쳤습니다. 그 다음날은 목요집회가 교회에서 있었는데 아무런 이야기가 들려오지 않아서 혜진이가 수술을 받았나 보다 생각을 했습니다. 금요일 저녁이 되어서야 우리 교회 성도님으로부터 전화를 받았습니다. 월요일에 전화를 걸었을 때는 슬피 우셨는데 그날은 무척 흥분된 목소리였습니다.

"성도님 어떻게 되었나요?"

물어보았더니 어제 마취를 하고 수술실에 들어가 의사 선생님께서 수술하기 전 먼저 복강경으로 자세하게 자궁 안을 들여다보았는데 모든 암이 흔적도 없이 사라졌다는 것이었습니다. 수술하려던 의사들도 놀라고 간호사들도 놀랐다고 합니다. 하루 전에 내시경으로 보았던 암을 찾을 수 없었기 때문입니다. 의사들이 수술실에서 재차 확인에 확인을 거듭한 후 간호사실로 전화를 걸어서 가족들에게 암이 없어졌다는 소식을 전해주었습니다. 아마 의사들도 당황했을 것입니다. 아버지는 그 자리에 주저앉아서 엉엉 우셨고, 그 어머니는 이번 주부터 혜진이와 함께 교회에 가서 살아계신 하나님을 믿겠다고 고백했다고 합니다.

혜진이와 같은 병실에 있었던 사람들은 교회에서 심방 와서 기도 한

번 해주고 수술을 미루라고 하는 말을 들었을 때 처음에는 실소를 금치 못했다고 합니다. 그들도 예수를 믿는 사람들이었지만 수술하지 말라는 말을 의아해 했었는데 암이 없어진 것을 전해 듣고 모두가 놀라움을 금치 못했습니다. 그리고 본인들도 기도 받기를 원한다며 연락처를 물었습니다. 혜진이는 그 날 바로 병실에서 나와 커피를 뽑아 먹으며 보통 사람과 똑같이 움직였습니다.

† 성령의 불

근래에 들어와서 기도만 하면 성령의 불이 내 손으로 기름이 부어지는 것을 스스로 느낍니다. 눈으로 볼 수도 없고, 확인할 순 없지만, 스스로가 알고 있습니다.

내가 불을 땅에 던지러 왔노니 이 불이 이미 붙었으면 내가 무엇을 원하리요 (눅12:49)

아내도 기도할 때마다 치유의 능력이 흐름을 스스로 감지하게 되었습니다. 어떤 때는 손에 임한 불을 주체하지 못하여 부채를 부치듯 좌우로 흔들어댑니다.

어느 날 아내는 우리 교회에서 열리는 영성집회를 자기가 인도할 수 있게 해 달라고 부탁했습니다. 흔쾌히 응해 주었습니다. 치유집회를 한다고 하니 평소보다 많은 분이 오셔서 앉을 자리가 부족했습니다. 아내는 준비한 말씀을 증거한 후 성령님과 함께 치유사역을 시작했습니다.

집회에는 타 교회 목사님들도 오셔서 함께 은사사역을 하십니다. 그리고 축복교회 사역자들도 치유사역, 예언사역, 방언사역, 봉사사역을 함께하고 있습니다.

그 날의 영성집회에서 다른 분들의 은사사역에는 특별히 두드러진 역사가 나타나지 않았습니다. 그러나 아내의 치유기도 사역에는 놀라운 역사가 나타났습니다. 평소보다 많은 자들에게 하나님의 은총이 임한 것을 봅니다.

제가 받은 은사를 굳이 밝혀 보자면 말씀과 믿음과 능력 행함이라고 봅니다. 아내의 은사는 신유와 예언의 기름부음이 강합니다. 은사는 영적 무기와 같습니다. 전쟁에 나가 싸울 때 무기 없이 싸우겠습니까? 바울은 그래서 그리스도의 좋은 군사가 되라고 했습니다. 죄와 마귀와 세상과 우상을 이기려면 신령한 기름부음을 받고서 싸워야 합니다. 부분적인 은사를 가졌다면 더 사모하시길 바랍니다. 은사는 그 사람의 신앙 수준에 맞게 드러납니다. 사모하는 자에게 하나님께서 그 능력을 더하실 것입니다.

각 사람에게 성령을 나타내심은 유익하게 하려 하심이라 어떤 사람에게는 성령으로 말미암아 지혜의 말씀을, 어떤 사람에게는 같은 성령을 따라 지식의 말씀을, 다른 사람에게는 같은 성령으로 믿음을, 어떤 사람에게는 한 성령으로 병 고치는 은사를, 어떤 사람에게는 능력 행함을, 어떤 사람에게는 예언함을, 어떤 사람에게는 영들 분별함을, 다른 사람에게는 각종 방언 말함을, 어떤 사람에게는 방언들 통역함을 주시나니 이 모든 일은 같은 한 성령이 행하사 그의 뜻대로 각 사람에게 나누어 주시는 것이니라 (고전12:7-11)

하나님께서 각 사람에게 신령한 은사를 기름 부으십니다. 아내는 근래에 이 치유의 기름이 강하게 흐르고 있는 것을 알고 있었습니다. 성령의 은사는 사람마다 다릅니다. 어떤 이에게는 지식을, 어떤 이에게는 예언을, 어떤 이에게는 능력 행함을 주십니다.

예수님께서 이 땅에 계실 때 12년 동안 혈루병을 앓던 여인이 낫고자 하여 지나가던 예수님의 옷자락을 잡았습니다. 분주한 가운데 있었던 사건이기에 아무도 눈치 채지 못했지만, 예수님은 아시고 누가 내 옷자락을 붙잡았느냐고 물으십니다. 그렇게 물으신 것은 주님도 그 옷자락을 잡은 자에게 치유의 기름부음이 흘러나간 것을 감지하셨기 때문입니다.

그 해 7월 17일에 일어난 신유의 은혜를 간증하려고 이틀이 지난 토요일 한 집사님이 일부러 우리 교회를 찾아오셨습니다. 당일 치유집회에 있었던 역사입니다.

† 뇌 손상으로 잃어버린 말을 되찾았어요

강서구 가양동에 사는 김 집사입니다.

저는 계단에서 잘못 미끄러져서 뇌에 치명적인 손상을 입었습니다. 쓰러졌을 때 경찰이 저를 데리고 여러 군데의 병원을 찾아다녔습니다. 동네 병원에서는 모두 사망했다고 진단을 내렸지만, 아직 숨을 쉬고 있었기에 종합병원에 가서 CT 촬영을 했더니 의사들은 뇌에 피가 흘러서 번졌기에 90% 이상 죽은 상태라는 진단을 내렸습니다. 종합병원에서도 더는 가망성이 없다고 하여 식구들은 저를 다른 병원으로 데리고 갔습니다. 그 병원에서는 수술 시 사망해도 괜찮다는 포기각서를 아내에게 쓰라고 했습니다. 저는 수술을 받은 후 하루 만에 깨어났습니다.

그때부터 저의 삶은 고난의 연속이었습니다. 깨어는 났지만 갖가지 후유증으로 고통을 당했습니다. 뇌 언어 손상으로 인하여 말도 제대로 할 수 없어서 겨우 의사 표현만 가능한 수준이었습니다. 오른손에는 세 개의 손가락이 마비되었습니다. 말도 못하고 손도 움직이지 못하는 고통스러운 나날을 보냈습니다. 하루하루가 무척이나 불편스럽고 이와 같은 일을 당한 것이 원망스러웠습니다.

손가락은 시간이 지나면서 어느 정도 회복이 되었으나 말은 여전히 어눌한 상태로 지냈습니다. 뇌의 언어기능이 손상되었기에 의학적으로는 치유될 수 없는 상황이었습니다.

어느 날 우연히 축복교회에서 쓴 《꿈과 환상, 하나님의 사인》이라는 책을 보았습니다. 하나님이 들려주는 음성뿐만이 아니라 그곳에 기록돼 있는 간증을 읽어보니 나 또한 치유 받을 수 있겠다는 마음이 들었습니다. 마침 제가 사는 곳이 강서구 가양동이어서 화곡동에 있는 축복교회까지 지척의 거리였기에 교회에서 매주 열리는 기적의 목요일 집회에 참석했습니다. 이번 집회에서는 성령님께서 근래에 치유의 기름을 강하게 부으신다고 하시면서 치유집회로 인도하고 계셨습니다.

그날은 사모님이 말씀을 증거하셨습니다. 사모님은 성경에 기록돼 있는 치유의 사건을 말씀하시고 믿음대로 삶의 현장에 적용하면 성령님이 역사하신다는 은혜로운 말씀을 증거하셨습니다. 그리고 근래에 있었던 각종 치유의 간증을 말씀하실 때 저에게도 그 믿음이 부어졌습니다.

집회 후에 사모님께 입과 턱에 치유 기도를 받았습니다. 그리고 집으로 돌아가서 잠을 자는데 꿈속에 "다 고쳤다"라는 음성을 듣고 깨어났습니다. 깨어나 보니

5년 동안 제대로 하지 못했던 말이 자유롭게 터져 나왔습니다. 신기해서 입을 벌려 큰소리로 외쳤는데 외치는 그대로 말이 잘 나왔습니다. 너무나 신기했습니다.

이전에는 언어기능을 회복하려고 성경책을 소리 내어 읽었지만 내 입과 혀가 따라와 주질 못해 갑갑함이 이루 말할 수 없었습니다. 입을 벌려 크게 찬양하고 싶어도 되질 않았습니다. 평소에 느끼지 못했던 은혜가 무엇인 줄 아십니까? 평범한 생활 속에서 할 수 있는 것을 하는 것입니다. 찬양을 드리고 싶을 때 그렇게 하는 것입니다. 그런데 저는 그렇지 못한 삶을 5년 동안 살아왔지요.

저를 치유하신 성령님께 감사드립니다. 너무 감사해서 이틀이 지난 토요일 축복교회를 방문했습니다. 저의 치유를 말씀드리니 모두가 기뻐하시며 하나님께 영광을 돌리는 모습이 아름다웠습니다. 앞으로는 목숨을 다하여 하나님을 잘 섬기려고 합니다. 모든 영광 하나님께 돌립니다.

사도행전 3장을 보면 베드로와 요한이 기도하기 위해 성전에 올라갔을 때, 성전 입구에는 나면서 앉은뱅이 된 자가 문 앞에서 항상 구걸하고 있었습니다. 그는 기도하러 들어가는 베드로와 요한에게 다른 사람들에게 했던 것처럼 몇 푼의 도움을 요구했습니다. 베드로는 내게는 은과 금이 없지만 있는 것을 주겠다고 하면서 그를 나사렛 예수의 이름으로 일으켜 세웁니다. 그가 있는 것이 무엇입니까? 무엇을 소유하고 있었나요? 예수의 이름입니까, 예수의 이름은 다른 사람도 갖고 있습니다. 베드로와 요한은 예수의 이름뿐만 아니라 남들이 소유하지 못한 또 다른 한 가지가 있었습니다. 그리고 예루살렘 성전은 베드로와 요한만이 아닌 모든 사람이 기도하는 곳입니다. 제 구시 기도시간은 주님의 제자들만이 아닌 다른 모든 자도 습관적으로 기도했을 것입니다.

또 한 가지 염두에 둘 사실은 베드로와 요한이 그날 한 번에 구걸하는 앉은뱅이를 만나서 일으킨 것이 아니라는 것입니다. 그들은 항상 그 시간에 습관적으로 기도하러 다녔고, 성전 입구에서 구걸하던 걸인도 오랫동안 그 자리를 습관적으로 앉아서 지키고 있었습니다. 그런데 누구에게는 앉은뱅이를 일으킬 능력이 있었고, 다른 사람들은 전혀 엄두조차 내지 못했습니다.

여기에는 한 가지 신앙의 차이점이 있습니다. 베드로와 요한이 마가의 다락방에서 성령의 능력을 받은 반면, 다른 하나님의 백성들은 그 능력을 받지 못했습니다. 이것은 예수님께서 그들에게 약속하신 그대로입니다.

오직 성령이 너희에게 임하시면 너희가 권능을 받고 예루살렘과 온 유대와 사마리아와 땅 끝까지 이르러 내 증인이 되리라 하시니라 (행1:8)

예언했던 대로 베드로와 요한이 성령의 권능을 받습니다. 그리고 사도행전 2장을 보면 그들에게 방언이 나타난 것을 주목할 필요가 있습니다. 아마도 베드로와 요한이 성전으로 기도하러 간 그 날 성령의 기름부음이 흘렀을 것입니다.

너희는 주께 받은 바 기름부음이 너희 안에 거하나니 아무도 너희를 가르칠 필요가 없고 오직 그의 기름부음이 모든 것을 너희에게 가르치며 또 참되고 거짓이 없으니 너희를 가르치신 그대로 주 안에 거하라 (요일2:27)

베드로와 요한은 기도하러 가던 그 시간에 성령의 능력이 흐르는 것을 스스로 감지했습니다. 요한이 요한일서에 이와 같은 말씀을 말해놓은 것이 그 증거입니다. 요한은 성령의 기름부음이 흐를 때마다 행한 모든 역사와 능력들은 참되고 거짓 없는 결과로써 나타났습니다. 베드로도 사도행전 2장에 이미 이 능력의 기름부음을 받은 자입니다. 많은 사람 앞에서 앉은뱅이를 일으킬 수 있었던 것은 그 당시 그들이 소유한 성령의 능력이었습니다.

† 성령의 능력이 흐르는 것을 사모하라

여러분은 이 책을 읽으면서 성령의 흐름이 어떻게 은사로 드러나는가를 사모하시기 바랍니다. 베드로는 성령의 능력을 받은 후 단 한 번의 설교로 3,000명을 회개시켰습니다. 예루살렘 성전에는 많은 사람들이 기도하러 다녔지만, 그만한 능력을 가진 사람은 없었습니다. 이것이 성령의 능력을 받은 자와 받지 못한 자의 차이입니다.

사무엘상 16장에서 다윗은 사무엘을 통하여 성령의 기름부음을 받습니다. 기름부음은 오늘날 성령의 능력을 받은 것과 같습니다. 일개 목동이었던 다윗은 기름부음을 받은 후에도 겉으로의 삶에는 별로 달라진 것이 없어 보였습니다. 다윗은 기름부음을 받고서도 다시 광야로 돌아가 양들을 돌보는 양치기 생활을 계속했습니다. 시편 150편의 내용 중에서 100편 정도는 다윗이 쓴 시라고 합니다. 그는 양을 돌보면서 하나님께 많은 찬미의 제사를 드렸습니다. 사무엘을 통하여 성령의 기름부음을 받기 전, 때로는 사나운 사자나 곰과 같은 짐승이 양들을 해치러 왔을 때 어린 그로서는 속수무책으로 당할 때가 많았습니다. 그런데 기름부음을 받은 후 신기한 일이 벌어집니다. 사나운 짐승들이 양을 해치려고 찾아왔을 때 그가 던진 물맷돌이 엄청난 힘을 발휘한 것입니다. 사무엘을 통하여 기름부음을 받았을 때 하나님의 신적 권능이 순간순간 흐르고 있음을 스스로 알 수 있는 일들이 생겼습니다. 그것은 양을 지키는 생활의 현장 속에서 벌어졌습니다. 사나운 짐승이 왔을 때 그의 손에 능력의 기름이 흐르게 되면 쥐어진 조약돌은 미사일처럼 강하게 날아가 짐승을 죽일 수 있었습니다.

어느 날 다윗은 아버지의 심부름으로 전쟁터에 나간 형들을 만나러 갔습니다. 그곳에서 블레셋의 거대한 장수 골리앗을 보게 됩니다. 3m 정도 되는 거인의 온몸은 갑옷으로 무장되어 있었고 그가 들고 있는 창자루는 베틀 채와 같다고 했는데 쉽게 표현하자면 공사판의 굴착기와 같은 거대한 무기를 의미합니다. 그는 모든 군인이 싸울 필요가 없이 한 사람만 대표로 나와서 자기와 싸워 이기는 것으로 승패를 겨루자고 하며 싸움을 북돋고 있었습니다. 그러나 이스라엘 진영에서는 두려움으로 아무도 나가지 못합니다.

어떤 분은 이때의 사건을 이렇게 표현합니다. 다른 사람들은 나가지 못했지만 다윗은 여호와의 이름을 앞세워 나갔기에 승리했다고 합니다. 또 어떤 분은 믿음으로 나아갔기에 싸워 이길 수 있다고 합니다. 표면적으로는 모두 맞습니다. 그러나 실제로 그와 같은 상황이 벌어진다면 솔직히 누가 나설 수 있는지 의문입니다. 생각해 보십시오. 이스라엘 백성들이 하나님을 믿었지 다른 신을 믿었겠습니까? 그들이 여호와의 이름으로 전쟁을 벌이고 있었지 다른 신을 앞세우고 전쟁을 했습니까?

그런데 일개 목동이었던 자가 그런 상황 속에서 담대히 나섭니다. 반면에 모두가 하나님을 믿으면서도 다른 자들은 두려워서 나서지 못합니다. 무슨 차이입니까. 그 속에 성령의 능력이 흐르고, 안 흐르고의 차이입니다. 다윗에게는 사무엘에게 성령의 기름부음을 받은 후 하나님의 신적 능력이 흐르고 있었기 때문에 담대히 나설 수 있었던 것입니다. 사울 왕 앞에서 그가 했던 고백입니다.

다윗이 사울에게 말하되 주의 종이 아버지의 양을 지킬 때에 사자나 곰이 와서 양 떼에서 새끼를 물어가면 내가 따라가서 그것을 치고 그 입에서 새끼를 건져내었고 그것이 일어나 나를 해하고자 하면 내가 그 수염을 잡고 그것을 쳐 죽였나이다 주의 종이 사자와 곰도 쳤은즉 살아 계시는 하나님의 군대를 모욕한 이 할례 받지 않은 블레셋 사람이리이까 그가 그 짐승의 하나와 같이 되리이다 또 다윗이 이르되 여호와께서 나를 사자의 발톱과 곰의 발톱에서 건져내셨은즉 나를 이 블레셋 사람의 손에서도 건져내시리이다 (삼상17:34-37)

사나운 짐승들을 어린 소년이 어떻게 물리칠 수 있었겠습니까? 바로 성령의 능력입니다. 다윗은 사무엘을 통하여 하나님의 신적 능력을 받고 나서부터 그런 일이 일어났을 때마다 매번 승리했던 경험을 소유하고 있었습니다. 마침 아버지의 심부름으로 전쟁터에 나갔을 때 다윗 스스로는 그 성령의 능력이 몸에 흐름을 감지하고 있습니다. 그래서 사울 왕 앞에서 그것을 고백하고 담대히 골리앗과 맞설 수 있었던 것입니다. 만약 여러분이 그 능력도 없이 맞섰다간 비참한 죽음만이 기다릴 뿐입니다. 바울이 성령의 능력으로 희한한 역사를 드러내자 스게와 제사장의 일곱 아들이 흉내를 냈다가 큰 망신을 당했습니다.

유대의 한 제사장 스게와의 일곱 아들도 이 일을 행하더니 악귀가 대답하여 이르되 내가 예수도 알고 바울도 알거니와 너희는 누구냐 하며 악귀 들린 사람이 그들에게 뛰어올라 눌러 이기니 그들이 상하여 벗은 몸으로 그 집에서 도망하는지라 (행19:14-16)

세상 권세는 앞으로 용처럼 더 강해질 것입니다. 세상은 죄악으로 가득 차 있습니다. 사단은 때로는 우는 사자처럼, 어떤 때는 광명한 천사처럼 위장하여 믿는 사람들조차 미혹합니다. 보이는 우상은 사람들의 마음을 전부 실족케 합니다. 이와 같은 세상 권세를 어떻게 이겨나갈 수 있겠습니까? 주님이 말씀하신 대로 오직 성령의 권능을 받고 나가는 것입니다. 저희 교회에 흐르고 있는 성령의 나타남을 주시할 수 있기를 바랍니다. 모두가 하나님을 믿는다고 하면서도 마귀의 모형인 거대한 골리앗 앞에 하나님의 백성들이 떨고만 있어서야 되겠습니까? 다윗처럼 담대히 나가서 골리앗을 쓰러뜨리길 원하십니까? 죄와 세상과 마귀와 우상을 이길 수 있는 힘을 부여받을 수 있으면 얼마든지 가능합니다. 일상생활 속에도 이 성령의 능력이 흐를 수 있도록 통로를 여십시오. 방언기도가 그 열쇠입니다.

2

은사의 이해

은사에 대한 다양한 용어

은사의 구분

성령세례와 방언의 관계

방언기도를 통해 바울의 능력을 재현

방언은 개인에게 유익을 준다

방언에는 신비한 신적 능력이 담겨 있다

2. 은사의 이해

은사라는 용어는 신약성경의 "카리스마타(charismata)"를 번역한 것으로 하나님이 값없이 주시는 선물, 곧 은혜의 선물을 의미합니다. 이는 그리스도의 몸에서 각 신자가 몸 된 교회를 위해 봉사할 수 있도록 영적인 능력을 주신 것이라 할 수 있습니다.

각각 은사를 받은 대로 하나님의 여러 가지 은혜를 맡은 선한 청지기 같이 서로 봉사하라 (벧전4:10)

개역한글판 구약성경에는 은사라는 용어가 한번 나옵니다.

그들이 와서 시온의 높은 곳에서 찬송하며 여호와의 은사 곧 곡식과 새 포도주와 기름과 어린 양의 떼와 소의 떼에 모일 것이라 그 심령은 물댄동산 같겠고 다시는 근심이 없으리로다 할찌어다 (렘31:12 개역한글)

이 말씀에 보면 여호와의 은사는 곡식, 새 포도주, 기름, 어린양의 떼와 소 떼와 같은 열매의 결과로 그 심령이 물댄동산과 같을 것이라고 말씀하고 있습니다.

보라 내가 영을 그의 속에 두리니 그가 소문을 듣고 그의 고국으로 돌아갈 것이며 또 내가 그를 그의 고국에서 칼에 죽게 하리라 하셨느니라 하니라(사37:7)

하나님은 이사야를 통해서 성령으로 말미암아 하나님의 뜻을 알리시고 그들을 구원하겠다고 말씀하셨습니다.

† 은사에 대한 다양한 용어

은사의 표현에 있어 성경은 다양한 언어로 나타내고 있습니다. 예수님은 "표적"으로 말씀하셨고, 베드로는 "권능"으로 말하고 있으며, 바울은 "은사", 엘리사는 "영감", 누가는 "능력"으로 사용하고 있음을 알 수 있습니다. 요한은 기름부음이란 표현을 썼습니다.

바울은 고린도전서 12장에 여러 가지 은사가 있지만 주시는 분은 한 분임을 말하고 있습니다.

은사는 여러 가지나 성령은 같고 직분은 여러 가지나 주는 같으며 또 사역은 여러 가지나 모든 것을 모든 사람 가운데서 이루시는 하나님은 같으니 각 사람에게 성령을 나타내심은 유익하게 하려 하심이라 (고전12:4-7)

이 말씀을 보면 바울은 은사를 각각 다른 표현으로 사용하고 있습니다.

첫째, 카리스마타 - [성령은 같고: 은사에 해당] → 여러 가지의 은사가 있지만, 성령은 한 분임을 말하고 있습니다.

둘째, 디아코니아 - [주는 같으며: 직임에 해당] → 봉사와 헌신을 나타내며, 여러 가지 봉사와 섬김이 있지만 주님은 한 분임을 의미합니다.

셋째, 에네르게마 - [하나님은 같으니: 역사에 해당] → 일이나 환경 등에서 역사하는 모습은 여러 가지로 나타나지만 오직 한 분 하나님이 주장하심을 의미하고 있습니다.

하나님 나라란 어떤 의미일까요? 그것은 하나님이 통치하시고 다스리는 것이 하나님 나라입니다. 모든 만물은 하나님의 주권 아래 있으므로 세상의 일 또한 사람의 힘이나 능력으로 되지 않습니다. 만물을 주장하시는 하나님의 관계하심과 그 신의 운행하심으로 인하여 땅의 모든 일이 이루어집니다. 그러므로 하나님 나라의 일은 하나님이 주시는 힘과 능력으로만 드러낼 수 있고 다스릴 수가 있습니다. 그리스도께서는 우리를 위하여 돌아가심으로 우리에 대한 하나님의 사랑을 확증해 주셨고, 이뿐만 아니라 하나님의 은혜로 인간에게 영적인 능력(은사)까지 주셨습니다.

신약성경에 나타난 은사들을 살펴보면 다음과 같습니다.

내게 주신 은혜로 말미암아 너희 각 사람에게 말하노니 마땅히 생각할 그 이상의 생각을 품지 말고 오직 하나님께서 각 사람에게 나누어 주신 믿음의 분량대로 지혜롭게 생각하라 우리가 한 몸에 많은 지체를 가졌으나 모든 지체가 같은 기능을 가진 것이 아니니 이와 같이 우리 많은 사람이 그리스도 안에서 한 몸이 되어 서로 지체가 되었느니라 우리에게 주신 은혜대로 받은 은사가 각각 다르니 혹 예언이면 믿음의 분수대로, 혹 섬기는 일이면 섬기는 일로, 혹 가르치는 자면 가르치는 일로, 혹 위로하는 자면 위로하는 일로, 구제하는 자는 성실함으로, 다스리는 자는 부지런함으로, 긍휼을 베푸는 자는 즐거움으로 할 것이니라 (롬12:3-8)

로마서에 보면 각 사람에게 주어진 특정한 은사를 7가지로 구분 짓고 있습니다. 그런데 모든 그리스도인에게 각각 다른 은사를 주신 것은 몸 된 지체로서 연합하여 온전케 하기 위해서라고 합니다. 몸에 달린 지체는 각각 그 기능이 다릅니다. 손과 발, 눈이나 귀와 같은 지체도 있고 보이지 않는 오장육부도 지체입니다. 이 모든 것이 지체로서 함께할 때 온전하듯이 은사가 그렇다는 것입니다.

하나님이 교회 중에 몇을 세우셨으니 첫째는 사도요 둘째는 선지자요 셋째는 교사요 그 다음은 능력을 행하는 자요 그 다음은 병 고치는 은사와 서로 돕는 것과 다스리는 것과 각종 방언을 말하는 것이라 다 사도이겠느냐 다 선지자이겠느냐 다 교사이겠느냐 다 능력을 행하는 자이겠느냐 다 병 고치는 은사를 가진 자이겠느냐 다 방언을 말하는 자이겠느냐 다 통역하는 자이겠느냐 (고전12:28-30)

† 은사의 구분

하나님이 사역을 위해 각 사람에게 부어주시는 것이 성령의 은사입니다. 하나님은 이 같은 직분을 가진 자들을 세우셔서 그리스도의 몸을 견고케 하십니다.

각 사람에게 성령을 나타내심은 유익하게 하려 하심이라 어떤 사람에게는 성령으로 말미암아 지혜의 말씀을, 어떤 사람에게는 같은 성령을 따라 지식의 말씀을, 다른 사람에게는 같은 성령으로 믿음을, 어떤 사람에게는 한 성령으로 병 고치는 은사를, 어떤 사람에게는 능력 행함을, 어떤 사람에게는 예언함을, 어떤 사람에게는 영들 분별함을, 다른 사람에게는 각종 방언 말함을, 어떤 사람에게는 방언들 통역함을 주시나니 이 모든 일은 같은 한 성령이 행하사 그의 뜻대로 각 사람에게 나누어 주시는 것이니라 (고전12:7-11)

고린도전서 12장에 성령의 나타남이 바로 성령의 은사입니다. 본문에는 모두 9가지를 기록해 놓고 있습니다. 9가지 은사를 구분해 보면 다음과 같습니다.

1. 말의 은사: 방언의 은사, 방언 통역의 은사, 예언의 은사
2. 능력의 은사: 믿음의 은사, 병 고치는 은사, 능력 행함의 은사
3. 계시의 은사: 지식의 은사, 지혜의 은사, 영분별의 은사

이 책에서는 주로 9가지 은사에 대해서 다루려고 합니다. 그리고 이 은사가 어떻게 방언을 통하여 드러나며 열매 맺어지는가를 밝히고자 합니다. 오늘날도 신령한 하나님 나라의 일을 얼마든지 성령의 은사로 드러낼 수 있습니다.

특별히 모든 은사는 교회의 덕을 세우는 데 비해서, 방언의 은사는 개인의 덕을 세웁니다(고전14:4). 개인의 덕을 세운다는 것은 그 내면에 신령한 건축물을 세우는 것과 같습니다.

사랑하는 자들아 너희는 너희의 지극히 거룩한 믿음 위에 자신을 세우며 성령으로 기도하며 (유1:20)

은사와 함께 방언은 불가분의 관계를 갖습니다. 군인들에게 총이 있어야 하듯이 영에 속한 사람들에게 있어서 영적 무기는 방언입니다. 그것은 예수께서 제자들에게 마지막 부탁할 때부터 시작됩니다.

믿는 자들에게는 이런 표적이 따르리니 곧 그들이 내 이름으로 귀신을 쫓아내며 새 방언을 말하며 뱀을 집어올리며 무슨 독을 마실지라도 해를 받지 아니하며 병든 사람에게 손을 얹은즉 나으리라 하시더라 (막16:17-18)

예언했던 내용 그대로 제자들은 오직 기도에 힘씁니다. 부활하신 모습을 본 제자들은 마가의 다락방에 모여서 그 약속하신 성령을 고대하면서 기도했습니다.

오순절 날이 이미 이르매 그들이 다같이 한 곳에 모였더니 홀연히 하늘로부터 급하고 강한 바람 같은 소리가 있어 그들이 앉은 온 집에 가득하며 마치 불의 혀처럼 갈라지는 것들이 그들에게 보여 각 사람 위에 하나씩 임하여 있더니 그들이 다 성령의 충만함을 받고 성령이 말하게 하심을 따라 다른 언어들로 말하기를 시작하니라 (행2:1-4)

제자들에게 약속하신 성령이 임한 모습입니다. 그런데 당시에 나타난 성령은 불의 혀와 같다고 했습니다. 방언은 대언 방언, 대물 방언, 영음 방언으로 구분할 수 있습니다. 성령의 나타남은 다양합니다. 물처럼 임하시기도 하고, 바람처럼 나타나시기도 합니다. 혹은 불처럼 뜨겁게 역사하시며, 비둘기처럼 순결과 희생의 영으로 찾아오시기도 합니다.

오순절에 임한 성령은 불의 혀처럼 제자들에게 대언의 방언으로 임했습니다. 왜 그와 같은 성령이 나타났습니까? 당시에 이스라엘 사람들은 각국에 흩어져 살고 있었지만, 유월절과 같은 큰 절기가 되면 모두가 예루살렘 성전으로 모여들었습니다. 그들이 올 때 본인들뿐만 아니라 각국에 살면서 하나님을 믿는 타국의 사람들도 함께 오게 되었는데 그들은 히브리말을 몰랐습니다.

우리가 우리 각 사람이 난 곳 방언으로 듣게 되는 것이 어찌 됨이냐 우리는 바대인과 메대인과 엘람인과 또 메소보다미아, 유대와 갑바도기아, 본도와 아시아, 브루기아와 밤빌리아, 애굽과 및 구레네에 가까운 리비야 여러 지방에 사는 사람들과 로마로부터 온 나그네 곧 유대인과 유대교에 들어온 사람들과 (행2:8-10)

여기에서 바대인과 메대인과 엘람인은 인도와 페르시아 인근 지역을 말합니다. 유대와 갑바도기아, 본도와 아시아는 터키와 같은 소아시아 지방입니다. 애굽과 및 구레네에 가까운 리비야 여러 지방은 오늘날 북아프리카에서 온 사람들입니다. 또 로마에서 온 나그네는 유럽과 그 인근 지역에 있는 사람들입니다. 그런데 이 사람들이 유대인들로부터 유대교에 입교해서 절기 때에 예루살렘을 찾아왔습니다. 그러나 그들은 아직 유대 말을 모르는 자들이었습니다.

성령은 진리의 영이십니다. 그렇기에 당시에 그들에게 임한 성령은 제자들의 혀를 붙잡았습니다. 입술에 권능이 임했습니다. 그렇게 해서 각국에서 온 이방인들의 언어로 그리스도의 복음이 활발하게 증거되도록 역사하신 것입니다.

그레데인과 아라비아인들이라 우리가 다 우리의 각 언어로 하나님의 큰 일을 말함을 듣는도다 하고 다 놀라며 당황하여 서로 이르되 이 어찌 된 일이냐 하며 (행2:11-12)

그들이 모두 놀란 것은 각국의 언어로 제자들이 복음을 증거했기 때문입니다. 성령의 역사는 현실 상황과 밀접한 관계를 갖습니다. 그 당시에는 치유의 성령이 필요한 것이 아닙니다. 예언의 은사가 필요한 것도 아닙니다.

그들에게 나타나야 할 은사는 대언의 성령으로 나타난 대언 방언이었습니다. 성령께서 제자들의 혀를 붙잡아 그들의 언어로 복음이 증거가 돼야만 그들이 이해하고서 예수를 믿을 수 있지 않겠습니까? 성령은 진리의 영이십니다. 아픈 사람에게는 치유의 성령으로 역사하시고, 앞길을 몰라 방황하는 자에게는 예언의 기름부음으로 인도하십니다. 성령은 현실 상황에 맞게 나타나시고 역사하십니다.

그 후 고넬료의 집에 나타난 성령은 다릅니다.

가이사랴에 고넬료라 하는 사람이 있으니 이달리야 부대라 하는 군대의 백부장이라 그가 경건하여 온 집안과 더불어 하나님을 경외하며 백성을 많이 구제하고 하나님께 항상 기도하더니 (행10:1~2)

고넬료는 이방인입니다. 그는 로마 군인 100명을 통솔하던 지휘관이었는데 그가 유대 땅에 와서 하나님을 믿게 되었습니다. 그런데 그의 믿음이 보통 믿음이 아니었습니다.

그의 신앙생활을 살펴보니 첫째로, 경건했다고 합니다. 여러분은 경건하십니까? 둘째로, 온 집이 하나님을 믿었습니다. 즉, 가정 구원이 이루어진 자입니다. 셋째로, 그는 항상 구제에 힘썼습니다. 말만 많고 행함이 없는 믿음이 아닌, 삶으로 믿음을 나타내는 자였습니다. 넷째로, 그는 항상 기도했다고 말합니다. 믿는 사람들이 볼 때 이 정도 신앙생활이면 잘 믿는다고 인정할 수 있으리라고 봅니다. 이 정도의 신앙생활이라면 사람들의 기준으로 볼 때 합격점입니다.

그러나 하나님이 바라보실 때는 불합격이었습니다. 그에게는 꼭 필요한 것이 빠졌기 때문입니다. 그는 하나님을 잘 믿는다고 하면서도 알지 못하는 부분이 있었습니다. 그의 신앙은 부분적이고 제한적인 한계에 그쳐져 있었습니다. 그가 열심을 냈어도 그가 아는 하나님은 구약에서의 부분적인 율법의 하나님입니다. 그는 그리스도도 모르고 성령님도 모릅니다. 하나님께서는 그의 중심을 보시고 영적 필요를 채워주시려고 했습니다.

오늘날 타 종교를 믿는 사람 중에서도 나름대로 열심을 내는 분들이 많습니다. 그들은 그들이 믿는 대상만이 옳은 줄 압니다. 예를 들어 불교에 심취한 사람들을 보면 그들의 신앙이 고넬료와 같습니다. 경건하게 온 가족이 모두 불교를 믿습니다. 그리고 기도도 힘쓰고 선행도 잘합니다. 고넬료가 소유했던 믿음은 이방 종교에서도 얼마든지 발견할 수 있는 부분입니다. 하나님은 그가 알지 못했던 귀한 능력을 그에게 주시려고 했습니다. 성령의 능력만큼은 타 종교에서는 흉내 낼 수 없는 부분입니다.

고넬료는 율법의 하나님을 통하여 바리새인처럼 경건했지만, 사랑의 예수를 몰랐고 성령을 통한 하나님의 임재를 몰랐습니다. 그래서 베드로를 통하여 그와 그의 가족에게 성령을 받도록 하셨습니다. 이때 그들은 성령과 함께 방언을 받습니다.

베드로가 이 말을 할 때에 성령이 말씀 듣는 모든 사람에게 내려오시니 베드로와 함께 온 할례 받은 신자들이 이방인들에게도 성령 부어 주심으로 말미암아 놀라니 이는 방언을 말하며 하나님 높임을 들음이러라 (행10:44-46)

† 성령세례와 방언의 관계

성령과 함께 방언을 받음으로 그들의 삶은 좀 더 하나님의 영광을 드러낼 수 있었습니다. 그 후 사도 바울이 전도하다가 에베소에 이르렀을 때 에베소 교인들을 바라보니 열심은 있지만, 그들 또한 부분적인 신앙을 가진 자들임을 발견합니다.

그가 일찍이 주의 도를 배워 열심으로 예수에 관한 것을 자세히 말하며 가르치나 요한의 세례만 알 따름이라 (행18:25)

바울은 그들을 만났을 때 첫 마디가 **"너희가 믿을 때 성령을 받았느냐"**(행19:2)라고 묻습니다. 여기서 바울이 사람을 대하는 모습을 살펴볼 수 있습니다. 바울은 불신자에게는 첫 마디가 **"주 예수를 믿으라 그리하면 너와 네 집이 구원을 얻으리라"**(행16:31)라고 말했습니다. 그러나 믿는 자에게는 그렇게 대하질 않습니다. 바울은 믿는 자들에게는 "너희가 믿을 때 성령을 받았느냐?" 하면서 접근했습니다.

우리도 바울과 같은 삶의 자세가 필요합니다. 안 믿는 자들에게 가장 좋은 첫인사가 예수 믿으라는 소리입니다. 믿는 자들에게 행하는 인사는 바울처럼 너희가 믿을 때 성령을 받았는가입니다. 에베소 교인들은 성령이 있음도 알지 못했다고 합니다.

그들이 듣고 주 예수의 이름으로 세례를 받으니 바울이 그들에게 안수하매 성령이 그들에게 임하시므로 방언도 하고 예언도 하니 (행19:5-6)

에베소에서 성령세례로 임한 방언은 고넬료의 집에서 방언을 받게 한 이후 약 10년 이상의 시간이 흘렀으리라고 봅니다. 그러므로 바울의 전도 여정은 예수 그리스도의 증거와 함께 성령의 능력을 전가하는 사역이었습니다. 바울은 하늘의 권세를 열 수 있는 열쇠가 방언임을 알고 있었습니다.

그러면 사도 바울은 언제 성령세례를 받고 방언을 말했겠습니까?

아나니아가 떠나 그 집에 들어가서 그에게 안수하여 이르되 형제 사울아 주 곧 네가 오는 길에서 나타나셨던 예수께서 나를 보내어 너로 다시 보게 하시고 성령으로 충만하게 하신다 하니 즉시 사울의 눈에서 비늘 같은 것이 벗어져 다시 보게 된지라 일어나 세례를 받고 (행9:17-18)

본문에 보면 바울이 다메섹 도상에서 예수를 만난 후 거듭나게 됩니다. 이때 바울이 방언을 받았다는 말이 직접 성경에 기록되어 있지는 않습니다. 그러나 그가 고린도 교회 성도들에게 내가 너희 모든 사람보다 방언을 누구보다도 더 말함으로 하나님께 감사하다는(고전14:18) 고백을 했습니다. 그런 말을 한 것으로 보아 아마 그도 그 당시 방언을 받았을 것으로 추측됩니다. 성경 문맥의 흐름을 볼 때 굳이 기록돼 있지 않아도 이해할 수 있는 부분입니다.

내가 만일 방언으로 기도하면 나의 영이 기도하거니와 (고전14:14)

바울이 방언을 기도의 한 형식으로 간구한 것을 봅니다.

그리면 어떻게 할까 내가 영으로 기도하고 또 마음으로 기도하며 내가 영으로 찬송하고 또 마음으로 찬송하리라 (고전14:15)

바울은 방언뿐만 아니라 방언찬양도 즐겨 했습니다. 종합해보면, 성령세례를 받았을 때 방언은 불가분의 관계에 있습니다. 왜냐하면, 방언 자체는 하나님의 일을 해나갈 때 그때그때 천상의 언어를 통해서 신령한 계시를 받을 수 있기 때문입니다. 훗날 바울은 이렇게 자랑합니다.

그러므로 내가 그리스도 예수 안에서 하나님의 일에 대하여 자랑하는 것이 있거니와 그리스도께서 이방인들을 순종하게 하기 위하여 나를 통하여 역사하신 것 외에는 내가 감히 말하지 아니하노라 (롬15:17-18)

바울의 모든 사역은 성령의 나타남이었습니다. 그는 그리스도 안에서 성령의 나타남이 아니고는 감히 말하지 않겠다고 했습니다. 오늘날, 성령의 나타남이 없이 말로만 사역하는 분들을 많이 봅니다. 그래서 방언에 대해서 이해할 수 없다고 자기 이론적인 생각을 드러냅니다. 방언을 못하는 사람들에게는 특징이 있습니다. 그들은 신비한 성령의 역사를 맛보지 못했음을 봅니다.

저희 부부가 하나님의 은혜로 처음으로 해외 집회를 나갔을 때입니다. 국내에서 맛보지 못한 현지 과일들을 먹어 보았습니다. 생김새와는 전혀 다른 색다른 맛과 향기가 났습니다. 만약 희한하게 생긴 과일을 맛보지도 못한 사람이 그 과일의 맛을 촌평한다면 그 과일을 수시로 먹어본 사람이 어떤 감정이겠습니까. 오늘날 성령의 깊고도 오묘한 영을 체험치도 못한 채, 겉으로 드러난 외적인 부분만을 가지고 아는 체하는 모습과 다를 바 없습니다.

성경 전체가 사람의 이성으로는 이해할 수 없는 내용으로 가득합니다. 그런 분들이 예수가 남자 없이 성령으로 잉태했다는 것을 어떻게 믿게 되었는지 궁금합니다. 오병이어의 사건을 어떻게 믿을 수 있는지 의심스럽습니다. 성경 전체가 창세기에서부터 계시록까지 신비한 내용으로 가득 차 있는데 어떻게 믿음을 가졌는지 모르겠습니다. 혹시 당신도 고넬료처럼 부분적인 하나님만 알고 있는 것 아닙니까? 제자들의 신앙고백을 통하여 전능하신 하나님을 믿사옵고~, 그 외아들 예수 그리스도를 믿사옵고~, 성령을 믿사옵고~, 이렇게 예배 때마다 고백하면서 실상은 믿질 않거나 모르는 것 아닙니까?

† 방언기도를 통해 바울의 능력을 재현

방언은 성령님이 주시는 언어입니다. 저희 교회에서는 주로 방언기도를 통하여 사도 바울이 자랑했던 능력을 재현하길 원합니다. 축복교회는 초대교회 성도들이 마가의 다락방에 모여 있을 때처럼 그렇게 시작했습니다. 우리도 예수님의 제자들처럼 조그마한 반지하 빌라 거실에서 기도에 힘쓰다가 성령의 충만함을 받았습니다. 그리고 그때부터 초대교회의 모습을 재현해 나가고 있습니다.

오순절 날이 이미 이르매 그들이 다같이 한 곳에 모였더니 홀연히 하늘로부터 급하고 강한 바람 같은 소리가 있어 그들이 앉은 온 집에 가득하며 마치 불의 혀처럼 갈라지는 것들이 그들에게 보여 각 사람 위에 하나씩 임하여 있더니 그들이 다 성령의 충만함을 받고 성령이 말하게 하심을 따라 다른 언어들로 말하기를 시작하니라 (행2:1-4)

그 당시 초대교회는 규모가 작고 모든 것이 부족했으며, 더구나 예수님의 십자가 사건 이후 제자들은 두려움을 느끼고 있었습니다.

우리 교회도 시작이 그랬습니다. 열악한 환경과 부족한 시설, 그리고 십여 명의 작은 무리가 모였습니다. 그렇지만 성령의 능력으로 하루하루가 남다른 은혜로 살아왔음을 고백합니다. 초대교회와 같이 귀신을 쫓아내고 새 방언을 말하며 병든 자에게 손을 얹으면 치유되는 성령의 역사로 복음을 확장해 나가고 있습니다.

이 책이 평신도들에게는 하나님의 소명을 받게 하고, 주의 길을 걸어가려는 목회자들에게는 도전받을 만한 책이 되길 원합니다.

근자에 한국 교회의 침체로 인하여 소위 성공하셨다는 목회자들이 부흥을 갈망하는 세미나를 앞다투어 개최하고 있습니다. 대부분 유익을 주고 있지요. 그러나 한 가지 아쉬운 점은 성공하신 목사님들이 목회하던 당시와 지금은 현실적인 시각과 감각에서 적잖은 차이가 있다는 것입니다.

교회를 개척할 때 개척에 필요한 책을 사서 보았습니다. 지역, 개척 인원, 물질, 환경, 시스템, 영성 등 그 책을 보니 개척 교회를 하려면 모든 필요를 갖추어야 한다는 것입니다. 그와 같은 현실에 맞게 개척을 할 수 있는 교회가 얼마나 될지 궁금했습니다. 저는 사실 그런 모든 조건이 하나도 갖춰져 있지 않았습니다. 그렇다면 교회 개척은 포기해야 합니다. 그러나 성령의 역사는 불가능을 가능케 합니다.

특히 성령의 언어인 방언은 지속적인 성령의 나타남을 유지하는 근원입니다. 하나님이 개인에게 주신 선천적인 은사가 아닌 신령한 은사가 지속되어지길 원하십니까? 우리 교회에서는 이 신령한 은사를 통하여 초대교회를 재현해 내려는 꿈을 꿉니다. 다음은 우리 교회의 표어입니다.

우리가 꿈꾸는 교회

01. 약속하신 성령을 소원하는 교회 (행 1:1-8)

02. 성령 충만한 교회 (행 2:1-4)

03. 은혜와 간증이 있는 교회 (행 3:1-10)

04. 핍박과 고난도 감수하는 교회 (행 4:1-4)

05. 순결하고 깨끗한 교회 (행 5:1-6)

06. 주님의 제자를 세우는 교회 (행 6:1-6)

07. 전도와 선교하는 교회 (행 7:1-53)

모든 은사는 성령 안에서 하나입니다. 그리고 교회와 이웃에게 덕을 끼쳐야 합니다. 그렇지 못하면 오히려 짐이 될 수 있고 부작용이 생길 수 있습니다. 그래서 바울은 고린도 교회 교인들에게 무분별한 은사사역을 잘 정리해 주고 있습니다. 때로는 은사가 나타나면 어린 아이들처럼 시기하고 질투하기도 하고, 은사로 인해 교만해질 수 있습니다. 이런 부작용을 막기 위해서 바울은 고린도 교인들에게 나타나는 성령의 모든 은사를 교회의 덕을 세우는 데 필요한 것임을 일러줍니다.

† 방언은 개인에게 유익을 준다

모든 은사는 교회와 성도의 유익을 위해서 필요하지만, 특별히 방언의 은사만큼은 개인에게 유익을 줍니다.

방언을 말하는 자는 사람에게 하지 아니하고 하나님께 하나니 이는 알아듣는 자가 없고 영으로 비밀을 말함이라 (고전14:2)

개인에게 유익을 주는 방언의 은사가 왜 중요한가요? 방언은 개인에게 주어진 하늘의 언어이기 때문입니다. 말(언어)의 시작은 하나님에게서 나왔습니다.

태초에 말씀이 계시니라 이 말씀이 하나님과 함께 계셨으니 이 말씀은 곧 하나님이시니라 (요1:1)

여기에서 '말씀'은 성경 원어로 'logos'입니다. 그런데 로고스가 영어 성경에서는 'the Word'로 되어 있습니다. 이것은 '말' 또는 '단어', '언어'로 번역됩니다. 우리 성경은 한국식 표기로 '말씀'으로 번역해 놓고서 말과 말씀의 의미를 구분하고 있지만, 성경 원어에는 말씀이 구분되어 있지 않습니다.

말씀은 하나님께 속한 것이고 말은 인간의 입에서 나오는 것으로 나눕니다. 그러므로 요한복음 1장 1절을 원어로 풀어보면

"태초에 말이 있었고 이 말은 곧 하나님이시라 태초의 말은 곧 하나님이시며, 또 그 말은 하나님께로부터 나왔느니라"

그러므로 그 말에는 신의 권세가 있다. 히브리서 11장 3절에도

"믿음으로 모든 세계가 하나님의 말씀(=말)으로 지어진 줄을 우리가 아나니~"

모든 세계는 하나님의 말에 의하여 지어졌다고 했습니다. 그 말 속에 하나님의 권세가 들어있기 때문입니다. 말 속에는 모든 세계를 움직이는 신적 권세가 있습니다. 바울은, 모든 만물(萬物)에는 하나님의 신성이 흐르고 있는 것을 알았습니다.

창세로부터 그의 보이지 아니하는 것들 곧 그의 영원하신 능력과 신성이 그가 만드신 만물에 분명히 보여 알려졌나니 그러므로 그들이 핑계하지 못할지니라 (롬1:20)

하나님의 세계는 하나님의 법칙이 적용되는 공간입니다. 만물에는 하나님의 말로써 모든 세계가 하나씩 하나씩 드러났습니다. 말씀으로 인하여 물질세계, 식물세계, 동물세계, 인간세계, 하나님의 세계가 창조됐습니다. 그 세계는 하나님의 신성이 흐르는 공간입니다.

저는 이해하기 쉽게 영적인 세계인 7감으로 표현하겠습니다. 동물의 세계는 5감인 본능적 기능(시각, 청각, 후각, 미각, 촉각)으로 움직이고 살아갑니다. 인간 세계인 사람은 5감에 생각 기능이 더해진 6감으로 움직입니다.

우리가 볼 수 없는 영의 세계는 7감으로 돼 있습니다. 이 세계는 영적인 세계로써 사람이 보지 못합니다. 그러나 사람에게는 영이 창조되었기에 하나님을 의식합니다. 하나님도 영이시기에 보이지 않지만 스스로 계신 분이심을 우리는 압니다. 또한, 사람의 영혼도 볼 수 없지만, 영이 있다는 것을 압니다. 그뿐만 아니라 보이지 않는 천사와 마귀, 천국과 지옥…… 이와 같은 보이지 않는 존재를 통해 우리는 의식할 수 있는 영의 세계가 있음을 믿습니다.

기록된 바 하나님이 자기를 사랑하는 자들을 위하여 예비하신 모든 것은 눈으로 보지 못하고 귀로 듣지 못하고 사람의 마음으로 생각하지도 못하였다 함과 같으니라 (고전2:9)

성령세례는 하늘의 세계를 열어 줍니다. 예수께서도 세례 요한에게 요단강에서 세례 받으셨을 때 하늘 문이 열리고 비둘기와 같은 성령이 임하셨습니다. 오늘날에도 똑같이 하늘의 권세가 부어질 수 있습니다. 그 통로가 바로 방언입니다.

오늘날에는 언어가 어떤 능력을 갖추고 있는지에 대해 연구가 활발하게 진행되고 있습니다. 농촌진흥청 잠사 곤충연구소 생체 활성 연구실에서는 4년여에 걸쳐서 음악이 농작물에 미치는 영향을 조사한 적이 있습니다.

아름다운 음악을 듣고 자란 식물과 음악을 듣지 못한 식물을 비교해 보면 아름다운 음악을 듣고 자란 식물은 생육이 최고 44%나 더 증가했다고 밝혔습니다. 또 해충의 발생률도 억제되어 수확이 현격히 증대되었는데 오이의 경우 보통 것은 무게가 150g 정도밖에 안 되었으나, 아름다운 음악을 듣고 자란 오이는 200g~250g으로 향상되었다고 발표했습니다. 식물도 말(음악도 음률 있는 말이다)의 지배를 받는다는 것을 분명히 보여준 조사결과입니다.

우리 신체의 모든 조직도 말의 지배를 받습니다.

최근 신경의학계에선 뇌 속의 언어중추 신경이 다른 모든 신경계를 지배하고 있다는 것을 발견했습니다. 사람의 뇌 인에 있는 중추신경 언어기능이 다른 모든 신경을 지배하고 있으면서 강력한 영향력을 미치고 있다는 것입니다. 야고보는 혀는 신체의 가장 작은 부분이지만 온몸에 굴레를 씌운다고 했습니다(약3:2). 그래서 이것을 치료에 적용하는 언어치료법(Word Therapy)이 생겨났습니다.

환자가 하루 2~3차례 일정 시간(10~15분) 언어치료법을 시행하는 것으로, 만약 당뇨병 환자라면 "나의 혈당치는 정상이 되고 있다"라고 반복해서 10분 정도 말하는 것입니다. 미국 위스콘신 주의 한 병원에선 말기 암

환자에게 언어치료법을 적용했는데 3주 후 진통이 말끔히 사라졌고, 암은 흔적도 없이 깨끗이 사라졌다는 임상 보고가 나왔습니다. 우리 인간이 가진 언어가 얼마나 능력이 있는지는 과학적으로 증명된 사실입니다.

에모토 마사루의 《물은 답을 알고 있다》라는 책을 보면 물에게 축복의 말을 한 후 고성능 현미경으로 관찰한 결과, 물의 입자가 아름답게 변했습니다. "감사합니다, 고맙습니다, 축복합니다, 사랑합니다"와 같은 긍정적인 말을 물을 향해 하면 입자들이 별처럼 아름답게 바뀝니다.

반면에 저주의 말을 퍼부으면 그 물의 입자는 보기 흉하게 깨어지고 일그러집니다. 사람의 몸은 70%가 물이라고 합니다. 따라서 사람은 어떤 말을 듣느냐에 따라 그 형체가 달라집니다. 예수님은 이렇게 외치셨습니다.

명절 끝날 곧 큰 날에 예수께서 서서 외쳐 이르시되 누구든지 목마르거든 내게로 와서 마시라 나를 믿는 자는 성경에 이름과 같이 그 배에서 생수의 강이 흘러나오리라 하시니 (요7:37-38)

† 방언에는 신비한 신적 능력이 담겨 있다

목마른 인생들에게 주님이 하신 말씀은 영생수입니다. 주님의 말씀과 성령을 받을 때 그 속에 생명이 흘러 넘칩니다. 그것은 말을 통하여서 되는 것입니다. 예수님의 말은 성령의 모형입니다.

특별히 방언은 사람의 언어가 아닌 천상의 언어입니다. 그러므로 그 속에는 내가 알지 못하는 신비한 신적 능력이 담겨 있습니다.

성경은 폐하지 못하나니 하나님의 말씀을 받은 사람들을 신이라 하셨거든 (요10:35)

성경 말씀대로 하나님의 말씀을 대언하는 방언을 통하여 놀라운 신적 권세가 드러나게 됩니다. 성경에 나오는 인물들을 보면 하나님께서 그들을 들어 쓰실 때 한결같이 그들에게 성령의 기름을 부어주셨습니다. 성령이 임했을 때 그 사람의 인격과 성품에 급격한 변화를 보입니다. 평범한 인물이라도 하나님의 영이 임했을 때 능력의 사자가 됐습니다. 요셉, 모세, 여호수아, 입다, 나단, 에스겔, 다니엘, 요엘, 호세아, 아모스, 요나, 미가, 나훔, 하박국, 학개, 말라기…… 모두가 그랬습니다.

성경의 인물이 아닌 오늘날 하나님 앞에 크게 쓰임 받는 인물들도 마찬가지입니다.

• **요한 웨슬리**

감리교 창시자인 요한 웨슬리는 근대 오순절 운동의 아버지라고 불립니다. 웨슬리는 성경에 기록된 은사들이 방언과 함께 계속 주어졌다고 믿었습니다. 그의 기록을 살펴보면 당시 방언은 사도시대 이후 사라졌다고 한 미들런에게 장문의 편지를 보내어 반박했습니다.

"의심할 여지없이 그 사이에도 방언이 일어난 사실들은 줄곧 들려 왔습니다. 그리고 이렇게 방언이 일어난 곳은 영국에서 그리 먼 곳도 아니고 또 아주 먼 옛날의 일도 아닌 바로 최근입니다. 다피니 계곡(위그노들이 있었던 곳)에서 여러 차례 방언이 일어난 사실은 우리가 모두 잘 알고 있지 않던가요? 이들 계곡에 살던 개신교 거주자들이 이 은사와 다른 기적적인 능력들을 행한다는 소식이 크게 알려져 (프랑스의) 파리에서 큰 소동이 일어난 것은 불과 50년도 되지 않습니다."

성령의 능력을 입은 후 웨슬리의 사역에서 방언은 빼놓을 수 없는 성령의 나타남이었습니다. 실제로 초기 감리교도들 가운데 방언을 사용했다는 자료를 발견했습니다.

• **무디**

미국 부흥운동의 기수를 떠올리라고 하면 드와이트 무디일 것입니다. 무디는 그의 집회에서 방언의 은사가 계속 나타나는 것을 말했습니다. 무디가 영국의 선덜랜드를 방문하여 집회할 때 로버트 보이트라고 하는 사람은 이렇게 기록했습니다.

“나는 집회에 불이 붙는 것을 보았다. 젊은이들이 방언을 했고 또 예언을 했다. 왜 갑자기 이런 일이 일어나는 것일까? 무디가 오후 내내 그들에게 설교했다는 것 말고는 다른 이유가 없는 것 같았다.”

제 아내가 주님을 만난 후 기도할 때마다 성령의 불로 환상이 열렸습니다. 그때 제가 서점에 가서 케네스 해긴 목사님이 쓴 《나는 환상을 믿습니다》라는 책을 사서 주었습니다. 영적으로 조금이라도 관심이 있는 분이라면, 케네스 해긴 목사님이 어떤 분인 줄 다 아실 것입니다. 목사님은 태어날 때 0.9kg의 초미숙아로 태어나 모두가 죽는다고 했지만, 주님께서 살려 주셨고 놀라운 성령의 능력을 부여받은 종이 되었습니다.

그 분의 책에 두 가지 내용이 저를 놀라게 했는데 첫째는 아내가 만난 예수님의 모습과 케네스 해긴 목사님이 환상으로 만난 예수님의 모습이 똑같은 것이었습니다. 둘째로는 책 머릿말에 쓰인 내용입니다. “어떻게 그렇게 하나님의 놀라운 사역을 감당해 나갔습니까?”라고 묻는 기자들의 질문에 목사님은 단지 방언을 하다가 성령이 주시는 감동대로 한다고 단순하게 대답했습니다.

한국 교회뿐만 아니라 세계적으로 쓰임 받는 조용기 목사님도 마찬가지입니다. 순복음 교회의 특징이 오순절 성령 운동이고 그 표적으로 모든 성도가 방언을 사모합니다.

오늘날에도 방언하는 분들에겐 똑같은 역사가 일어납니다. 방언은 예수를 믿자마자 받을 수도 있고, 수십 년 믿은 후에도 받을 수 있습니다. 사모하는 자에게는 주십니다. 그러나 아직 어린 신앙이 있습니다. 신앙이 어린 성도는 그 수준에 맞게 성령은 일하십니다. 성숙한 신앙인은 그 수준에 합당한 영의 기도를 하게 합니다. 성령의 지속적인 역사를 체험하기 위해 가장 필요로 하는 것은 바로 방언입니다.

3

방언이 주는 7가지 유익

일곱 촛대의 비밀

1) 은혜의 성령
2) 생명의 성령
3) 양자의 성령
4) 간구의 성령
5) 성결의 영
6) 진리의 성령
7) 영광의 영

성령의 내주하심

성령세례

성령 충만

3. 방언이 주는 7가지 유익

† 일곱 촛대의 비밀

그의 오른손에 일곱 별이 있고 그의 입에서 좌우에 날선 검이 나오고 그 얼굴은 해가 힘 있게 비치는 것 같더라 내가 볼 때에 그의 발 앞에 엎드러져 죽은 자 같이 되매 그가 오른손을 내게 얹고 이르시되 두려워하지 말라 나는 처음이요 마지막이니 곧 살아 있는 자라 내가 전에 죽었었노라 볼지어다 이제 세세토록 살아 있어 사망과 음부의 열쇠를 가졌노니 그러므로 네가 본 것과 지금 있는 일과 장차 될 일을 기록하라 네가 본 것은 내 오른손의 일곱 별의 비밀과 또 일곱 금 촛대라 일곱 별은 일곱 교회의 사자요 일곱 촛대는 일곱 교회니라 (계1:16-20)

부활하신 예수께서 요한에게 나타나셔서 하신 말씀입니다. 일곱 별은 일곱 교회의 사자를 의미하고, 일곱 촛대는 일곱 교회라고 하셨습니다. 촛대는 빛을 발하기 위해 있습니다. 성령의 조명을 뜻합니다. 교회는 세상에 빛을 발해야 합니다. 우리 몸도 마찬가지입니다. 우리 몸은 거룩한 하나님의 성전이고 성령이 임재하시는 장소가 됩니다.

너희는 너희가 하나님의 성전인 것과 하나님의 성령이 너희 안에 계시는 것을 알지 못하느냐 누구든지 하나님의 성전을 더럽히면 하나님이 그 사람을 멸하시리라 하나님의 성전은 거룩하니 너희도 그러하니라 (고전3:16-17)

너희 몸은 너희가 하나님께로부터 받은 바 너희 가운데 계신 성령의 전인 줄을 알지 못하느냐 너희는 너희 자신의 것이 아니라 (고전6:19)

우리 몸이 예수님으로부터 변화된 성전이라면 몸 된 성전을 밝게 비추어야겠습니다. 성막에 보면 성소를 밝히기 위해서 7개의 촛대가 켜져 있었습니다. 우리의 심령성전도 밝게 조명되어야 합니다. 요한계시록 1장 4절에 이르기를 '요한은 아시아에 있는 일곱 교회에 편지하노니 이제도 계시고 전에도 계시고 장차 오실 이와 그 보좌 앞에 일곱 영과'라고 하며 일곱 영이 있음을 밝힙니다. 그 일곱 영은 번개와 음성과 뇌성이 나고 보좌 앞에 켜진 일곱 등불로 표현됩니다.

사람의 영혼은 여호와의 등불이라 사람의 깊은 속을 살피느니라 (잠20:27)

말씀대로 사람의 영혼이 밝게 비춰기 위해서는 성령의 조명이 필요합니다. 여호와의 등불은 바로 성령의 빛을 말합니다. 성령께서 우리의 삶을 밝히고 인도하시고 역사하시는 빛으로 비추어져야 합니다. 빛을 발하는 능력을 통하여 얼마든지 하나님의 나라를 확장할 수 있으며 마귀 권세를 궤멸할 수 있습니다. 되도록이면 일곱 촛대 모두가 켜지면 켜질수록 온전합니다. 다 켜져야만 성령의 능력이 밝게 비춰집니다. 여러분의 집 거실에는 몇 개의 조명등이 달려 있습니까? 만약 몇 개의 전구가 나갔다면 그만큼 어둡지 않겠습니까?

내 심령에서 역사하는 성령의 나타남도 이와 같습니다. 기능적으로 내 심령의 성전 속에 거하는 이 일곱 개의 등불이 모두 밝혀지기를 원합니다. 광야 시절 모세는 하나님의 지시하심을 받아 성막을 세웁니다. 성막의 성소 안에는 일곱 등대가 어둠을 밝히는 빛을 발했습니다.

너는 순금으로 등잔대를 쳐 만들되~ (출25:31)

등대는 원래 한 덩어리 금이었습니다. 주물로 부어 만든 것이 아닙니다. 한 덩어리 금이 촛대의 모양으로 만들어지기 위해서 헤아릴 수 없는 망치질을 가해야 했습니다. 그렇게 해서 등대 형상으로 빚어졌습니다.

아무 모양도 없는 금덩어리를 망치질하여 하나님께서 일러 주신 대로 살구꽃 모양으로 제작했습니다. 살구꽃은 이스라엘에서는 겨울을 지내고 나면 가장 먼저 피는 꽃입니다. 부활의 첫 열매되시는 예수의 형상을 본받아 나아가라는 것입니다.

하나님은 우리를 만들어 가십니다. 예수의 형상을 본받기 위해서 그만큼 두들겨지는 아픔 속에서 다듬어져 갑니다. 다듬어져야만 시간이 흐를수록 기름을 담을 수 있는 등대로 됩니다.

보좌로부터 번개와 음성과 뇌성(계4:5)을 일으키는 일곱 등대가 되길 원하십니까?

등경 위에 들려진 등불처럼(마5:15) 빛을 발하길 원하십니까?

먼저 기름을 담을 수 있는 등대가 되십시오. 그러면 우리의 심령 속에 이 일곱 촛대가 밝히 켜질 것입니다.

나의 삶에 이 촛대의 불이 밝히 켜지면 그의 삶은 능력의 삶이 됩니다. 이 성령이 조명하시면 앞길을 인도받을 수 있습니다. 그러기 위해서는 하늘의 언어가 그 통로가 되어야 합니다. 사람들이 어디서든 일상적으로 말을 하듯이 방언기도도 어느 곳에서든 얼마든지 할 수 있습니다.

우리말로 기도하면 다른 사람이 알아듣고 참견할 수 있는데 방언을 조용히 입에 물고 있으면 생활 현장 속에서도 아무런 제약없이 늘 기도할 수 있습니다. 단, 불신자들이 이상한 눈으로 바라보지 않도록 지혜롭게 하는 것을 잊으시면 안 됩니다.

일곱 개의 등불을 우리의 심령성전 안에 조명하시기 바랍니다. 주님은 지금도 내 안의 모든 등불이 성령으로 밝게 빛을 발하기를 원하십니다. 기능적인 면에서 이 일곱 개의 등불은 어떤 능력일까요?

1) 은혜의 성령

하물며 하나님의 아들을 짓밟고 자기를 거룩하게 한 언약의 피를 부정한 것으로 여기고 은혜의 성령을 욕되게 하는 자가 당연히 받을 형벌은 얼마나 더 무겁겠느냐 너희는 생각하라 (히10:29)

이 은혜의 성령이 조명되면 힘들어도 힘들게 느껴지지 않습니다. 자신의 심령에 은혜의 성령을 부어주시길 구하십시오.

은혜란 받을 자격이 전혀 없는 자에게 값없이 엄청난 선물을 주신 것을 뜻합니다. 바울은 다메섹에서 예수를 만난 후 할 수만 있다면 이 은혜를 나누길 원했습니다. 그리고 그것을 증거하려고 사력을 다했습니다. 바울이 쓴 13개의 서신을 읽어보면 마지막 인사가 무엇입니까? 대부분 섬기는 교회와 성도들의 심령에 하나님의 은혜가 넘치기를 원하였습니다.

주 예수 그리스도의 은혜가 너희와 함께 하고 나의 사랑이 그리스도 예수 안에서 너희 무리와 함께 할지어다 (고전16:23-24)

형제들아 우리 주 예수 그리스도의 은혜가 너희 심령에 있을지어다 아멘 (갈6:18)

우리 주 예수 그리스도를 변함 없이 사랑하는 모든 자에게 은혜가 있을지어다 (엡6:24)

여러분의 교회에 이 은혜의 성령이 빛을 발하고 있습니까? 은혜의 성령이 켜져 있는 분은 매사에 하나님의 은혜를 드러냅니다. 철야기도를 해도 하나님의 은혜로 할 수 있었다고 합니다. 교회 봉사도 하나님이 힘 주신 은혜로 한다고 고백합니다. 먹고 마시는 일상생활 모두가 하나님의 은혜임을 깨닫습니다.

어느 날 새벽 2시까지 철야기도회를 마치고 2층 교육관으로 향했습니다. 새로운 책을 집필하기 위해서였습니다. 그런데 철야기도를 마친 성도들이 집으로 가지 않고 교회 믿음관으로 함께 들어왔습니다. 책을 집필하는 데 도와 드리고 싶다고 했습니다. 나는 성도들에게 필요한 성경 구절을 찾아 달라는 부탁과 함께 1시간가량 성도들과 작업을 진행하였습니다. 어느덧 새벽 3시가 넘어가고 있었습니다. 배가 고파왔습니다. 누군가가 교회의 김치가 맛있으니까 국수를 사다가 비빔국수를 해먹자고 제안했습니다. 모두가 좋아했습니다.

축복교회 카페에 들어가 보았습니다. 지금 이 시각에도 자지 않고 카페에 들어와 있는 성도가 있으면 함께 국수를 먹자고 하려 했습니다. 마침 두 달 전에 들어온 새 신자가 아직 잠을 자지 않고 카페에 들어와 있었습니다. 쪽지를 날리니까 자기도 국수를 먹으러 오겠답니다. 잠시 후 그 자매는 집에 있는 과일을 챙겨서 믿음관으로 달려왔습니다. 성도들의 숫자를 세어보니 모두 9명이나 되었습니다. 돈 주고 일하라고 해도 새벽 3시 30분까지 일하기는 쉽지 않은데 주님의 은혜가 흐르니 밤늦도록 철야기도를 마친 후에도 집에 가지 않고 함께 책을 집필하며 어울렸습니다. 모두 행복한 표정들이었습니다. 성도들이 왜 그 시간에도 집에 가지 않았을까요? 집에서 TV를 보고 있는 것보다도 교회 안에서 성령님과 함께 하는 시간이 더 행복하기 때문입니다. 주님 안에 거할 때 시간 가는 것도 모르는 은혜와 사랑을 느낍니다. 새벽 3시 30분에 먹은 김치국수는 주님과 함께 한 만찬이었습니다.

오늘날 교회에 봉사하는 일꾼들이 기쁨으로 움직이지 않는 이유는 하나님의 생명으로 움직이지 않고 본능적으로 움직이기 때문입니다. 짐승들은 본능적으로 먹고 마시고 움직이지만, 세상의 두려움과 눌림으로 움직이기 때문에 웃질 않습니다. 짐승들이 혹시 웃는 것 보았습니까? 주님 안에서 먹는 기쁨, 만남의 기쁨, 사랑을 나누는 기쁨은 위로부터 오는 큰 능력입니다.

저는 성도들에게 사람의 인생 구조에 대해서 자주 언급합니다. 사람의 인생 구조란 네 가지인데 첫째는 생각, 둘째는 기쁨, 셋째는 시간, 넷째는 돈입니다. 사람들은 이 네 가지 인생 구조 안에서 움직여 나갑니다.

예를 들면, 이와 같습니다. 어떤 사람이 아침에 일어나서 김치찌개를 해먹는 것이 행복할까, 외식하는 것이 행복할까 생각합니다. 그리고는 자기에게 유익하고 기쁜 쪽으로 행동합니다. 김치찌개를 끓여 먹는 것이 기쁘다고 생각이 들면 그렇게 시간을 내서 돈을 들여 재료를 사다 찌개를 끓여 먹습니다. 원하는 대로 이 네 가지가 함께 움직입니다.

사람을 만나는 것도, 어떤 일을 결정하는 것도 마찬가지입니다. 그날 그 사람을 만나는 것이 유익한지 안 만나는 것이 좋은지 생각한 후 행동합니다. 만남을 갖는 것이 좋겠다고 생각되면 만나서 식사라도 해야 하므로 돈을 쓰고 시간을 보냅니다.

그런데 많은 사람이 이 인생구조를 왜곡하고 삽니다. 스스로 옳다고 생각하고 행동했던 것들이 시간이 지나고 나면 후회스럽습니다. 그 사람을 만나서 자기의 인생이 망가졌다고 원망합니다.

그리스도인도 마찬가지입니다. 심령에 은혜의 성령이 조명되지 않으면 기쁨을 잊어버리고 맙니다. 평생을 절망 가운데 헤매고 사는 것을 하나님이 원하시겠습니까? 하나님의 은혜는 성령 안에서 누리는 기쁨입니다. 내 삶에 은혜의 등불을 사모하십시오.

주께서 의를 사랑하시고 불법을 미워하셨으니 그러므로 하나님 곧 주의 하나님이 즐거움의 기름을 주께 부어 주를 동류들보다 뛰어나게 하셨도다 하였고 (히1:9)

젊은 청년이 토요상담 사역시간에 찾아왔습니다. 상담을 마친 후에도 그는 나가지 않고 우물쭈물하더니 가방을 열고 봉투를 하나 내밀었습니다.

"목사님 이 돈 선교건축 헌금으로 써 주세요!"

우리 교회는 2005년 1월 1일 설립됐습니다. 주님께서 협력자, 동역자들을 붙여 주셔서 믿음 안에서 사역을 감당해 나가고 있습니다. 저는 교회가 주 안에서 하나라고 봅니다. 어느 날 기도하는데 우리 교회 성전 건축보다 선교할 교회에 먼저 교회를 건축하도록 명하셨습니다. 그래서 건축할 교회를 물색하던 중 해외에서 오신 선교사 부부를 통해 필리핀에 교회를 건축하기로 했습니다.

어떤 사람은 아직 자기 교회도 건축하지 않고서 무슨 외부 교회를 먼저 세우느냐고 말합니다. 그렇지 않습니다. 모든 교회는 주님의 핏값으로 세워진 성전입니다. 넓은 의미로 보면 모두가 한 성전이고 지체입니다. 저는 그렇게 생각하기에 기쁜 마음으로 다른 나라의 교회 건축을 지원했습니다.

선교헌금을 드리는 가운데 혹시라도 변동이 생기는 것을 원치 않아서 금액을 홈페이지와 카페에 공개해 놓고 지원할 교회를 물색하고 있었습니다. 필리핀 선교지의 교회를 지원하기로 했을 때 저는 아무 조건 없이 교회 부지대금을 보내 드렸습니다. 선교사님은 보낸 선교비로 300평 정도의 좋은 땅을 매입했지만, 교회 건축자금으로는 물질이 부족하다고 하셨습니다. 기도하는 가운데 부족한 재정이 필요하다는 글을 교회 홈페이지에 올려놓았는데 그것을 본 청년이 헌금을 드리고 간 것입니다.

청년은 헌금하면서 부끄러운 듯 한마디를 던지고 돌아갔습니다.

"이 돈은 군대 가기 전에 제가 아르바이트해서 모아둔 돈인데 하나님이 기뻐하시는 곳에 쓰고 싶었어요……"

그 청년이 돌아간 후 금액을 확인해 보니 300만 원이 들어 있었습니다. 하나님께서 그 중심을 보시고 축복하셨습니다. 훗날, 이 청년은 믿음이 부유한 자매를 만나 행복한 가정을 이루었습니다.

2) 생명의 성령

이는 그리스도 예수 안에 있는 생명의 성령의 법이 죄와 사망의 법에서 너를 해방하였음이라 (롬8:2)

사도 바울은 그가 여러 번 로마교회의 소식을 듣고 그곳으로 달려가려고 했지만, 현실이 뒤따라 주지 못했기 때문에 로마서를 쓰게 되었습니다.

어떻게 하든지 이제 하나님의 뜻 안에서 너희에게로 나아갈 좋은 길 얻기를 구하노라 내가 너희 보기를 간절히 원하는 것은 어떤 신령한 은사를 너희에게 나누어 주어 너희를 견고하게 하려 함이니 이는 곧 내가 너희 가운데서 너희와 나의 믿음으로 말미암아 피차 안위함을 얻으려 함이라 형제들아 내가 여러 번 너희에게 가고자 한 것을 너희가 모르기를 원하지 아니하노니 이는 너희 중에서도 다른 이방인 중에서와 같이 열매를 맺게 하려 함이로되 지금까지 길이 막혔도다 (롬1:10-13)

바울이 왜 로마에 가기를 그토록 원했을까요? 그것은 로마교회 교인들이 신앙생활을 하면서도 우상을 섬기고 정욕에 빠지고 복음을 상실한 모습으로 살아가고 있었기 때문입니다. 바울은 가지 못하는 상황에서 서신을 통하여 매우 강한 어조로 로마교회 성도들을 질타했습니다.

또한 그들이 마음에 하나님 두기를 싫어하매 하나님께서 그들을 그 상실한 마음대로 내버려 두사 합당하지 못한 일을 하게 하셨으니 곧 모든 불의, 추악, 탐욕, 악의가 가득한 자요 시기, 살인, 분쟁, 사기, 악독이 가득한 자요 수군수군하는 자요 비방하는 자요 하나님께서 미워하시는 자요 능욕하는 자요 교만한 자요 자랑하는 자요 악을 도모하는 자요 부모를 거역하는 자요 우매한 자요 배약하는 자요 무정한 자요 무자비한 자라 (롬1:28-31)

그러나 바울은 하나님의 율법만 가지고 그들을 질타한 것이 아닙니다. 바울은 공의의 법인 율법으로 그들의 잘못을 지적했지만 곧이어 우리에게 인간의 죄를 대속하신 그리스도의 사랑을 증거합니다. 그러면서 바울조차도 자기의 부족하고 연약한 모습을 솔직하게 드러내 놓고 있습니다.

내 속사람으로는 하나님의 법을 즐거워하되 내 지체 속에서 한 다른 법이 내 마음의 법과 싸워 내 지체 속에 있는 죄의 법으로 나를 사로잡는 것을 보는도다 오호라 나는 곤고한 사람이로다 이 사망의 몸에서 누가 나를 건져내랴 (롬7:22-24)

바울이 누구입니까? 신약성경의 대표적인 인물이 아닙니까? 그런 바울조차도 자기 지체 속에서 오는 죄로 인한 곤고함을 호소했습니다. 그러나 바울이 담대히 일어날 수 있음을 고백한 것은 우리에게 생명의 성령을 부어주셨다는 사실입니다. 바울은 이 생명의 법이 세상의 모든 죄와 사망의 법을 이길 수 있다고 합니다.

예수를 죽은 자 가운데서 살리신 이의 영이 너희 안에 거하시면 그리스도 예수를 죽은 자 가운데서 살리신 이가 너희 안에 거하시는 그의 영으로 말미암아 너희 죽을 몸도 살리시리라 (롬8:11)

비록 우리의 몸이 죄로 인하여 썩어져 버릴지라도 성령께서는 죽은 몸조차도 다시 살리실 수 있다는 것입니다.

우리 교회 김 집사가 한 청년을 전도했습니다. 그는 김 집사가 결혼한 유부녀인 줄 모르고 데이트 할 마음으로 교회를 나왔으나 결혼한 것을 알고 나서는 몇 번 교회에 나오다가 그만두었습니다. 요즘은 여자들이 아이를 둘 정도 낳았어도 자기 몸매 관리를 잘하기 때문에 본인이 굳이 밝히지 않으면 결혼했는지, 안 했는지를 구분하기가 쉽지 않습니다.

6개월이 지난 후, 잃은 양 찾는 심정으로 교회에서 그 청년에게 다시 연락해 보았습니다. 그는 그 당시 전혀 교회를 나갈 상황이 아니라고 하면서 자기의 입장을 하소연했습니다. 내용인즉, 늙은 어머니가 중증인 파킨슨병으로 종합병원에 입원했는데 더는 살 가능성이 없어서 병원에서는 그만 장례준비를 해야 할 것이라고 말했다고 합니다. 노모는 그렇다면 죽더라도 집에 가서 죽겠다고 해서 퇴원을 한 후 집에 있게 되었습니다. 하루, 이틀, 사흘…… 시간이 흘렀습니다. 사람 생명이 파리 목숨보다 가볍다고들 말하지만 때로는 고래 심줄보다 끈질긴 것이 또한 인간의 생명입니다.

온 가족이 밤이나 낮이나 장례준비를 하다가 15일이 지나고 나니 모두가 지쳐버렸습니다. 그럴 만도 한 것이 낮에는 모두가 사회생활을 하고 난 후, 집에 돌아오면 이제나 저제나 임종하는 모습을 곁에서 지켜봐야 할 상황이었기 때문입니다. 차마 죽음과 투쟁하고 있는 부모를 놔두고 나 몰라라 하는 식으로 외면할 수는 없었습니다. 그와 같은 사정을 전해 듣는데 제 마음에 성령의 감동이 왔습니다.

"네가 가서 기도해 주어라……"

나는 아내에게 성령께서 말씀하시니 찾아가 보자고 했습니다. 김 집사를 통하여 그분의 집 전화번호를 알아낸 후 내가 직접 전화를 했습니다. 오랜 신호음이 울리고 있었지만, 이상하게도 전화를 받질 않았습니다. 사정이 있어서 그럴 거라 생각하고 몇 시간이 지난 후 다시 전화를 걸어보았습니다. 마찬가지였습니다.

'주님께서 가보라는 감동을 주셨는데……'

나는 무릎을 꿇었습니다. 마찬가지로 찾아가라는 감동이 강하게 왔습니다. 나는 김 집사를 통해서 그 청년의 집주소를 알아낸 후 찾아 나섰습니다. 우리가 상식적으로 생각할 때에 전화를 받지 않으면 그 집에 그럴만한 사정이 있으므로 못 받는다고 여겨서 찾아가질 않습니다. 그러나 내 안의 성령님께서는 찾아가길 원하셨습니다.

그 집을 들어서는 순간이었습니다! 아내와 나는 큰 충격을 받았습니다. 마치 산송장을 보는 것 같았습니다. 중한 파킨슨병으로 연세 드신 노모는 온몸이 미이라처럼 마른 상태로 전혀 움직이지 못하고 누워 있었습니다. 바로 옆에 전화기가 있었어도 전화를 받을 힘조차 없어서 받지 못한 상태였습니다. 그러나 두 눈은 뜨고 있었고 귀는 열려 있었습니다. 우리는 이곳까지 찾아온 과정을 말씀드리고 그리스도의 복음을 증거했습니다. 그 분은 그 와중에 모깃소리처럼 가는 목소리로 사정을 이야기하셨습니다.

"목사님! 죄송하지만 내 붙어있는 두 다리 좀 떼어주세요. 땀이 차서 괴로운데 내 힘으로는 붙어있는 다리조차 전혀 움직일 수가 없어요."

가히 생명만 붙어있는 살아있는 송장이었습니다. 나는 복음을 짧게 전한 후 그의 머리에 손을 얹고 기도를 해주었습니다. 솔직히 말해서 그 분에게 손을 얹었을 때 치유를 기대하고서 손을 얹은 것은 아니었습니다. 단지 그 당시 현실적 상황이 목사로서 기도해 주어야 할 상황이었기 때문에 의무적으로 손을 얹은 것입니다. 그런데 내 입에서는 긍휼과 자비를 구하는 기도가 나오질 않고, 강력한 방언기도가 터져 나오고 있었습니다. 몇 분이 흘렀을까,

"도망가네! 도망가네! 삿갓 쓰고 도포 입은 어두운 저것들이 도망가네!"

그는 임종을 눈앞에 두고 있었기에 지옥의 사신이 자기를 데리러 온 것을 보고 있었던 모양입니다. 대체로 사람이 죽을 때가 임박하면 영과 육이 열리기에 또 다른 영적 세계를 접할 수 있습니다. 그래서 임종하는 사람들의 모습을 보게 되면 육신은 이미 깨져 있기에 차마 말도 제대로 못 하지만 그 짧은 시간 속에서도 보이는 어떤 상황을 통하여 두려워하거나 무서워하는 모습이 얼굴을 통해 역력히 드러납니다.

아마도 노모는 무서운 지옥의 사자가 자기를 데려가려고 옆에 와있는 것을 보고 있었기 때문에 끝까지 생명을 포기하지 않고 버티고 있었던 것 같습니다. 그렇게 보름 동안이나 밤낮 잠도 자지 않으면서도 가냘픈 생명을 포기하지 않고 붙잡고 있었습니다.

그런데 예수를 영접한 후 방언기도를 통하여 자기를 데리러 온 죽음의 사신들이 떠나가자 그는 사망 일보 직전에서 다시 소생함을 얻기 시작했습니다. 전혀 움직이지 못하던 몸이 그때부터 움직이기 시작했습니다. 그 모습을 바라보던 나는 하나님께 더욱 간절히 구했습니다. 영적인 어둠의 세력은 오직 성령의 능력으로만이 물리칠 수가 있습니다. 어느 정도 시간이 흘렀습니다. 그가 말했습니다.

"목사님이 내 머리에 손을 얹고 기도 하는데 뒷머리 끝에서 참기름 같은 기름이 엉덩이까지 쭉 흘러내려 가는 것을 느꼈습니다."

말하면서 노모가 미음을 먹고 싶다고 했습니다. 기도할 때 성령께서 만지고 계셨습니다. 아내는 주방으로 가서 쌀 있는 곳을 찾더니 죽을 끓이기 시작했습니다. 그 집안에서는 어차피 돌아가실 것으로 생각했는지 먹을 음식조차 만들어 놓질 않았습니다. 그런데 노모는 아내가 끓여주는 죽을 받아먹더니 그 자리에서 일어났습니다.

그분은 그렇게 생명을 연장 받고 신앙생활을 시작하신 분이십니다. 그는 그때부터 건강을 회복해서 열심히 교회를 다니시며 집사 직분까지 받으셨습니다. 그 집사님은 새벽에 눈을 뜨면 그 시간부터 교회를 향하여 앉아서 기도하십니다. 전 교회 성도들을 한분 한분 생각하며 기도해 주십니다. 그리고 남은 시간은 극동방송을 들으면서 주님을 사모하는 믿음의 사람이 되셨습니다.

어느 날 아내와 함께 그 집에 심방을 갔습니다. 예배를 드리는데 아내가 환상으로 신비한 모습을 보았습니다. 그 집안에 예수님이 두 팔을 벌리고 서 계시는 모습이었습니다. 주님을 모를 때는 저승사자가 와 있었는데 이제는 그 집안에 예수님이 구주로 와 계셨습니다.

영접하는 자 곧 그 이름을 믿는 자들에게는 하나님의 자녀가 되는 권세를 주셨으니 (요1:12)

사회복지법인 '예양원'이라는 곳이 있습니다. 이곳은 100년 전 미국 남장로교 선교부가 나환자들을 수용하기 위해서 여수지역에 만든 나환자촌입니다. 예양원이 유명해진 것은 지금부터 약 50년 전 위대한 성자 손양원 목사님이 배출되면서부터입니다. 그분이 그곳에서 사역하다가 공산당에게 순교를 당하고 그 두 아들도 순교를 당해 유명해진 곳입니다. 그 예양원에는 손발과 얼굴이 뒤틀린, 한마디로 소망 없는 사람들이 사는 곳입니다.

그러나 그곳에는 특별한 몇 가지가 있습니다. 그곳에서 예수 믿는 사람들은 주일예배, 새벽기도회, 수요예배, 금요예배에 모이는 숫자가 변함없이 똑같은 한국의 유일한 교회입니다. 한 사람도 결석을 안 한다는 말입니다. 모든 성도가 예배에 다 나오는 교회이고 그들의 가슴은 뜨겁습니다. 그들은 양계, 양돈하며 살아갑니다.

그런데 추수감사절이 되면 거기에서 번 돈으로 헌금하는데 수천만 원에 이른다고 합니다. 십일조는 말할 나위도 없고 하나님 앞에 얼마나 감사하면서 헌금을 많이 드리는지 모릅니다. 한 예로 손양원 목사님 기념관을 세울 때 예산이 10억원이 조금 넘었는데 그 가운데 상당한 부분을 그들이 드린 헌금으로 충당했습니다. 그리고 여수지방에는 400여개 교회가 있는데 그중 40여 개의 교회가 이 나환자촌에 사는 성도들이 하나님 앞에 감사해서 드린 예물로 개척된 교회라고 합니다.

생명의 성령은 어떤 상황 속에서도 소생함을 얻게 합니다. 죄에서도 소생케 하고, 질병에서도 소생케 하고, 사망 권세에서도 이기게 합니다. 생명은 말 그대로 그 자체가 살아 있음을 뜻합니다.

3) 양자의 성령

너희는 다시 무서워하는 종의 영을 받지 아니하고 양자의 영을 받았으므로 우리가 아빠 아버지라고 부르짖느니라 (롬8:15)

양자의 영은 하나님을 향해 아빠 아버지라고 부를 수 있다는 표현입니다. 이것은 순진한 아기가 아버지를 향해 부르는 이름입니다. 여기에는 어떤 품위나 권위를 찾아볼 수 없습니다. 어린 아이처럼 마음에서 우러나오는 사랑의 감정이 넘치는 말이 아빠 아버지입니다. 그러므로 양자가 부르짖는 아빠 아버지는 문제만 해결하기 위한 갈급한 간구가 아닙니다. 하나님을 찾을 때 자녀로서 평안과 기쁨으로 하나님을 찾을 수 있음을 의미합니다. 우리가 때로는 기쁜 일이나 행복한 일이 드러났을 때 그 즐거움을 급하게 알리려고 소리 지를 때도 있습니다. 우리 안에 거하시는 양자의 성령은 우리가 아무리 나이가 들었어도 하나님을 향해서는 아빠 아버지하고 부르면서 기뻐하도록 하셨습니다. 아빠 아버지라는 표현은 자녀가 부를 수 있는 가장 복된 표현입니다.

TV에서 방영한 내용입니다. 6살 난 어린 아이가 간이 잘못되어서 죽게 되었습니다. 살 방법은 누군가 그 아이에게 간을 떼어서 이식을 해주는 것입니다. 사람 몸에서 간을 50% 떼어내도 살 수 있다고 합니다. 그리고 살아가는 데에 지장이 없다고 합니다.

그래서 그 부모들은 자기들의 간을 자식에게 이식시켜 주려고 했으나, 피가 맞질 않아서 이식할 수 없었습니다. 친척 중에서 검사해보니 이식할 수 있는 여건이 맞는 사람이 있었지만, 친척조차도 간 이식해 주는 것을 원치 않았습니다. 할 수 없이 그 부모는 아이를 살리기 위하여 신문광고를 냈습니다.

"내 아이를 살려주시면 나도 남을 위하여 내 간을 내놓겠습니다."

생면부지의 40대 남자가 이 신문광고 내용을 보고 일주일 동안 가족을 설득한 후 그 아이에게 무료로 이식수술을 해 주기로 했습니다. 병실 두 방에서 자그마치 열세 시간의 대수술이 시작되었습니다. 간으로 통하는 핏줄을 끊고 못 쓰는 간을 잘라 내버리고 새로운 간을 붙이는 수술에 들어간 것입니다. 수술은 성공적이었습니다. 아이 부모가

"아무 상관도 없는 제 자식에게 간을 이식해 주신 이 은혜를 어떻게 갚아 드릴까요?" 물었습니다. 그분은 담담히 말했습니다.

"돈을 일 억을 준다고 해도 안 받습니다. 단지 광고 내용을 보고 내가 도와줘야겠다는 마음이 들었으니까요."

아이는 3일 후에 깨어났습니다. 부모가 이식해준 은인에게 인사를 시키려고 자식을 데리고 갔습니다. 그런데 아이는 인사를 하지 않고 투정을 부립니다. 오히려 같이 간 간호사에게 자기의 배가 찢어진 것에 속상해합니다.

간 이식을 해준 40대 남자분이 말했습니다.

"놔두세요, 나중에 크면 감사함을 알게 되겠죠!"

아직 어린 아이의 행동을 이해해 주었습니다. 우리 주님과 나와의 관계도 이와 같지 않을까요?

4) 간구의 성령

이와 같이 성령도 우리의 연약함을 도우시나니 우리는 마땅히 기도할 바를 알지 못하나 오직 성령이 말할 수 없는 탄식으로 우리를 위하여 친히 간구하시느니라 (롬8:26)

하나님은 우리 몸을 질그릇에 비유하셨습니다. 질그릇의 특징은 연약해서 쉽게 깨어진다는 것입니다. 우리 인간의 연약함은 아담으로 시작된 원죄로 인해 지속적인 범죄를 되풀이하고 있습니다. 하나님의 영광을 위해서 창조된 피조물이 오히려 그 영광을 잊어버리고 살벌한 경쟁의식 속에 넘어지며, 죄와 고통 가운데 헤맵니다. 그래서 성령을 보내 주셔서 우리의 연약함을 도와주십니다. 성령을 다른 말로 보혜사라고 하는데 그 의미는 우리를 돕는 분이라는 뜻입니다. 어떻게 도와주시냐면 한마디로 표현해서 어머니처럼 돕는 분이십니다. 보혜사 성령은 나의 과거를 세상에서 비틀거리고 방황하지 않도록 붙잡아 주셨습니다. 지금 그리스도 안에 거하면서 이 책을 읽고 있는 것이 그 증거입니다. 현재에도 성령님은 나를 왕 같은 제사장으로 살아가도록 도와주시고 역사하십니다. 그뿐만 아니라 우리가 알지 못하는 미래까지도 간섭하시고 책임을 져주십니다.

사람은 대개 자기가 의식하고 있는 문제만을 붙잡고 하나님 앞에 나아갑니다. 눈에 보이는 현실 속에 오는 삶의 고통과 연약함만을 토로하려 합니다. 문제는 그가 알지 못하는 가운데 벌어지는 어려움을 전혀 의식하지 못하고 있으므로 막상 기도하여 도움을 받아야 할 부분은 슬퍼하지도 않고 고통이나 위급함도 느끼지 못합니다. 그러나 성령님은 그 사람의 현재의 삶만 기도하게 하지 않습니다. 알지 못하는 미래의 문제까지도 말할 수 없는 탄식으로 간구하시며 개입해 나가십니다.

어느 해인가 세계 금값이 천정부지로 올랐을 때입니다. 어느 날 아내가 철야기도를 마친 후 뜬금없이 그동안 가지고 있던 금들을 금은방에 가서 모두 팔아버렸습니다. 그리고 순금이 아니어서 매매되지 않는 것만 가지고 돌아왔습니다.

그 다음 날 어떤 일이 생겼겠습니까? 우리 집에 도둑이 들었습니다. 아이들도 집에 없고 우리 부부는 늘 교회에 나가 있거나 부흥집회로 집을 거의 비우다 보니 잠금장치까지 해제한 전문 털이범이 들어온 것입니다. 그러나 도둑이 들었어도 손해난 선 없었습니다. 금과 같은 귀금속만 훔쳐가는 전문 털이범은 값나가는 것과 아닌 것을 구별할 줄 알아서 싸구려 합금은 파헤쳐 놓고는 가져가지도 않았습니다. 성령께서 그와 같은 일을 미리 아시고 조치하도록 하셨습니다. 만약 성령으로 기도하지 않았다면 십 년 정도 갖고 있던 금들을 모두 잃었을 것입니다. 하루 전에 정리하게 하신 분은 우리의 연약함을 도우시는 성령님이셨습니다.

우리가 안다는 것은 한계가 있습니다. 모르는 것이 더 많습니다. 성령은 우리가 알지 못하는 부분까지 방언으로 중보해 주시는 분이십니다.

5) 성결의 영

성결의 영으로는 죽은 자들 가운데서 부활하사 능력으로 하나님의 아들로 선포되셨으니 곧 우리 주 예수 그리스도시니라 (롬1:4)

사도 바울이 주옥같은 로마서를 기록할 때 가장 먼저 앞세운 것이 성결의 영입니다. 모든 그리스도인은 거룩한 하나님 앞에 나아갈 때 기도의 향불을 통하여 임재의식을 느낄 수 있습니다. 그러나 조금이라도 어두운 심령, 상한 심령으로는 하나님과의 교제가 이루어지지 않습니다. 그래서 바울은 로마교인들 앞에 먼저 성결의 영을 내세웁니다. 로마서 1장에 보면 그들이 하나님 앞에 거룩해져야 할 내용을 밝혀 놓고 있는데 이것은 오늘날의 성도들에게도 마찬가지입니다.

첫째, 하나님을 버리고 우상 숭배하는 삶을 회개해야 합니다.

사람들은 대개 보이지 않는 하나님보다 보이는 금수와 버러지 형상의 우상을 바꾸어 섬기려고 합니다(롬1:23). 이것이 타락한 인간의 본성입니다. 대부분 하나님을 모르는 자들은 나름대로 보이는 형상을 만들어 숭배하려 합니다. 오늘날도 많은 미개한 족속뿐 아니라 최첨단의 문화와 과학 아래 사는 사람들도 우상숭배는 사라지지 않습니다. 일본 같은 나라도 가정마다 개인 신상을 두고 있는 것을 보면 알 수 있습니다. 전도서 3장 11절에 보면 하나님이 사람을 창조하셨을 때 영원한 것을 사모하는 마음을 주셨다고 했습니다. 그래서 사람의 영은 할 수만 있다면 나름대로 의지할 대상을 만들려고 합니다.

둘째, 정욕적인 삶을 회개해야 합니다.

오늘날의 성 문화와 성 상품은 더는 바라볼 수 없을 정도입니다. 우리나라는 1년에 200만 명이 임신하나 그중에 150만 명이 낙태하고 있습니다. 일부 산부인과 의사들은 합법적인 살인을(?) 오직 돈 때문에 저지르고 있습니다. 국제결혼은 매년 50% 이상 증가하고, 젊은이들의 결혼관도 바뀌었습니다. 결혼이 꼭 필요하지 않다는 젊은이들의 응답도 74%나 됩니다. 자녀가 꼭 필요하지 않다는 응답이 37%이고, 이혼율은 50%에 달합니다. 성매매 인구대비 세계 1위, 음란 사이트 세계 2위, 성범죄율은 OECD 국가 중 1위인 나라가 대한민국입니다. 사람들이 죄 속에 빠져들어 갈 때 제일 먼저 나타나는 현상 중의 하나가 성적인 타락입니다. 성적인 타락이 최고조로 도달하게 된 단계가 동성연애입니다. 이성으로 만족하지 못해 동성을 통하여 변질한 성적 욕구를 충족하려 합니다.

이 때문에 하나님께서 그들을 부끄러운 욕심에 내버려 두셨으니 곧 그들의 여자들도 순리대로 쓸 것을 바꾸어 역리로 쓰며 그와 같이 남자들도 순리대로 여자 쓰기를 버리고 서로 향하여 음욕이 불 일듯 하매 남자가 남자와 더불어 부끄러운 일을 행하여 그들의 그릇됨에 상당한 보응을 그들 자신이 받았느니라 (롬1:26-27)

그 당시 로마 황제는 신으로 추앙받는 존재였습니다. 역사를 보면 로마 황제는 수많은 여인을 자기의 성적인 희롱의 대상으로 삼았습니다. 그러나 그것으로 만족하지 못하고 동성을 자기의 사랑의 대상으로 삼았습니다. 그래서 로마의 15명의 황제 가운데 14명이 동성연애자였다고 합니다. 문제는 그리스도인조차도 이 성적인 타락에 한발 한발, 발을 내밀고 있는 것입니다. 하나님은 현저하게 드러나는 성적타락에 대해 질타하십니다.

셋째, 불의한 삶을 회개케 하십니다.

또한 그들이 마음에 하나님 두기를 싫어하매 하나님께서 그들을 그 상실한 마음대로 내버려 두사 합당하지 못한 일을 하게 하셨으니 곧 모든 불의, 추악, 탐욕, 악의가 가득한 자요 시기, 살인, 분쟁, 사기, 악독이 가득한 자요 수군수군하는 자요 비방하는 자요 하나님께서 미워하시는 자요 능욕하는 자요 교만한 자요 자랑하는 자요 악을 도모하는 자요 부모를 거역하는 자요 (롬1:28-30)

성경은 이 시대 사람들의 불의한 삶의 원인이 28절 첫머리에 나와 있는 "또한 저희가 마음에 하나님 두기를 싫어하매"라고 말씀하고 있습니다. 바로 이것이 원인입니다. 하나님을 떠난 이 세대는 세상 불의 속에 빠질 수밖에 없습니다.

모든 사람은 지식과 환경과 문화가 전혀 다른 삶의 배경 속에 살아갑니다. 그 삶 속에서 내가 느끼지 못한 세상의 쓴 뿌리와 상처 그리고 눌림이 있습니다. 그러나 정작 자신은 그것을 잘 인식하지 못합니다.

어떤 사람은 원한의 쓴 뿌리에 고통당합니다. 어떤 사람은 거짓의 영에 붙잡혀 있습니다. 혈통적으로 내려오는 조상의 저주가 그를 누릅니다. 이러한 과거의 부정적 경험과 의식이 우리의 연약함을 순간순간 드러냅니다. 성령은 먼저 나의 내면세계에 성결의 영을 통하여 회개케 하십니다. 기도할 때 성령께서 순간순간 거룩함을 방해하는 부분들을 회개케 하시듯이 방언기도 또한 내가 알지 못하는 악습, 악성, 악심과 같은 본성들을 신령한 언어로 씻어주십니다.

6) 진리의 성령

그러나 진리의 성령이 오시면 그가 너희를 모든 진리 가운데로 인도하시리니 그가 스스로 말하지 않고 오직 들은 것을 말하며 장래 일을 너희에게 알리시리라 (요16:13)

예수 그리스도는 진리의 영이십니다. 내가 곧 길이요, 진리요, 생명이라고 말씀하셨습니다. 이 영이 내 안에 임하면 내 인생이 내 의도대로 되지 않고, 예수의 생애를 재현토록 하십니다. 가장 큰 복이 무엇이겠습니까? 주님의 삶을 닮는 것이 가치 있는 삶인 줄 믿습니다.

이 구원에 대하여는 너희에게 임할 은혜를 예언하던 선지자들이 연구하고 부지런히 살펴서 자기 속에 계신 그리스도의 영이 그 받으실 고난과 후에 받으실 영광을 미리 증언하여 누구를 또는 어떠한 때를 지시하시는지 상고하니라 (벧전1:10-11)

야곱과 요셉의 삶을 통해 볼 때 이 인물들이 자기 생애를 산 것 같지만, 그 삶을 통해 그리스도의 영광을 드러냅니다. 요셉도 마찬가지입니다.

바로가 그의 신하들에게 이르되 이와 같이 하나님의 영에 감동된 사람을

우리가 어찌 찾을 수 있으리요 하고 (창41:38)

바로 왕이 말한 대로 요셉은 모든 사람이 인정할 만한 성령의 인도함을 받은 자입니다. 이처럼 성령에 감동된 삶을 살 수 있었던 것은 그 안에 있는 진리의 영이 그를 인도했기 때문입니다. 요셉의 삶과 예수의 삶을 비교해 보면,

요셉	예수님
아버지의 가장 사랑받는 아들	하나님의 가장 사랑받은 아들
아버지에 의해 세겜 땅에 보내짐	아버지에 의해 이 땅에 보내짐
형제를 찾아감	잃은 자를 찾아오심
형들의 미움을 받음	유대인들의 미움을 받음
열두 형제인 유다에 의해 은 20에 팔려감	열두 제자중 하나인 가룟 유다에 의해 은 30에 팔려감
유혹을 받았지만 굴하지 않음	시험을 받으셨지만 승리
죽음의 장소인 애굽 감옥에 두 죄인과 함께 갇힘	죽음의 장소인 십자가 위에 두 강도와 함께 달리심
꿈 해몽하여 술 관원장을 살림	한 편의 강도를 영적으로 살리심
애굽의 총리가 됨	무덤에서 부활하여 영광의 주가 되심

성령의 인도함을 받는 은혜는 놀랍습니다. 하나님은 한 인생의 삶 속에 들어가셔서 그를 통해 예수의 생애를 재현합니다. 요셉의 꿈은 총리가 됨으로써 수많은 사람을 살립니다. 그래서 그의 삶의 과정에 고난이 있었지만 성령께서 함께 하시니 부활의 영광이 드러납니다. 마치 요셉의 생애는 예수님의 그림자 역할과도 같다고 할 수 있습니다. 하나님은 우리의 삶을 통해 예수의 삶을 조명하고자 하십니다. 진리의 성령은 나의 삶을 통하여 예수의 생애를 재현해 나가려고 하십니다.

7) **영광의 영**

방언의 은사는 개인의 덕을 세웁니다(고전14:4). 개인의 덕을 세운다는 것은 그 내면에 신령한 건축물을 세우는 것과 같습니다.

사랑하는 자들아 너희는 너희의 지극히 거룩한 믿음 위에 자신을 세우며 성령으로 기도하며 (유1:20)

어떻게 자기가 세워지겠습니까. 성령의 내주하심, 성령세례, 성령 충만, 성령의 은사, 성령의 열매와 같은 유기적 관계로서 자기가 건축되어집니다.

† 성령의 내주하심

구원받은 성도의 기본적인 체험은 성령의 내주하심입니다.

영접하는 자 곧 그 이름을 믿는 자들에게는 하나님의 자녀가 되는 권세를 주셨으니 (요1:12)

어떻게 내주하시나요. 보혜사 성령을 통해서입니다.

내가 아버지께 구하겠으니 그가 또 다른 보혜사를 너희에게 주사 영원토록 너희와 함께 있게 하리니 그는 진리의 영이라 세상은 능히 그를 받지 못하나니 이는 그를 보지도 못하고 알지도 못함이라 그러나 너희는 그를 아나니 그는 너희와 함께 거하심이요 또 너희 속에 계시겠음이라 내가 너희를 고아와 같이 버려두지 아니하고 너희에게로 오리라 (요14:16-18)

보혜사 성령은 한마디로 말하자면 구원의 어머니와 같은 분이십니다. 우리는 때로 밤중에 방향 감각을 잃고 어려움을 겪을 때가 종종 있습니다. 내 느낌과 판단은 오른쪽이 서울 방향이라고 생각해서 방향을 돌렸어도 가다 보면 아닙니다. 때로는 옳다고 여겼던 많은 부분을 떠올려 보십시오. 그때 그를 만난 것, 그때 그렇게 결정한 것, 그때 시작한 그 사업 등, 내 판단과 생각이 당시에는 옳았겠지만 시간이 흐르고 나면 후회스러움을 갖는 일이 허다합니다. 그만큼 인간의 이성은 불완전하지요.

성령님은 자기 죄를 고백하고 예수그리스도를 영접한 자에게 새 생명을 주시며 그가 알지 못하는 부분까지도 붙잡아 주시는 분입니다.

† 성령세례

주님의 일을 하기 위해서는 성령의 세례를 받아야 합니다. 사람을 거룩하게 하고 성결케 하는 것은 오직 성령님의 역사하심으로 가능합니다. 성령세례를 받기 전에는 몇 번이나 자신의 부족한 부분을 변화시켜 보려고 노력했어도 그 결과는 미비했습니다. 인생의 근본을 변화시킬 수 있는 분은 오직 성령님이십니다.

그러므로 우리가 그리스도의 도의 초보를 버리고 죽은 행실을 회개함과 하나님께 대한 신앙과 세례들과 안수와 죽은 자의 부활과 영원한 심판에 관한 교훈의 터를 다시 닦지 말고 완전한 데로 나아갈지니라 (히6:1-2)

여기서 히브리 기자는 '세례들'이라고 복수로 말해놓고 있습니다. 물세례와 성령세례의 차이점은 무엇인가요? 물세례는 그리스도를 영접한 자가 하나님 앞에서 그 구원을 확증하는 세례입니다. 물세례는 일종의 결혼의식과 같습니다. 한 부부가 사람과 증인 앞에서 그 법적 혼인 상태를 알리는 것처럼 물세례는 그리스도와 함께 죽고 그리스도와 함께 부활함을 증거하는 의식입니다.

반면에 성령세례는 하나님의 자녀가 된 것을 확증하는 것에 그쳐지지 않고 하나님의 증인이 될 수 있도록 능력을 부어주는 세례입니다. 초대교회 성도들은 이 성령의 세례를 받았기에 초자연적인 역사를 드러내면서 복음을 증거해 나갈 수 있었습니다.

† 성령 충만

술 취하지 말라 이는 방탕한 것이니 오직 성령으로 충만함을 받으라 (엡5:18)

여기에서 더 나아가 성령의 충만을 구해야 합니다. 마치 컵 속에 있는 물이 차오르듯 신령한 기름부음이 내 안에 차오르도록 부어지는 단계를 말합니다. 성령 충만은 기도에 힘쓰는 신앙입니다. 예수님의 부활을 바라보았던 사람들은 500명 정도였습니다. 부활의 모습을 보면서 그들은 약속하신 성령을 받기 위해 마가의 다락방에 모여서 오로지 기도에 힘썼습니다. 그때 성령이 임하기까지 기도에 힘썼던 사람들은 120명 정도였습니다.

신앙생활에 성공하려면 기도의 성공자가 되어야 합니다. 문제를 앞에 놓고 기도의 양을 채우지 못하고 중도에서 포기하는 기도의 실패자들이 많습니다. 이들은 중언부언하는 기도로 기도에 대한 신뢰를 잊어버린 모습입니다. 또한 성령 충만은 예배 충만으로 이어집니다. 그 예배에 말씀이 뜨겁고, 찬양이 뜨겁고, 기도가 뜨거워야 합니다. 은혜를 받아야 합니다.

전라남도 순천에 사시는 집사님 부부가 교회에 등록했습니다. 등록하기 전 그들 부부는 우리가 인도하는 전라북도 군산에 있는 교회의 부흥집회에 일부러 찾아오셨습니다. 그 기간 동안에 집회에 참석하여 은혜받으셨는지 주일에 서울까지 예배를 드리러 왔습니다. 그리고는 축복교회에서 함께 신앙생활을 하겠다고 하시며 등록하셨습니다. 순천에서 서울까지 승용차로 오려면 길이 막히지 않아도 6시간 걸립니다. 순천에서 대학교수와 개인 사업을 겸하는 고로 바쁜 와중에서도 예배가 갈급해서 서울까지 올라오신 겁니다. 그리고 자기들처럼 갈급한 심령 일곱 가정을 전도했습니다. 함께 식사하는 가운데 이런 말을 들었습니다.

"신령과 진정의 예배를 드리고 싶었고, 예배를 통해 심령회복과 은혜를 받길 원했습니다. 그런데 주변의 교회에서는 만족함이 없었습니다. 갈급한 가운데 근래에 미국까지 가서 집회에 참석했었습니다."

5대째 신앙생활을 해 온 신앙인으로서의 사모함입니다. 그렇습니다. 영에 속한 사람은 영의 양식을 먹어야만 만족하고 영의 호흡을 해야 시원합니다.

충만의 단계에서 넘쳐흐르는 것이 성령의 은사입니다. 은사를 소유한 것과 소유하지 못한 것에는 엄청난 차이가 있습니다. 그러나 그 은사도 아름다운 열매로 맺혀져야만 하나님께 영광을 돌릴 수 있습니다. 예수님의 생애나 제자들이 성령의 나타남 속에 일어난 모든 이적은 하나님의 영광의 통로였습니다.

은사는 성령께서 교회의 지체에게 허락하신 특별한 영적 능력입니다. 은사는 교회의 성장과 성숙을 위해서 필요하고 복음 전파에 있어서는 절대적인 역할을 합니다.

저는 전라남도 진도에서도 배로 2시간 40분이나 더 가는 낙도에 사는 최정희 사모입니다. 목포에서는 배로 8시간을 가야 합니다. 50여 가구 되는 섬에서 목회를 하다 보니 때로는 막막한 마음뿐이어서인지 62세가 된 지금은 온 몸에 갖가지 질병이 들어 힘든 나날을 보내고 있었습니다. 병원에 가서 종합검진을 받았는데 심근경색, 고지혈증, 신장병, 백혈병, 우울증이 위험수위에 있다는 검사 결과가 나왔습니다. 섬에서 살다 보니 병원도 갈 수 없는 처지였기에 치료받기 위해 서울로 올라왔습니다.

그리고 예전에 전도사로 사역할 때에 청년이었던 자매가 어느덧 사모가 돼 교회를 개척한다고 하기에 만났는데 장현희 사모님의 소개로 신유가 강한 축복교회를 알게 됐습니다. 이 교회에서는 매주 목요집회를 진행하는데 한번 참석해서 치유기도를 받아보는 것이 어떻겠느냐는 권유를 받았습니다.

집회에 참석하여 목사님의 은혜로운 말씀을 듣고, 치유 기도팀에게 치유기도를 받고 돌아왔는데 먼저는 마음에 평안함이 물밀듯 찾아왔습니다. 예배를 통해 은혜를 받고 나니 질병을 통한 근심도 잊어버렸습니다.

1주일이 지난 후, 다시 목요집회에 오기 전에 병원에서 검사 결과가 나오는 날이어서 병원에 들렀습니다. 종합검진 결과 그동안 제가 오랫동안 앓고 있던 모든 병이 다 정상으로 치유됐고, 신장 기능만 약간 높은 수치를 보였습니다. 그러나 제 마음엔 신장조차도 하나님이 다 치유하셨다는 마음이 들었습니다. 참으로 놀라운 이적이 나타났습니다. 받은 은혜를 간증하고 싶어서 낙도에 내려가야 할 상황임에도 불구하고 목요집회에 참석해서 하나님께 영광 돌립니다. 영육간에 치유의 기름을 부어주신 주님을 찬양합니다.

먼 곳에서 사모하는 마음과 치유하실 주님을 기대하며 오신 사모님의 마음에 주님이 감동하신 것 같습니다. 치유하신 주님을 찬양합니다.

4

방언의 은사

방언의 소중함

방언을 못하는 눌림과 심적 부담

드디어 방언을 받다!

예배 때마다 흐르는 성령의 기름부음

방언의 유익

라마 나욧이 되게 하소서

방언에 대한 오해와 편견

4. 방언의 은사

† 방언의 소중함

어렸을 때부터 교회를 다녔지만, 청년이 되고 신학을 공부했어도 방언을 받아야겠다는 사모함이 없었습니다. 제가 신학을 공부할 때 그 신학교에서 방언에 대한 가르침을 받지 못한 이유도 있었습니다.

그러나 부모님이 개척교회를 하실 때 강조하신 것은 성령세례로부터 임하는 방언이었습니다. 신학교 졸업 후 잠깐 부모님이 목회하는 곳에서 전도사로 사역하였는데, 바로 이 개인적인 은사인 방언이 나에게는 심적인 눌림이었습니다. 교회 성도들은 모두가 방언으로 기도하는데 전도사로 사역하고 있으면서도 방언을 하지 못하고 있었습니다.

지금도 방언을 받지 못하는 분들은 말씀에 대한 내용을 자기에게 편중적으로 맞추어 적용하려고 합니다. 저 또한 그랬습니다. 신학교에서 배운 대로 성령세례나 방언은 초대교회 그 당시에 있었던 단회적인 사건을 말한 것이고, 오늘날에는 굳이 필요한 것이 아니라는 것을 대뇌이며 스스로 위안을 해보았습니다.

그러나 현실은 달랐습니다. 교회 청년들이나 집사님들이 방언으로 기도하면서 열심히 신앙생활을 하고 있었는데, 목회의 길을 걸어가고 있으면서 평신도들도 소유하고 있는 방언조차 받지 못한 채 어떻게 그들을 끌고 나갈 수 있겠는가, 성령의 역사에 대해서 어떻게 말해 줄 수 있겠느냐는 근심이 마음 한구석을 무겁게 짓눌렀습니다.

성도들이 볼 때는 방언을 하지 못했어도 말씀으로 자유한 척했지만, 어느 순간부터 마음 한구석에서는 어떻게든 방언을 받아야겠다는 의식이 점점 강해졌습니다. 당시에는 여름철만 되면 전 교인이 여름 산상 집회를 갔었습니다. 청년들이나 직장생활을 하는 분들은 여름 산상 집회에 맞추어서 휴가를 내서 기도원에 올라갔습니다. 그리고 둥글게 모여앉아 성령 충만을 사모하며 뜨겁게 기도했습니다. 밤새도록 찬양을 부르다가 배가 출출해지면 끓여 먹는 컵라면은 은혜를 더해주는 별미였습니다.

한번은 밑이 낭떠러지인 바위 위에서 열댓 명이 같이 기도하다가 피곤해서 그곳에서 잠시 눈을 붙였는데 모두가 깊이 잠이 들었습니다. 나조차도 피곤이 몰려 왔지만 차마 잠들 수가 없었습니다. 혹시라도 낭떠러지로 떨어질 염려가 나를 붙들고 있었습니다. 성령 충만을 사모하여 함께 손잡고 기도했던 아름답고 소중한 추억입니다.

† 방언을 못하는 눌림과 심적 부담

문제는 그때에도 청년회를 이끌어 가고 있는 전도사인 내가 방언을 하지 못한 눌림이었습니다. 시간이 흐를수록 이 방언에 대한 아픔과 심적인 부담은 점점 무거운 짐으로 확대됐습니다.

매섭고도 추웠던 어느 겨울날, 나는 스스로 단호한 결정을 내렸습니다. 성경에 나와 있는 이 방언을 받지 못하면 안 되겠다는 마음의 짐을 짊어지고 강원도 철원에 있는 기도원에 올라갔습니다. 그 기도원은 대한민국 최초의 기도원으로서 기도원 안에 한탄강이 흐르고 있습니다. 강 위에는 각종 기암절벽이 자리 잡고 있는데 그곳이 바로 천혜의 기도 장소가 됩니다. 1,000명 정도 예배할 수 있는 웅장한 성전도 세워져 있습니다. 그러나 집회 기간에는 은혜를 사모하는 사람들이 많이 오지만 한겨울에 올라가 보니 대성전에는 아무도 없었고, 무척이나 추웠습니다.

저는 성전 중앙에 자리 잡고 무릎을 꿇었습니다.

"주님 저는 어려서부터 신앙생활 했어요. 그리고 이제 목회의 길을 걸어가고 있습니다…… 저에게 성령의 기름을 부어주세요…… 방언의 능력을 주세요."

무릎 꿇고 간절히 매달리기 시작했습니다. 30분이 흐르고 한 시간이 지나갔습니다. 예전처럼 역시나 아무 일도 일어나지 않고 있었습니다. 벌써 3년 동안 이런 일을 되풀이하고 있다는 생각이 언뜻 스쳐 지나갔습니다. 시계를 보니 어느덧 두 시간이 흐른 것 같습니다. 얼마나 몸부림치고 기도했는지 몸은 더워서 자연스럽게 두꺼운 잠바를 벗고 있었습니다. 성령께서 붙잡아 주시는지 기도의 열기가 점점 더 뜨거워지고 있다는 생각이 들었습니다. 매서운 영하의 기온으로 두툼한 옷을 몇 겹이나 껴입고도 모자라서, 그 위에다가 오리털 잠바까지 완전무장하고 기도를 시작했었습니다. 시간이 흐를수록 내 마음이 기도를 통하여 더워졌는지 성령의 불로써 뜨거운건지는 알 수 없었지만, 옷들을 하나씩 하나씩 벗어가면서 기도하고 있었습니다.

† 드디어 방언을 받다!

세 시간쯤 흘렀을까…… 어느 순간, 내 입에서 내가 평소에 해왔던 언어가 아닌 새로운 언어가 걸쳐졌습니다. 전혀 알지 못하는 소리가 툭 터져 나왔습니다. 내 이성은 우리말로 기도하고 있었지만, 또 다른 말이 내 입에서 터져 나왔을 때 순간적으로

'아, 나도 드디어 방언을 받았구나!'

하는 안도감이 들었습니다. 마음 한구석에서는 확신과 기쁨이 몰려왔고 어느덧 내 눈과 코에서는 뜨거운 액체가 흘렀습니다. 마음 한구석에서는 힘겹게 받은 하늘의 언어를 확실히 붙잡아 놓아야 한다는 생각으로 더욱 열심히 기도했습니다.

그 순간이었습니다. 어떤 분이 방언을 받았을 때 우리말을 하려고 했으나 전혀 나오지 않는다는 말이 떠올랐습니다. 방언을 하는 와중에도 '정말 그럴까?'라는 궁금증이 생겼고 나도 확인하고 싶었습니다. 그래서 방언을 그치고 조심스럽게 우리말로 기도하려고 해 보았지만, 웬일인지 내 혀가 내 의도대로 그쳐지질 않았습니다. 신기하게도 내 의지와는 상관없이 내 혀는 계속해서 새로운 천상의 언어를 토해내고 있었습니다. 나는 아무도 없는 성전에서 성령이 나에게 주시는 새 영을 마음껏 토로했습니다.

몇 시간 후, 마음의 기쁨과 충만함을 느끼면서 성전 문을 나섰을 때 놀랍고도 신비한 광경을 목격했습니다. 모든 만물이 새로웠는데, 그 만물들이 마치 나에게 축하와 찬양을 해주듯 새롭게 보였습니다. 산과 나무, 심지어 바위와 건물들이 모두 축하인사를 해주었습니다.

내가 또 들으니 하늘 위에와 땅 위에와 땅 아래와 바다 위에와 또 그 가운데 모든 피조물이 이르되 보좌에 앉으신 이와 어린 양에게 찬송과 존귀와 영광과 권능을 세세토록 돌릴지어다 하니 (계5:13)

너무나 아름답고 신비한 광경을 목격했을 때, 천국이 이와 같은 곳임을 절감했습니다. 중생이란 우리가 보지 못하고 알지 못하는 영의 세계를 믿음 안에서 보고 소유하며 나아가는 것입니다.

그때부터 나는 방언기도의 소중함을 인식하고 열심히 방언으로 기도했습니다. 3년 정도는 거의 영적인 기도에 힘썼던 것 같습니다. 주일날 예배를 마친 후에 월요일부터 수요일까지 산에 올라가서 기도했습니다. 수요 저녁예배는 말씀을 증거해야 했기에 하산하여 말씀을 전하고 나서 다시 산으로 갔습니다. 말씀과 기도에만 전념하던 세월이었습니다. 어느덧 예배를 드릴 때마다 성령의 기름이 흐르고 있었음을 알게 된 것은 그 후부터였습니다.

† 예배 때마다 흐르는 성령의 기름부음

한번은 기도원에서 말씀을 전해달라는 부탁을 받았을 때, 소신껏 증거했습니다. 그런데 집회를 마친 후 나를 만나는 사람마다 큰 은혜를 받았다고 하십니다. 인사치레로 말하는 것 같지가 않았습니다. 저도 그 정도 눈치는 있습니다. 어쨌든 기도원에서는 그때부터 나만 보면 설교를 부탁해 왔습니다. 그 기도원은 목회자가 강대상에 서서 설교한 것만으로도 자부심을 느낄 수 있는 곳이었습니다. 그런데 일개 전도사가 많은 목사님과 성도들 앞에서 설교하도록 했습니다. 어느 주간은 월요일부터 토요일까지 혼자서 부흥회를 하다시피 설교를 하도록 맡겨 주셨습니다.

다른 곳에 가서도 그런 현상은 마찬가지였습니다. 사람들이 많이 모이는 기도원에서 우연한 기회에 설교를 부탁받았습니다. 설교했을 때 성도들이 큰 은혜를 받고 변화되는 역사가 나타나자 그 기도원 측에서도 저에게 설교를 계속해서 부탁해 왔습니다.

그 당시 웃지 못할 민망한 일이 떠오릅니다. 어느 주간 기도원에서 나에게 5번의 예배시간 중에서 가장 좋은 타임의 시간을 연속해서 배정해 주면서 설교해 달라고 부탁해 왔습니다. 저는 아무 생각 없이 예배를 인도했지만, 그 후에 알고 보니 내가 설교를 맡았던 그 시간에는 이미 어떤 목사님이 설교하기로 계획 돼 있어서 지방에서 설교하러 오시고 있는 중이었습니다. 그런데 도중에 기도원 측에서 일방적으로 강사를 저로 바꿔 버렸는데 제가 본의 아니게 그 목사님에게 피해를 주었음을 그 후에 알았습니다.

말씀과 기도에 힘썼을 때 하나님께서 부족한 저를 붙들어 사용하셨습니다. 당시 기도했던 그 시기가 지금 나에게 주어진 영적인 밑거름이 되었다고 여겨집니다. 특히 그때 왜 그렇게 성령님께서 강권적으로 방언으로 기도시켰는지 오늘에 와서야 조금씩이나마 깨닫고 있습니다. 그때 집중적으로 기도했던 영의 기도는 현재에도 저의 목회 자원이 됩니다.

방언을 말하는 자는 자기의 덕을 세우고~ (고전14:4)

여기서 '세우다'라는 말은 다른 말로 '채우다'라는 의미로 볼 수 있는데 즉, 그 사람의 영혼육의 필요를 성령께서 채우시는 기도를 하게 하신 것입니다.

† 방언의 유익

방언에 대해서 좀 더 유익한 부분을 보충하려고 합니다.

첫째, 오래 기도할 수 있습니다.

대체로 신앙의 초보들은 하나님 앞에 무엇을, 어떻게, 왜, 구해야 하는지도 잘 모릅니다. 분당에서 목회하시는 목사님은 자기가 학생 시절 교회를 나갔을 때 목사님께서 학생들의 모임을 대표해서 자기에게 기도를 시켰다고 합니다. 그때 그는 무심결에 '오! 미지의 신이시여~' 이렇게 기도했었다고 부끄러운 고백을 하셨습니다.

또한, 기도 습관을 갖지 않는 자는 마땅히 구할 바를 생각해 보아도 5분 정도만 지나면 더는 기도할 말이 없어집니다. 그리고 더 놀라운 것은 기도한 내용에 대해서도 별로 응답을 기대하지 않고, 응답을 받아본 경험도 없다는 사실입니다. 하나님의 의도하심과 자기의 생각이 무척이나 달랐다는 것을 후에 신앙이 성장하게 되면 알게 됩니다. 그러니까 기도 자체가 하나님과 상관없는 육신에 속한 정욕적인 기도가 많습니다.

기도 응답을 받아본 경험이 없으므로 기도의 습관이나 훈련 또한 될리 만무합니다. 이런 분들에게 방언체험은 오래 기도할 수 있으므로 하나님의 임재를 경험하게 됩니다.

둘째, 방언은 자기의 부족함을 드러낼 때 유익합니다.

골방기도가 유익하지만, 합심으로 기도할 때에도 유익한 부분이 많습니다. 축복교회는 매일 밤 9시부터 새벽 2시까지 교회에서 함께 기도하는 시간이 주어집니다. 매일 낮 오전에는 10시부터 12시까지 합심기도회 시간이 있습니다. 저녁 기도회는 주로 직장인들이 퇴근 후 식사를 마치고서 교회에 기도하러 오고 있습니다. 낮 기도회는 주부들이 아이들을 유치원이나 학교에 등교시킨 후 기도합니다. 모였을 때 대부분은 방언으로 기도합니다. 방언기도의 또 한 가지 특징은 마음으로는 어떤 기도의 내용을 품고 입으로는 방언하는 것입니다.

그러면 어떻게 할까 내가 영으로 기도하고 또 마음으로 기도하며 내가 영으로 찬송하고 또 마음으로 찬송하리라 (고전14:15)

이처럼 무조건 방언으로 기도하면 나의 영이 기도하는 것이므로 내가 그 뜻을 알지 못합니다. 그렇기에 내 마음속으로 어떤 기도의 내용을 가지고 있으면서 입으로는 방언으로 그 내용을 하늘에 올리는 것입니다. 이렇게 기도하면 그 사람은 자기의 일상적인 죄나 눌림이나 상처, 혹은 은밀하게 고해야 할 것들을 다른 사람이 들을 수 없기에 마음 놓고 기도할 수 있습니다. 예를 들어 오랫동안 시집 못 간 노처녀가 매일 교회에 정해진 시간에 나와서 나 좀 시집보내 달라고 시끄럽게 기도하면 신변 노출로 인하여 자신뿐만 아니라 주변의 사람들조차도 민망하지 않겠습니까. 때로는 우리의 부족함이나 연약함이 외적으로 드러나지 않아도 마음 놓고 기도 할 수 있는 통로가 바로 방언입니다.

셋째, 방언은 오래 하다 보면 단순해집니다.

주님께서 너희가 어린 아이와 같지 않으면 하늘나라에 들어갈 수 없다고 하셨습니다.

이르시되 진실로 너희에게 이르노니 너희가 돌이켜 어린 아이들과 같이 되지 아니하면 결단코 천국에 들어가지 못하리라 (마18:3)

어린 아이들은 대체로 세 가지 특징이 있습니다.

첫째로 자란다는 것입니다. 음식을 먹어도 어른은 자라지 않지만, 어린 아이들은 성장합니다. 우리의 신앙은 성장해야만 합니다.

믿음으로 말미암아 그리스도께서 너희 마음에 계시게 하시옵고 너희가 사랑 가운데서 뿌리가 박히고 터가 굳어져서 능히 모든 성도와 함께 지식에 넘치는 그리스도의 사랑을 알고 그 너비와 길이와 높이와 깊이가 어떠함을 깨달아 하나님의 모든 충만하신 것으로 너희에게 충만하게 하시기를 구하노라 (엡3:17-19)

이 말씀처럼 믿음이 풍성하게 자라야 합니다. 그러나 오늘날에는 제대로 성장하지 못한 믿음을 가진 사람들이 많아지고 있습니다. 신령한 것을 사모하는 가난한 마음이 없습니다. 육신에 속한 아이들이 먹지를 못하면 배고파하듯이 건강한 신앙인은 늘 심령에 가난함과 갈급함으로 목말라 합니다. 마태복음 5장에 있는 팔복은 심령이 가난한 자, 애통하는 자, 온유한 자, 의에 주리고 목마른 자, 마음이 청결한 자, 화평케 하는 자, 의를 위하여 핍박을 받는 자가 복이 있다고 했습니다.

아이들의 두 번째 특징은 걱정이 없습니다. 필요한 모든 것을 부모가 책임져 주기 때문입니다. 주님께서도 기도를 가르쳐 주실 때,

오늘 있다가 내일 아궁이에 던져지는 들풀도 하나님이 이렇게 입히시거든 하물며 너희일까보냐 믿음이 작은 자들아 그러므로 염려하여 이르기를 무엇을 먹을까 무엇을 마실까 무엇을 입을까 하지 말라 (마6:30-31)

알려 주셨습니다. 교회를 다니면서도 걱정 근심이 끊이지 않는 사람은 기본적인 믿음을 놓치고 있는 것입니다. 그리고 세상 생각이 많은 것만큼 근심도 많습니다.

셋째로 어린 아이는 단순합니다. 단순하다는 말은 겉과 속이 같다는 것입니다. 아이들을 보십시오. 배고프면 보채고 기쁘면 까르르 웃고 슬프면 바로 웁니다. 반면에 겉과 속이 다른 어른들은 배가 고파도 배부른 척합니다. 못된 짓을 해놓고도 안 한 척합니다. 속으론 그를 미워하면서도 웃으면서 악수합니다. 사람 심령이 거짓으로 포장돼 있습니다. 방언은 이런 복잡한 심령을 정결케 하고 단순하게 합니다. 하나님은 단순한 사람을 쓰십니다.

처음에 방언을 받은 분들을 보면 그의 방언 소리가 유창한 사람이 있습니다. 그것은 다시 말하면 하나님의 섭리를 성령이 대언하는 내용뿐만 아니라, 내면에 성령께서 손볼 부분이 많다는 것을 의미하는 현상입

니다. 그러나 시간이 흐를수록 그의 방언소리는 바뀔 것입니다. 어느 단계에 와서는 단음적인 소리로 반복될 것입니다. 그 내면에 복잡했던 삶의 구조가 정리됐음을 본인이 느낄 수 있습니다. 대체로 처음부터 단음적인 방언으로 시작하는 분들이 많이 있습니다. 그런 분들도 지속적인 방언을 하다 보면 어린 아이처럼 순수한 심령이 된 것을 스스로 알 수 있습니다.

넷째, 방언은 중보기도 하라고 주신 선물입니다.

저는 주로 성도들을 위해 기도해 줄 때 어떤 사람을 마음에 품고 기도합니다. 그럴 때마다 성령께서 마음에 감동을 주십니다. 주일이 되면 기도를 받기 원하는 성도들에게 모두 기도해 줍니다. 손을 얹고 기도하면 특별히 성령이 역사하시는 분들은 감지됩니다. 어떤 분은 어둠이 감지되고 어떤 분은 문제가 있음을 알 수 있습니다. 질병으로 고통받는 자에게는 그 아픔이 느껴집니다. 그리고 그 아픔이 성령께서 만져 주셔서 치유가 될 것을 느끼기도 하고, 어떤 분은 그 아픔을 통하여 하나님께서 그에게 깨닫게 하시려는 의도가 있음도 알게 하십니다. 저는 주로 손을 얹을 때 방언기도를 통하여 그것을 분별합니다.

성령의 강권하심으로 교회를 개척한 그때부터 지금까지 국내외로 부흥성회를 인도케 하셨습니다. 성령이 임하기 전에는 한 번도 다른 교회에 가서 말씀 증거해 본 일도 없었고, 부흥성회를 인도해 본 적도 없습니다. 부흥회를 인도하기 위해서 어떤 부흥 단체에 소속하여 배움을 받거나 협력하여 사역해 본 일도 없습니다. 그러므로 지금까지 부흥집회를 다닌 것은 전적인 성령의 나타나심입니다.

집회를 나가면 말씀을 증거한 후 필히 은사사역을 진행합니다. 할 수만 있다면 집회에 참석하는 모든 성도에게 성령의 기름부음과 함께 방언을 받을 수 있도록 하고 있습니다. 지금까지 집회한 모든 교회마다 성령의 기름부음을 통하여 대부분이 방언을 받았습니다.

그러나 유독 받지 못하는 사람들도 간혹 보이는데 그들은 집회에 참석했어도 아직 믿음이 없거나, 강사가 시키는 대로 따라 하지 않았기 때문입니다. 방언은 입을 통하여 열리는 은사입니다. 그러므로 말씀을 증거하고 나면 통성기도를 시킨 후 안수를 해 줍니다. 이때 준비가 된 자는 성령의 기름부음을 받습니다. 특별히 방언을 못 하는 사람들은 강대상 앞으로 나오도록 해서 재차 안수하고 가능하면 모두가 방언을 받도록 해주고 있습니다.

그런데 이런 사람은 못 받습니다. 입을 벌리고 기도하라고 해도 평소의 습관대로 입을 꾹 다물고서 기도하는 사람입니다. 또한, 사모하는 마음이 없어서 강사가 시키는 대로 따라 하지 않는 사람입니다. 아직 믿음이 없는 분도 마찬가지입니다. 대개가 이런 분들을 빼고는 모두 받습니다.

충청도에 있는 어느 시골 교회로 부흥집회를 간 기억이 납니다. 그곳은 삼십여 분 정도의 연로하신 성도들만 있었습니다. 목사님께서 우리 교회 청년이 두 명 있는데 이번 집회에 꼭 은혜를 받았으면 좋겠다는 바람을 가지셨습니다. 그런데 집회를 하는 동안 아무리 찾아도 청년들이 보이질 않았습니다. 후에 알았는데 그 교회 청년이라고 했던 분들은 50세가 넘은 자들을 말한 표현이었습니다. 대부분의 연세가 60세에서 70

세이고 이분들은 아직도 농사일을 하고 계십니다. 80세가 넘은 분들이 그곳에서는 나이 먹은 축에 낍니다. 그러다 보니 그곳의 교회 실정으로는 50대의 나이는 젊은 청년층에 속했습니다. 교회에 아기가 없어서 울음소리를 들을 수 없고 초등학교 다니는 학생조차 없습니다. 생명의 젖줄과 같은 한국농촌교회 현실이 심각합니다.

당일 집회였기에 간증 성회로 인도한 후 오늘 이 시간 성령 충만도 받고 신령한 은사인 방언을 받자고 했습니다. 그랬더니 그동안 부흥집회를 할 때마다 사모했지만 받지를 못했다고 하시며, 받고는 싶지만 이제 우리 같은 늙은이들에게는 안 된다는 믿음을 강하게 갖고 있었습니다. 그러나 성령님은 역사해 주셨습니다. "**할 수 있거든이 무슨 말이냐 믿는 자에게는 능히 하지 못할 일이 없느니라.**" 라는 말씀대로 연로하신 그 교회 성도 모두가 당일 성령의 놀라운 은혜와 방언이 임했습니다. 돌아오는 승용차 안에는 그들이 시골에서 재배한 농산물을 감사의 마음으로 실어주시는데 트렁크뿐만 아니라 승용차 뒷좌석까지 가득 찼습니다. 사랑을 가득 안고 돌아오는 발걸음은 하늘을 나는 것만 같았습니다.

다섯째, 방언은 알지 못하는 것을 대언합니다.

아시다시피 사람의 구조는 영, 혼, 육으로 되어있습니다(히4:12, 살전5:23). 우리의 육신은 겉사람으로써 본능적인 감각을 갖고 있습니다. 육의 사람은 시각, 촉각, 청각, 미각, 후각의 기능을 충족하길 원합니다.

나의 혼은 정신세계로써 생각과 감정과 결단력을 갖고 있습니다. 그러면 나의 영은 어떤 기능을 갖고 있습니까? 인간은 영이신 하나님의 형상으로 창조되었기에 누구에게나 속사람인 영이 있습니다. 그런데 영이 죄로 인하여 하나님과의 관계가 끊어져 있다면 그 영은 죽은 상태입니다. 예수를 믿는다는 것은 죽어 있는 영이 다시 소생함을 의미합니다.

또 그리스도께서 너희 안에 계시면 몸은 죄로 말미암아 죽은 것이나 영은 의로 말미암아 살아 있는 것이니라 (롬8:10)

너희는 다시 무서워하는 종의 영을 받지 아니하고 양자의 영을 받았으므로 우리가 아빠 아버지라고 부르짖느니라 (롬8:15)

소생한 영은 새로운 영의 간구와 소원을 갖습니다. 태어난 아기가 배고프면 본능적인 울음을 통하여 자기의 필요를 요구합니다. 하지만 인간의 자아는 이 현실세계에서 무엇을 구해야 할지 잘 알지 못합니다. 내 속의 거듭난 영만이 인간의 무지함과 연약함을 대언해서 간구하게 합니다. 나의 처지와 사정은 내 속에 있는 하나님의 영만이 내 형편을 잘 알고 있습니다. 그러나 현실세계에 속한 나의 겉사람은 전혀 의식하지 못하는 부분이 많이 있습니다.

사람이 바라볼 때 전혀 흠이 없고 온전했던 욥이 그랬습니다. 욥기서를 보면 그는 의인으로 불릴 만큼 온전한 모습을 갖고 있습니다. 그런 그에게 어느 날부터 청천벽력과 같은 일들이 연속해서 생겨났습니다. 사람의 수준과 지혜, 경험으로는 전혀 이해할 수 없는 엄청난 불행이었지요. 욥을 위로하려고 찾아온 세 친구들은 이런 욥의 처참함을 보고 그가 천벌을 받을만한 죄를 지었다고 생각합니다. 그래서 9개월 동안 끈질기게 그의 잘못을 추궁하고 드러내려고 애썼습니다. 그러나 현상세계에 속한 인간의 제한적 사고와 한계, 그리고 무지함으로 인한 그 원인을 알지 못합니다. 욥은 이 땅에서는 완전한 자였기에 자기에게 벌어진 일들에 대해서 이해할 수 없었습니다. 그는 불행의 원인이 천상세계에서부터 생겨진 것을 전혀 이해하지 못했습니다. 다시 말하지만 그에게 닥친 일들은 그가 의식하지 못한 천상세계에서 벌어진 영적인 사건이었습니다.

내가 구원받고 방언이 임하면 그 사람의 사정을 누가 알겠습니까?

방언을 말하는 자는 사람에게 하지 아니하고 하나님께 하나니 이는 알아듣는 자가 없고 영으로 비밀을 말함이라 (고전14:2)

소생한 영은 그의 사정을 대언해서 천상세계의 하나님께 간구합니다. 욥기서에 보면 영적인 일에 눈이 떠지지 못한 욥에게 하나님이 찾아 오셔서 그에게 천상세계의 창조의 비밀을 말씀하십니다. 그리고 그것이 내가 알지 못하는 영의 세계로부터 시작되어진 것임을 알려주십니다. 그제야 욥은 자기의 무지와 연약함을 회개합니다.

나의 영의 소원을 내 속의 영이 하나님께 간구하는 것이 방언입니다. 로마서 1장에 보면 바울은 간음과 우상숭배와 상한 마음에서 드러나는 각각의 문제를 열거해 놓았습니다. 우리의 의식세계는 지은 죄에 대해 무감각해도 대속이 필요한 부분이 있습니다. 하나님은 방언을 통하여 알게 모르게 지은 죄들을 정결케 하십니다. 뿐만 아니라, 방언을 통하여 현상세계의 문제들을 영적으로 풀어주십니다.

† 라마 나욧이 되게 하소서

저는 우리 교회가 성령이 임재하는 장소가 되기를 꿈꿉니다. 성령세례와 방언사역으로 이론뿐만이 아니라 실상을 줄 수 있기를 원합니다.

다윗은 사울을 피해 다녀야만 했던 광야 시절을 겪었습니다. 한번은 라마 나욧이라는 곳으로 피신해 있었습니다. 어떤 자가 그것을 알고 사울 왕에게 다윗이 피해 있는 장소를 일러줍니다. 사울은 그 소식을 듣고 군인들을 보냈지만 잡아오지 못했습니다. 그런 과정이 세 번이나 반복되었습니다. 그들의 말은 라마 나욧에만 들어서면 자신의 몸이 움직이지 않고 입에서는 예언의 소리가 흘러나온다는 것이었습니다. 어떤 예언이었겠습니까? 다윗을 죽이면 안 된다는 소리였겠지요. 그들의 말을 믿지 못했던 사울이 직접 정예 군인들을 이끌고 사무엘과 다윗이 숨어있는 라마 나욧으로 향했습니다.

사울이 라마 나욧으로 가니라 하나님의 영이 그에게도 임하시니 그가 라마 나욧에 이르기까지 걸어가며 예언을 하였으며 (삼상19:23)

사울이 라마 나욧에 이르니 그에게도 똑같은 신기한 현상이 일어났습니다. 그 장소는 하나님의 성령이 임하고 있었습니다. 그래서 사울은 다윗을 죽이려고 해도 죽일 수 없었습니다. 저는 이 말씀처럼 우리 교회가 라마 나욧과 같은 성령이 운행하는 장소가 되기를 사모합니다. 교회에서는 매일 밤 9시부터 새벽 2시까지 연중무휴 철야기도회를 진행하고 있습니다. 40일 철야기도도 많이 했습니다. 축복교회 목요 영성집회에 참석하시는 모든 분에게 말씀 사역, 치유사역, 예언사역을 해드립니다.

그러다 보니까 5시간 이상 걸릴 때가 많이 있습니다.

제가 중점을 두는 것은 오시는 모든 분에게 다른 것보다 성령의 기름 부음을 받게 하는 것입니다. 그리고 그 표적으로 방언을 받을 수 있도록 합니다. 천상의 언어를 받아야만 하나님과 신령한 교제를 시작할 수 있기 때문이지요. 이 책을 보신 분 중에서 아직도 성령의 은사를 알지 못하거나 방언을 받지 못하신 분은 우리 축복교회 집회에 참석하시길 바랍니다.

충청도에서 목회하시는 어느 목사님은 70세가 넘는 고령에도 저희 집회에 참석하시려 오셨습니다. 2년 동안 거의 빠지지 않고 참석하셨는데, 하루는 그 목사님과 식사하면서 대화 중에 이런 말씀을 하셨습니다.

"지방에서 성전을 건축한 후 목회를 잘해 보려고 지금까지 이 나이가 되도록 안 다녀 본 세미나가 없는데 이 곳 집회가 제일 맘에 듭니다!"

† 방언에 대한 오해와 편견

지금도 방언의 은사가 사라졌다고 주장하는 사람들이 있습니다. 교회성장연구소 명성훈 목사님은 이런 부분은 성경의 문맥을 무시한 해석에 기인하는 것이라고 했습니다.

사랑은 언제까지나 떨어지지 아니하되 예언도 폐하고 방언도 그치고 지식도 폐하리라 (고전13:8)

'방언도 그치고'라는 구절에 의거해서 오늘의 교회 시대에는 방언이 사라졌다고 주장합니다. 그러나 이 말씀의 문맥은 오늘의 교회 시대를 의미하는 것이 아니라 교회 시대가 끝나는 천국 시대에 해당하는 말씀입니다. 주님이 다시 오시고 하늘나라가 시작되면 모든 은사는 다 사라질 것이라는 말씀입니다. 그것은 그 다음 구절을 계속 읽어보면 더욱 확실해집니다.

우리는 부분적으로 알고 부분적으로 예언하니 온전한 것이 올 때에는 부분적으로 하던 것이 폐하리라 내가 어렸을 때에는 말하는 것이 어린 아이와 같고 깨닫는 것이 어린 아이와 같고 생각하는 것이 어린 아이와 같다가 장성한 사람이 되어서는 어린 아이의 일을 버렸노라 우리가 지금은 거울로 보는 것 같이 희미하나 그 때에는 얼굴과 얼굴을 대하여 볼 것이요 지금은 내가 부분적으로 아나 그 때에는 주께서 나를 아신 것 같이 내가 온전히 알리라 (고전 13:9-12)

여기서 **'온전한 것이 올 때'**나 **'얼굴과 얼굴을 대하여 볼 때'**는 다름 아닌 하늘나라가 임할 때입니다. 그러므로 천국이 도래하기 전, 교회 시대인 지금은 방언의 은사가 폐하여 없어졌다고 주장할 수 없는 것입니다. 만약에 그렇다면 방언과 함께 예언이나 지식도 폐하여져야 할 것입니다. 그러나 방언과 같은 초자연적인 은사가 사라졌다고 주장하는 사람들도 지식과 같은 자연적인 은사는 지금도 현존한다고 주장하는데 이것은 자기 모순적인 주장에 불과합니다. 초자연적 은사든지 자연적인 은사든지 교회의 성장과 완성에 필요한 모든 은사는 지금도 성령께서 우리에게 허락하신다고 믿는 것이 성서적이고 복음적인 주장일 것입니다.

방언폐기론자들이 주장하는 두 번째의 근거의 말씀은 고린도전서 12장 30절입니다.

다 병 고치는 은사를 가진 자이겠느냐 다 방언을 말하는 자이겠느냐 다 통역하는 자이겠느냐 (고전12:30)

이 말씀에서 방언을 말하는 것은 부정적으로 표현되었고 그러므로 방언은 지금 시대에 필요 없다는 것입니다. 그러나 이것도 전체 문맥을 무시한 억지에 불과합니다. 여기에서 바울의 입장은 어느 특정 은사 한두 가지만 주장하지 말라는 것이지 방언을 무시하라는 것이 아님은 너무나도 명백한 사실입니다. 방언이든 예언이든 어떤 은사이든지 그 한 가지만을 최고의 은사로 혹은 절대적인 은사로 주장하는 것은 성경의 전체적인 문맥을 따라 이해해야 자의적인 해석의 위험성에서 벗어날 수 있습니다.

방언폐기론자가 인용하는 세 번째의 말씀 구절은

그러나 교회에서 내가 남을 가르치기 위하여 깨달은 마음으로 다섯 마디 말을 하는 것이 일만 마디 방언으로 말하는 것보다 나으니라 (고전14:19)

이 말씀 때문에 어떤 사람들은 방언이 필요 없다고 주장합니다. 그러나 바울이 여기서 주장하는 것은 방언 자체의 필요성을 부정하는 것이라기보다는 은사의 목적과 효율성을 가르치는 것입니다. 즉, 방언은 개인의 덕을 세우는 것이고, 예언은 교회의 덕을 세우는 것이기 때문에(고전14:4) 교회에서는 통역 없는 방언보다는 알아들을 수 있는 예언이 훨씬 효율성이 있으며 교회의 성장을 가져오는 은사의 목적을 이룰 수 있다는 것입니다.

그러므로 '**교회에서**'라는 말에 유의해야 합니다. 교회에서는 예언이 훨씬 더 유익합니다. 그러나 개인이 골방에서 기도할 때는 방언이 더 유익합니다. 방언이 교회 공동체에서 유익을 주기 위해서는 통역이 뒤따라서 많은 사람이 무슨 소리인지 알 수 있어야 합니다. 바울은 교회 전체를 위해서는 예언을 많이 말하고 개인의 영적 성장을 위해서는 방언을 많이 말하라고 권면하고 있습니다(고전14:15-18).

방언이 지금은 없다고 주장하는 사람들이 자주 인용하는 네 번째 근거 말씀입니다.

너희는 더욱 큰 은사를 사모하라 내가 또한 가장 좋은 길을 너희에게 보이리라 (고전12:31)

이 말씀 직후에 그 유명한 고린도전서 13장의 사랑장이 나옵니다. 그래서 그들은 방언과 같은 표적 은사는 필요 없고 사랑이 제일이므로 사랑만 있으면 된다고 합니다. 제일 좋은 은사가 사랑의 은사라고 주장합니다. 이 말씀에서 '더욱 큰 은사'가 바로 사랑이라고 주장합니다. 그러나 사랑은 은사가 아니라 은사를 효과적으로 사용하는 '길' 방법과 자세요, 그 은사를 활용해서 나타난 결과로써의 열매입니다. 은사가 아무리 크더라도 사랑을 가지고 쓰지 않으면 남용되고 오용됩니다. 그러므로 은사를 가진 성도는 반드시 사랑으로 그 은사를 활용해야 하나님께 영광이 됩니다. 자신을 나타내려고 은사를 사용하는 것은 사랑으로 하는 것이 아닙니다. 하나님의 나라를 세우고 불쌍한 자를 구원하기 위해 은사를 사용하는 것은 사랑으로 하는 것입니다. 사랑은 은사를 올바르게 사용하게 하는 하나님의 마음이요, 성령의 열매입니다. 그러므로 은사는 사람에 따라서 받을 수도 있고 못 받을 수도 있지만 사랑은 모든 성도가 다 가져야 합니다.

이상에서 살펴본 것과 같이 방언을 포함한 모든 은사는 교회 시대가 계속되는 한 지금도 존재합니다. 교회 성장을 위해서 필요한 은사는 시대와 공간을 초월해서 성령께서 계속해서 허락하십니다. 예수 그리스도는 어제나 오늘이나 영원토록 동일하십니다. 그러므로 방언과 예언, 초자연적 은사들은 우리가 열린 마음으로 성령의 주권에 순종하여 적극적으로 주님의 몸 된 교회의 성장을 위해 사용해야 할 것입니다.

5

방언 통변의 은사

다른 사람의 방언기도를 해석하다

예언의 은사와 방언 통역 은사를 함께 받다

방언이 통변되려면

겉사람의 생각을 깨트리는 무기

방언: 영적 은사가 나타나는 통로

5. 방언 통변의 은사

† 다른 사람의 방언기도를 해석하다

제가 방언을 힘들게 받아서인지 방언기도를 소중하게 여기면서 열심히 기도했습니다. 어떤 때는 그 내용이 무슨 기도인지를 알 수 없어서 답답해하면서도 성령의 강권하심으로 인하여 지속적인 기도가 이어졌습니다. 일 년 정도가 지난 어느 날입니다. 기도원에서 방언으로 기도를 마치고 숙소로 돌아가는 길이었습니다. 우연히 지나가면서 다른 사람의 방언기도 소리를 듣게 되었는데 그 뜻이 내 귀에 우리말로 들려졌습니다. 순간적으로 신기하면서 놀랐습니다. 한편으로는 이것이 통변의 은사인가 생각이 스쳤습니다. 다른 사람이 방언기도를 하는 곳에 다시 가서 들어보았습니다. 마찬가지로 그 기도 내용이 해석됐습니다.

"아! 이것이 성경에서 말하는 방언 통변이구나."

저는 그때 방언 통변의 은사가 나에게 임했음을 알았습니다. 은사를 사모했어도 구체적으로 통변의 은사를 구하진 않았었습니다. 예전에 어느 목회자 집회에 참석했을 때 그곳에서 강사가 했던 말을 통하여 '통변의 은사도 있는가 보구나.' 생각했을 정도입니다. 굳이 내가 이 은사를 받아야겠다는 사모함을 갖고 기도한 것은 아닙니다.

그러나 방언이 통변되고 보니 나 스스로 신기하기도 하고 재미가 있었습니다. 그래서 어느 날 국민일보에 방언을 통변해 주겠다는 광고를 냈습니다. 당시만 해도 국민일보는 주로 목회자들이 많이 보아서인지 평신도보다는 목회자들이 더 관심을 두고 많은 전화를 주셨습니다. 한동안 방언을 통변해 주면서 하나님께 감사하면서도 전화가 밤낮으로 부리나케 오다 보니 그 사역은 3개월 만에 그만둘 수밖에 없었습니다. 힘은 들었지만, 개인적으로 유익한 점이 더 많았던 것 같습니다. 통변을 받았던 분들은 대개가 광야의 여정 속에 있는 분들이었고, 신령한 은사에 대한 호기심으로 관심을 갖고 전화를 주셨습니다. 개중에는 은사에 대한 부정적인 시각을 갖고 의심의 눈으로 바라보면서 전화하신 분들도 있었습니다.

저는 성경에 기록 돼 있는 내용이므로 제한하지 말고 어린 아이처럼 순수하게 받아들이는 것이 옳다고 여겨집니다. 내가 이해하지 못하거나 다르다고 해서 성령의 은사를 부정적으로 취급하는 것은 적절치 못합니다. 은사를 받지 못했거나 모른다고 해서 인간적인 감정 기분으로 판단하면 안 됩니다. 은사를 통한 열매를 가지고 판단하는 것이 옳다고 봅니다.

제 아내 또한 통변의 은사를 받았습니다. 아내 역시 저와 마찬가지로 오로지 기도에 힘쓰고 있습니다. 아내가 은사를 받게 된 과정은《내가 예언과 환상과 꿈을 주리라》라는 책을 통하여 자세히 알 수 있습니다.

이 책은 발간 된 지 오래 되었지만, 책을 보신 분들이 우리 교회로 저자를 만나려고 지금까지 수없이 찾아오셨습니다. 지금은 신앙상담과 예언기도를 받기 위해 매주 토요일 정해진 시간에 찾아오십니다.

† 예언의 은사와 방언 통역 은사를 함께 받다

아내는 성령의 기름부음을 받았을 때 예수님을 만난 귀한 체험이 있습니다. 그 후 많은 성령의 나타남의 역사가 있었습니다. 아내는 예언의 은사를 받을 때 방언 통역을 같이 받았습니다. 지금도 정기 집회와 상담 시간에 찾아오시는 많은 분에게 환상을 보면서 예언사역과 방언 통역을 함께 해줍니다.

방언 통변은 성도들에게 유익합니다. 이 기도를 받으면 본인들이 평상시에 마음에 품고 하나님 앞에 구하던 내용이 기도사역 중에 다 나온다는 이야기를 참으로 많이 듣습니다. 통역을 해보면 그 사람의 죄를 많이 알려주시고 또한 그 사람이 마음에 품고 있는 문제와 기도제목들이 들려집니다. 기도를 받으면 자기가 조금 전에 묻고자 했던 내용을 먼저 성령께서 말씀하시므로 확신과 신뢰를 얻고 돌아갑니다.

그러므로 방언을 말하는 자는 통역하기를 기도할지니 (고전14:13)

많은 분들이 통변의 은사를 원하고 있습니다. 하지만 하나님께서 보실 때 준비된 사람만이 방언 통변의 은사를 받을 수가 있습니다. 부모가 자식에게 그 분량에 맞게 필요한 것을 공급해 주는 것처럼 하나님도 우리가 받을 만한 그릇으로 준비돼 있는가 보십니다.

방언과 함께 나타나는 통변은 하늘나라에 무전을 치는 것과 같습니다. 예수님을 영접하면 내주하시는 성령님은 내 영안에 거하시고 계십니다.

평강의 하나님이 친히 너희를 온전히 거룩하게 하시고 또 너희의 온 영과 혼과 몸이 우리 주 예수 그리스도께서 강림하실 때에 흠 없게 보전되기를 원하노라 (살전5:23)

하나님의 말씀은 살아 있고 활력이 있어 좌우에 날선 어떤 검보다도 예리하여 혼과 영과 및 관절과 골수를 찔러 쪼개기까지 하며 또 마음의 생각과 뜻을 판단하나니 (히4:12)

사람의 몸은 이렇게 영, 혼, 육으로 구분하고 있습니다.

· **영**(spirit): 하나님께서 창조한 사람의 영은 영원합니다. 또한, 영은 죽지 않고 늙지도 않습니다. 연세 드신 분들에게 마음이 어떠시냐고 물어보면 마음은 청춘이라고 하십니다. 영은 늙지 않기 때문에 그렇게 대답하시는 것입니다.

우리 한 사람 한 사람에게 영이 있으며 그 영은 인간존재의 중심입니다. 바로 그 영이 인간을 다른 동물들로부터 구별해 줍니다. 그리고 사람은 바로 그 영의 영역에서 하나님을 아는 지식을 받아들이게 됩니다.

사람의 속에는 영(the spirit)이 있고 전능자의 숨결이 사람에게 깨달음을 주시나니 (욥32:8)

·혼(soul): 생각, 감정, 의지로 이루어진 부분입니다. 하나님을 모르는 대부분의 자연인은 그 생각이 육신에 속해 있습니다. 하나님을 알지 못하는 대부분 사람들의 감정도 마찬가지로 육신의 정욕에 붙잡혀 있습니다. 하나님을 모르는 일반인들의 의지도 마찬가지입니다. 그들의 자아는 세속적이기에 "범죄하는 그 영혼이 죽으리라"(겔18:4) 절망적인 상황으로 내달립니다.

·몸(육, body): 사람의 몸은 보이는 겉사람을 말합니다. 인간의 몸은 다섯 가지 감각으로 이루어져 있습니다. 청각, 시각, 미각, 촉각, 후각입니다. 문제는 사람이 죄를 범하는 것은 혼인가, 몸인가 하는 것입니다. 몸은 눈에 보이는 부분입니다. 하지만 혼은 보이지 않습니다. 보이지 않는 생각과 감정, 의지가 움직입니다.

저녁때에 다윗이 그의 침상에서 일어나 왕궁 옥상에서 거닐다가 그 곳에서 보니 한 여인이 목욕을 하는데 심히 아름다워 보이는지라 (삼하11:2)

표현한 그대로 보면 육이 죄를 범하게 되는 과정을 말해주는 내용입니다. 처음에 다윗은 밧세바를 보았기 때문에 죄를 범한 것은 아닙니다. 미인을 보는 것만으로, 사람이 죄를 범했다고 볼 수 없습니다. 사람의 몸의 다섯 가지 감각기관인 육체는 혼의 정보를 전달하는 센서와 같다고 말할 수 있습니다. 만일 다윗이 밧세바를 본 후, 멈춰 서지 않고 그대로 계속 걸었다면 아무 일도 일어나지 않았을 것입니다. 그러나 다윗은 그곳에서 멈추고 서서 그녀를 탐하려고 부르러 보냈던 것입니다.

다윗이 전령을 보내어 그 여자를 자기에게로 데려오게 하고~ (삼하11:4)

여기에서 작동한 것은 바로 다윗의 감각이며, 그의 의지였습니다. 그리고 그것은 바로 그의 혼이며 죄가 실현화된 것입니다. 육신이 결단하도록 한 것이 아니고, 혼에 의해서 결단되고 죄가 완료된 것입니다. 육은 혼이 원하는 것을 행동으로 옮길 뿐입니다.

내가 이르노니 너희는 성령을 따라 행하라 그리하면 육체의 욕심을 이루지 아니하리라 육체의 소욕은 성령을 거스르고 성령은 육체를 거스르나니 이 둘이 서로 대적함으로 너희가 원하는 것을 하지 못하게 하려 함이니라 (갈5:16-17)

이처럼 우리의 몸도 움직이고 혼도 움직이며 내 영도 활동을 합니다. 하나님의 영은 내 안에 내주하시는 성령과 교통을 필요로 합니다. 방언을 통하여 통변이 열리는 것은 하나님의 영으로 인도함을 받을만한 영적 수준이 되어야만 가능합니다.

† 방언이 통변되려면

에베소에서 바울은 사람을 속사람과 겉사람으로 나누어서 말합니다.

그러므로 우리가 낙심하지 아니하노니 우리의 겉사람은 낡아지나 우리의 속사람은 날로 새로워지도다 (고후4:16)

여기에서 속사람은 내 안의 영의 사람을 의미하고 겉사람은 육의 사람을 뜻합니다. 진정한 나는 내 안의 속사람입니다. 다시 말하는데 이 속사람의 특징은 늙지 않고 죽지 않고 영원합니다. 각 사람에게는 그 모두가 영이 있습니다. 그 속사람의 영은 때가 되면 하나님 앞에서 이 땅에서 행한 대로 심판을 받습니다. 겉사람인 육의 사람은 때가 되면 썩어져서 흙으로 돌아갑니다. 그렇지만 진정한 나인 속사람은 하나님 앞에 서게 됩니다. 의로운 사람은 의로운 판결을 받게 되지만 불의한 사람은 불의한 판결로 인하여 영원한 지옥에서 고통을 받을 것을 부자와 나사로를 통하여 우리에게 알려 주고 있습니다.

예수 그리스도를 영접했다는 것은(요1:12) 내 속사람이 그리스도의 영을 모신 것을 말합니다. 눈으로 보이지 않고 잡히지도 않지만 살아있는 분처럼 모셔 들인다는 의미가 영접입니다. 문제는 아직 예수 그리스도를 영접했어도 영적으로 어린 사람은 그 겉사람의 자아가 강하다 보니 예수의 생명이 겉사람으로 인해 방해를 받습니다.

예수님은 온전한 하나님이시기도 했지만, 또한 온전한 인간이시기도 했습니다. 예수님을 보십시오. 하나님께로부터 대 사명을 부여받았어도 육신의 옷을 입으신 예수님의 모습은 그것을 감당하기 힘들어하셨습니다. 누가복음 22장을 보십시오.

예수께서 힘쓰고 애써 더욱 간절히 기도하시니 땀이 땅에 떨어지는 핏방울 같이 되더라 (눅22:44)

예수님이 기도 하실 때 무엇을 가지고 기도 하셨습니까? 육신적으로는 그 십자가를 지기 힘들어하는 모습이었습니다.

이르시되 아버지여 만일 아버지의 뜻이거든 이 잔을 내게서 옮기시옵소서~ (눅22:42)

그러나 하나님은 예수님의 간절한 기도에 응하지 않습니다. 예수님이 십자가를 지는 것은 아버지의 뜻이 이 땅에 이루어지는 것이고, 그 명령에 순종하기 위해서 이 땅에 오셨기 때문입니다. 주님은 세 번이나 간절히 구했지만 하나님은 그 기도를 응답할 수 없었고, 예수님은 '내 뜻대로 마옵시고 아버지 뜻대로 되기를' 간절히 구했습니다.

제구시쯤에 예수께서 크게 소리 질러 이르시되 엘리 엘리 라마 사박다니 하시니 이는 곧 나의 하나님, 나의 하나님, 어찌하여 나를 버리셨나이까 하는 뜻이라 (마27:46)

하나님은 그 아들을 버리셨습니다. 외면하셨습니다. 예수님조차도 그 겉사람이 죽어야만이 그 속에 성령의 생수가 흘러 나와서 그를 믿는 사람들의 모든 목마름을 축일 수 있었기 때문입니다.

사람의 자아는 지속해서 자기의 겉사람을 보강하려고만 합니다. 특히 하나님의 말씀을 모르는 대다수 보통사람들은 이 땅에 살면서 할 수 있는 대로 자기를 보강합니다. 지식을 통하여 자기를 보강하기도 하고 물질을 통하여 겉사람의 세계를 넓혀 가려고 합니다. 할 수만 있다면 세상 것을 자기의 육체에 채웁니다.

그와 같은 삶을 지속해서 살아온 사람을 가까이 대해 보면 극심한 인간 냄새를 풍깁니다. 세상을 좇다가 찌들어버린 육신의 정욕, 안목의 정욕, 이생의 자랑으로 인하여 악심, 악습, 악성이 겉사람에게 진동합니다.

믿는다고 하면서도 자아가 강한 사람은 이와 마찬가지입니다. 하나님의 말씀을 들어도 순종할 힘이 없습니다. 자신을 너무 사랑하기 때문입니다. 자신에게 손해나는 일은 절대 하지 않으려고 합니다.

요나서를 보면 하나님께서 니느웨 백성을 구원하기 위해서 요나에게 그곳에 가서 복음을 증거하라고 했습니다. 요나는 이스라엘을 괴롭혔던 니느웨 사람들에게 복음을 증거하는 것이 싫었습니다. 그래서 하나님의 말씀을 불순종하고 다시스로 갑니다. 하나님은 자아가 강한 요나를 깨뜨리십니다. 겉사람이 깨져야만 속사람이 부활하여 하나님 앞에 합당한 열매를 맺을 수 있기 때문입니다. 요나는 결국 물고기 뱃속에서 겉사람이 철저히 깨져 나옵니다.

진정한 하나님의 사람은 대개 겉사람대로 행동하고 움직이지 않습니다. 속사람이 겉사람을 다스려 나갑니다.

육신을 따르는 자는 육신의 일을, 영을 따르는 자는 영의 일을 생각하나니 육신의 생각은 사망이요 영의 생각은 생명과 평안이니라 (롬8:5-6)

속사람이 영의 사람으로 살기 위해서는 겉사람의 육의 생각을 깨뜨려 나가야 합니다. 그릇된 생각, 오만한 생각, 잘못된 생각, 쓸데없는 생각을 버려야 합니다.

우리의 싸우는 무기는 육신에 속한 것이 아니요 오직 어떤 견고한 진도 무너뜨리는 하나님의 능력이라 모든 이론을 무너뜨리며 하나님 아는 것을 대적하여 높아진 것을 다 무너뜨리고 모든 생각을 사로잡아 그리스도에게 복종하게 하니 (고후10:4-5)

† 겉사람의 생각을 깨트리는 무기

겉사람의 생각을 죽이기 위해서는 지속적인 기도의 습관을 갖는 것이 중요합니다. 특히 방언기도가 효과적인 것은 방언을 많이 할수록 그 겉사람의 육의 생각이 깨어지기 때문입니다.

내가 만일 방언으로 기도하면 나의 영이 기도하거니와 나의 마음은 열매를 맺지 못하리라 (고전14:14)

여기에 비밀이 있습니다. 방언으로 기도하다 보면 겉사람의 생각은 아무 열매를 맺을 수 없지만 그 대신 속사람은 지속해서 강해집니다. 인간의 감정도 마찬가지입니다. 육신에 속한 감정은 본능적인 반응을 원합니다. 배가 고프면 먹고 마시고 배설하는 기분으로 살아갑니다. 인간의 의지도 마찬가지입니다. 세상을 살아오면서 형성된 자아는 때로 그릇됨을 알고서도 죄악을 버리지 못하고 따라가다가 고통당합니다.

젊은 청소년들이 새벽 늦은 시간에 그들을 지도하는 교회 선생님들과 함께 들어왔습니다. 알고 보니 부모의 통제에서 벗어나 있는 학생들인데, 중학생 아이들이 담배를 하루에 두 갑이나 핀다고 합니다. 그들도 그것이 나쁜 줄 알면서도 절제를 하지 못합니다. 자기들도 스스로 통제가 안 되니까 교회 선생님을 찾아서 도움을 받길 원했습니다.

대체로 자아가 강한 겉사람의 구조는 내 안에 거하는 성령의 나타남을 제한하려고 합니다. 그러나 방언을 계속할수록 내 속사람은 겉사람의 감정을 파쇄해 나갑니다. 평상시 방언을 입에 달고 있으면, 내 안의 그리스도의 영이 그때그때 그 겉사람을 통하여 하나님의 능력을 드러낼 수 있습니다.

모세를 보십시오. 그는 40년의 광야 생활을 통하여 겉사람의 자아가 죽어졌습니다. 다시 말하면 생각과 감정과 의지가 약해졌습니다. 반면에 그 속사람은 하나님의 말씀에 쓰임 받기 좋은 사람으로 변화되었습니다. 하나님이 그를 쓰시려고 품속에 손을 넣었다 뺐다 하도록 하면서 손에 문둥병이 생기고 없어지는 표적을 보이십니다. 또 하나님이 그와 함께함을 보여주기 위해서 잡고 있는 지팡이를 던져보라고 합니다. 그 지팡이는 뱀이 됐습니다. 하나님은 모세에게 그 뱀의 꼬리를 잡으라고 합니다. 오랜 광야 생활을 했던 모세는 뱀을 집을 때 머리를 붙잡아야 물리지 않는다는 것을 익히 알고 있었습니다. 그러나 하나님이 말씀하셨을 때 그는 자기의 생각을 버리고 뱀의 꼬리를 잡습니다. 뱀은 다시 능력의 지팡이로 변했습니다.

이 사람 모세는 온유함이 지면의 모든 사람보다 더하더라 (민12:3)

국어사전에 보면 온유하다는 의미는 착하고 부드러움을 말합니다. 그러나 성경에서 말하는 온유함은 하나님의 말씀에 자기의 생각과 감정을 버리고 순종할 수 있는 것을 뜻합니다. 잡고 있는 지팡이로 홍해 바다를 치라고 했을 때 모세는 아무 생각 없이 순종합니다. 백성들이 목말라서 물을 달라고 할 때 하나님은 반석을 치라고 하셨습니다. 그 반석에서 수백만 명이 먹을 수 있는 생수가 나오리라는 생각을 한 것이 아닙니다. 모세는 단지 하나님의 말씀에 순종한 것뿐입니다. 순종했을 때 하나님이 역사하신 것입니다. 모세는 겉사람보다 속사람이 강한 자였습니다.

† 방언: 영적 은사가 나타나는 통로

방언은 일상생활 속에 겉사람의 생각, 감정, 의지를 파쇄하고 성령의 나타남을 가져옵니다. 그리고 방언을 지속할 때 그 사람에게 유익한 영적 통로가 은사로 드러납니다. 환상으로 열리든지, 예언으로 열리든지, 능력으로 열리든지 방언이 통변되면서 일상적인 삶에 하늘의 권세가 드러납니다. 오늘날에도 하늘의 능력을 드러내는 자들은 모두 이와 같이 방언으로 하늘 문을 열어 갑니다.

사도행전 13장부터 사도 바울의 사역에 나타난 인도하시는 성령을 살펴보겠습니다.

안디옥 교회에 선지자들과 교사들이 있으니 곧 바나바와 니게르라 하는 시므온과 구레네 사람 루기오와 분봉 왕 헤롯의 젖동생 마나엔과 및 사울이라 주를 섬겨 금식할 때에 성령이 이르시되 내가 불러 시키는 일을 위하여 바나바와 사울을 따로 세우라 하시니 이에 금식하며 기도하고 두 사람에게 안수하여 보내니라 (행13:1-3)

여기에 주목해서 보면 '주를 섬겨', '성령이 이르시되', '주께서 시키신 일'

초대교인들은 이렇게 주님의 음성을 들었습니다. 그뿐만 아니라 그 성령의 음성을 듣고 순종할 능력도 있었습니다. 이 때에 그들에게 성령이 함께하신 것입니다. 하나님의 말씀을 증거해 나갈 때마다

보라 이제 주의 손이 네 위에 있으니 (행13:11)

능력의 손이 그들의 사역을 도왔습니다. 우리 또한 신앙의 수준이 성경에 기록된 단계까지 사모한다면 지금도 능력의 손이 우리 위에 임할 것입니다.

주와 합하는 자는 한 영이니라 (고전6:17)

초대교회 당시에는 성령과 동행하는 삶을 살면서 사역을 감당해 나갔습니다. 주님의 음성을 듣고 그분이 시키는 대로 행했음을 쉽게 알 수 있습니다. 때로는 세미한 음성을 듣기도 하고 환상을 보기도 하고 꿈을 통하여 지시함을 받기도 했습니다. 그러나 보편적인 인도는 성령의 내주함에서 오는 성령님의 감화 감동입니다.

성령님께서는 방언으로 기도할 때 내 몸의 어떤 느낌이나 현상들을 통하여 말씀하십니다. 그럴 때마다 그런 현상이 내 육신의 감정적인 변화현상인지 성령께서 주시는 신령한 변화현상인지를 감지하게 하셨습니다.

예를 들자면 아픈 자들을 위해 치유사역을 할 때 내 몸의 신체기관 한 부분이 통증을 느끼는 경우입니다. 무릎이나 허리, 혹은 머리에 찌릿한 통증이 감지됩니다. 물어보면 그곳에 질병이 있습니다. 어떤 사람을 상담할 때 마음에 통증이나 아픔이 몰려옵니다. 그것도 비통함으로 올 때가 있고 갑갑함으로 올 때가 있습니다. 비통한 마음은 사람에게 실연을 당했거나 상처를 입은 경우입니다. 갑갑함은 삶의 의욕을 잃고 막막한 경우입니다. 그리고 아픔에도 그 정도의 차이가 느껴집니다.

신체의 어느 부분이 뜨거워질 때도 있습니다. 우리 몸도 때로는 통변을 돕는 영적 기관입니다. 언어의 통변이 아닌 신체적인 감지 기관으로도 알 수 있는 은사의 세계입니다. 사람의 내면에 있는 신체의 아픈 부분을 의사들처럼 기계만 가지고 검사하는 것도 아니잖습니까. 성령의 은사는 내 몸의 신체기관으로 인식할 수 있습니다.

아내는 예수님을 만난 후 방언으로 기도할 때마다 눈으로 불이 들어온다고 합니다. 마치 두 눈에다가 레이저 광선을 쬐듯 뜨거움이 한 달 동안 지속되었습니다. 그 후 환상이 열렸습니다. 환상과 방언통변과 예언의 은사로 함께 사역하면 그만큼 신령한 세계를 아름답고 폭넓게 증거할 수 있습니다.

목요 영성집회 상담 시간에 어느 남자 집사님이 들어오셨습니다.

"목사님, 사모님! 저는 여의도순복음교회에 다니는 심영길 집사입니다. 저는 상담보다도 감사한 마음을 전하고자 찾아왔습니다."

얘기인즉슨, 본인이 8월 2일 어머니와 함께 찾아와서 상담과 기도를 받았는데 어머니의 기도 내용은 전도를 많이 해서 하나님이 기뻐하신다는 것이었습니다. 심 집사님은 집으로 돌아가면서 순간 의문이 들었다고 합니다.

'어머니가 무슨 전도를 많이 하셨는가?'

8월 16일 어머니의 이름으로 공개예언사역을 다시 받아보았습니다.

〈공개 환상 기도 내용〉

"정 선덕 권사님에게는 산을 보여주세요. 태산을 넘어 험곡에 가도…. 그 찬양을 주셔요. 우리 권사님에게 하늘의 영광, 하늘의 찬송이 충만하게 부어지고 있어요. 나의 삶의 고백이 영광스럽게 오직 예수로만 인도함 받고 힘써 나가셨어요."

집에 돌아가서 어머니에게 기도 받은 내용을 들려주었더니 그때부터 어머니는 그 찬양을 다시 부르고 싶은데 80의 연로한 나이로 인하여 글씨가 보이지 않으니 종이에다가 크게 적어 달라고 하셨습니다. 그때부터 어머니는 그 찬송을 입에 달아놓으셨습니다. 일주일간 그 찬양을 부르시다가 영광스러운 모습으로 천국에 입성하셨습니다.

장례식장에 50여 명의 유족들이 모였습니다. 그들을 바라보니 대부분 목사, 장로, 집사 등인데 어머니께서 50년 동안 예수를 믿으면서 어머니를 통하여 구원받게 된 믿음의 가족들이었습니다. 사모님의 기도사역을 처음 대했을 때는 어머니가 무슨 전도를 많이 했다고 그런 말씀을 하시는지 의심이 들었었는데 막상 장례식장에 모인 모든 식구를 바라보니 그들 모두가 어머니를 통하여 구원받게 된 자들이었음을 새삼스럽게 알게 되었습니다.

어머니는 험한 인생을 살았습니다. 태산과 같은 문제들을 믿음으로 극복하시며 사셨는데 성령께서는 벌써 모든 것을 아시고 계셨습니다. 그리고 앞으로 있을 어머니의 영광스러운 천국 입성식조차도 기도사역을 통하여 먼저 일러 주신 것입니다. 어머니는 공개 환상 기도사역 그대로 모든 역경을 이기고 영광스러운 하늘나라에 입성하셨습니다.

1. 태산을 넘어 험곡에 가도 빛가운데로 걸어가면
   주께서 항상 지키시기로 약속한 말씀 변치 않네
2. 캄캄한 밤에 다닐지라도 주께서 나의 길 되시고
   나에게 밝은 빛이 되시니 길 잃어버릴 염려 없네
3. 광명한 그 빛 마음에 받아 명랑한 천국 바라보고
   할렐루야를 힘차게 불러 날마다 빛에 걸어가리
   후) 하늘의 영광 하늘의 영광 나의 맘속에 차고도 넘쳐
   할렐루야를 힘차게 불러 영원히 주를 찬양하리

신령한 은사는 육신에 속한 일이 아닌 영혼을 이끌어가는 성령사역을 할 때 나타납니다. 하나님의 임재 가운데 거하도록 하십니다. 성령님은 우리를 참되고 거짓 없는 진리 가운데로 인도하십니다.

성령이 아시아에서 말씀을 전하지 못하게 하시거늘 그들이 브루기아와 갈라디아 땅으로 다녀가 무시아 앞에 이르러 비두니아로 가고자 애쓰되 예수의 영이 허락하지 아니하시는지라 (행16:6-7)

이 구절을 눈여겨보세요. 바울이 눈에 보이지 않는 성령님께 반복적인 존대어를 사용하고 있습니다. 그는 성령님을 인격적으로 대하면서 교제합니다. 성령은 인격적인 속성을 가지고 계십니다. 성령은 모든 것 곧 하나님의 깊은 것이라도 통달하시는(고전2:10) 지성적인 인격이십니다. 성령님은 또한 기뻐하거나 슬퍼하는 감정을 갖고 계십니다. 그래서 바울은 성도들에게 하나님의 성령을 근심하게 하지 말라(엡4:30)고 권면했던 것입니다. 그뿐만 아니라 의지를 갖고 계셔서 결정하고 행동하시는 분입니다. 그것이 바로 성령님과 동행하는 믿음입니다.

"못하게 하시거늘"

"예수의 영이 허락지 아니하시는지라"

바울은 임재를 놓치지 않는 가운데 성령님이 시키는 대로 움직입니다. 바울의 전도여행은 성령님과 동행하면서 얻어진 삶의 열매입니다.

사람의 인생은 감을 잡는 것입니다. 왜 세상에서 높아지려고 하는 줄 아십니까. 왜 세상에서 부유해지려고 합니까. 왜 다른 사람보다 예뻐지기를 원하십니까. 그것은 그렇게 되어야만 성공감, 성취감, 쾌감, 만족감, 자신감을 가질 수 있기 때문입니다. 반면에 인생이 자기 의도대로 되지 않은 사람들은 자포자기하는 가운데 자살까지도 합니다. 그 내면에는 좌절감, 실패감, 소외감, 절망감이 자리 잡고 있습니다.

엘리사는 끝까지 엘리야를 따라 다녔습니다. 그의 목적은 하나님으로부터 오는 하늘의 권세인 영감을 갑절로 받는 것이었습니다. 바울과 같은 초대 교인들은 속사람이 이런 영적인 감화 감동에 예민해져서 내면에서 우러나오는 것을 감지했습니다.

어떤 사람은 겉사람을 죽이고 속사람이 예민해지기 위해서 금식하며 기도를 자주 합니다. 그것도 유익하지만, 금식을 계속하다 보면 자칫 몸을 해치고 약해질까 염려됩니다. 될 수 있으면 자기의 자아를 벗어날 수 있는 방언기도로 그 통로를 여시기 바랍니다. 그 속 깊은 곳에서부터 하나님이 그들을 향한 뜻과 목적을 성취해 나갈 수 있습니다. 그리하면 열매 맺는 삶을 살아갑니다. 갈라디아서 5장에 나오는 성령의 열매가 바로 그것입니다.

오직 성령의 열매는 사랑과 희락과 화평과 오래 참음과 자비와 양선과 충성과 온유와 절제니 이같은 것을 금지할 법이 없느니라 (갈5:22-23)

그 다음 구절도 중요합니다.

그리스도 예수의 사람들은 육체와 함께 그 정욕과 탐심을 십자가에 못 박

았느니라 만일 우리가 성령으로 살면 또한 성령으로 행할지니 (갈5:24-25)

보십시오. 겉사람은 죽어야 하고 속사람에게서 오는 성령의 반응을 붙잡으라는 것입니다. 내면 깊이 성령의 인도 속에 오는 평안, 기쁨, 불안, 두려움과 같은 느낌과 감동으로 성령의 조명을 받습니다.

또 우리에게는 더 확실한 예언이 있어 어두운 데를 비추는 등불과 같으니 날이 새어 샛별이 너희 마음에 떠오르기까지 너희가 이것을 주의하는 것이 옳으니라 (벧후1:19)

제가 볼 때 바울은 사역 속에 늘 방언으로 기도하면서 성령의 감화 감동을 외부적인 반응으로 받고 움직여 나갔습니다. 하나님의 뜻과 목적을 이루며 나갔습니다. 만약 평소에 성령님과 인격적인 교제를 하지 않는 분들은 이 내용을 보고 흉내 내지 마시기 바랍니다. 대개 자기의 필요를 채우려다가 감정 기분에 치우쳐 버립니다.

예수님께서 하나님의 나라는 여기 저기 있는 것이 아니라 내 안에 있다고 하셨습니다. 바울은 하나님의 나라는 **'성령 안에서 의와 평강과 희락'**(롬14:17)이라고 합니다. 평소에 내 속의 성령으로 인도받는 것을 무엇으로 알 수 있겠습니까. 그 결과로 알 수 있습니다. 성령의 열매처럼 신비한 맛이 드러나는 것으로 확인할 수 있습니다. 의의 열매, 삶의 열매, 평안의 열매, 기쁨의 열매와 같은 결과가 그 증거입니다.

바울이 전도하던 와중에 벌어진 사건입니다. 바울이 귀신 들려 점치는 여인을 보고 귀신을 쫓아내니 그 여인으로 돈을 벌던 자가 바울과 실라를 고소해서 옥에 가두었습니다. 바울과 실라는 옥에 갇혔을 때 자기들을 옥에 갇히게 한 이유를 주님께 물었습니다. 아마도 방언으로 하늘에 무전을 쳤을 것입니다. 이때 옥에 갇힌 바울과 실라에게 성령님께서 이렇게 말씀하셨음을 짐작할 수 있습니다.

'너희들은 옥에 갇히고 발이 착고에 든든히 채워져 있지만 내가 풀어주리라 그때 너희들은 감옥을 나와 도망하지 말라. 이곳에 구원 받을 영혼이 있다.'

바울과 실라가 기도하여 이런 성령의 응답을 받았기에 그들은 옥에서도 찬미의 제사를 드린 것입니다. 아니나 다를까,

이에 갑자기 큰 지진이 나서 옥터가 움직이고 문이 곧 다 열리며 모든 사람의 매인 것이 다 벗어진지라 (행16:26)

그럼에도 바울과 실라는 도주하지 않습니다. 사도행전 12장에 보면 이와 비슷한 사건이 있었습니다. 베드로가 핍박을 받고 옥에 갇힌 사건입니다. 베드로는 두 군사 틈에서 쇠사슬에 묶여 있었는데 성령님께서 풀어주시니 그곳에서 빠져나올 수 있었습니다. 베드로는 빠져 나왔지만 바울과 실라는 똑같은 상황인데 왜 나오지 않았습니까. 이유는 간단합니다. 성령의 감화 감동으로 이미 이와 같은 일이 일어날 것을 알고 있었기 때문입니다.

한밤중에 바울과 실라가 기도하고 하나님을 찬송하매 죄수들이 듣더라 (행16:25)

본문을 보는 많은 분들이 이렇게 생각합니다. 바울과 실라가 감옥에 갇혔어도 하나님께 감사와 찬송을 드렸더니 옥문이 열렸다고 생각합니다. 그것은 겉으로 드러난 모습입니다. 실상은 찬송을 불렀기에 옥문이 열린 것이 아니라, 이들이 이 감옥에도 구원받을 영혼이 있으니 옥문이 열려도 도망가지 말라는 성령의 음성을 듣고 순종하는 삶을 살았기에 주님의 응답을 받은 후 감사해서 찬송을 부른 것입니다.

옥사장이 지진으로 옥문이 열린 것을 알고 자결하려고 할 때 도망가지 않은 바울과 실라가 그를 말리며 외쳤습니다.

이르되 주 예수를 믿으라 그리하면 너와 네 집이 구원을 받으리라 하고 (행16:31)

주님께서는 옥사장과 그의 가족을 구원받게 한 후 옥에 갇힌 영혼들에게도 구원의 계획을 갖고 계셨습니다. 만약 우리가 성령의 음성을 듣고 순종하는 통로만 열린다면 우리의 생활과 삶 속에 얼마든지 능력 있는 삶을 살 수 있을 것입니다. 우리 주님은 우리에게 작은 부분까지 간섭하시고 알려주시길 원하십니다. 이유는 단순합니다. 내가 하나님의 자녀이기 때문입니다.

정결함을 잃지 마십시오.

방언 통변 은사를 받을 때 심령의 정결함을 제1순위로 두어야 합니다.

마음이 청결한 자는 복이 있나니 그들이 하나님을 볼 것임이요 (마5:8)

말씀대로 심령의 정결함을 갖고 기도할 때 바울이 다메섹에서 예수를 만났듯이 주님을 만날 수 있습니다. 그리고 성령의 기름부음과 함께 예언과 통변의 은사를 주십니다.

제 아내는 아이들과 함께 집에서 가정 예배를 드리려고 하는데 영안이 열리고 주님이 찾아오셨습니다. 그리고 예수님은 우리 자식들에게 각각 기도해 주셨는데 그때 자기 입에서 방언이 나오면서 통변이 스스로 됐다고 합니다. 그뿐만 아니라 환상의 은사까지도 열어주셨습니다.

그 후에 내가 내 영을 만민에게 부어 주리니 너희 자녀들이 장래 일을 말할 것이며 너희 늙은이는 꿈을 꾸며 너희 젊은이는 이상을 볼 것이며 (욜2:28)

요엘 선지자가 말한 그대로 그 성령은 초대교회에 부어졌습니다. 주님의 제자들은 모두가 성령의 충만을 받았고 베드로는 명절을 지키기 위해 예루살렘에 온 유대인들에게 설교하여 삼천 명이나 구원했습니다. 당시 베드로의 핵심은 요엘 선지자가 말한 그대로 회개하여 주 예수를 믿고 성령을 받으라는 것입니다.

하나님이 말씀하시기를 말세에 내가 내 영을 모든 육체에 부어 주리니 너희의 자녀들은 예언할 것이요 너희의 젊은이들은 환상을 보고 너희의 늙은이들은 꿈을 꾸리라 그 때에 내가 내 영을 내 남종과 여종들에게 부어 주리니 그들이 예언할 것이요 (행2:17-18)

예수그리스도는 어제나 오늘이나 동일하신 분입니다(히11:8). 과거에 요엘 선지자가 말한 그대로 초대교회에 임하였고 베드로는 그것을 믿으라고 했습니다. 오늘날도 말씀을 믿으면 동일한 역사가 나타납니다.

그 당시 은사 받기 전 아내는 심령의 정결함을 갖기 위해 TV나 신문을 보지 않았습니다. 그것은 세상의 영을 받아들이는 통로이므로 이십 년이 흐른 지금도 마찬가지입니다. 정결함을 유지하기 위해 외부에서 걸려오는 전화도 본론적인 대화 이외에는 사사로운 말을 일절 금했습니다. 아이들이 때로는 말을 안 듣게 되면 순간적으로 목소리 톤이 올라가는데 성령께서는 그런 작은 감정까지도 간섭하셨습니다.

삼손은 나실인이기 때문에 성결한 삶을 살아야만 했습니다. 독주를 마시지 말고 머리에 삭도를 대지 말라는 것은 세상과 구별되어 살라는 의미입니다. 삼손의 능력은 성결함 속에서 드러나는 것입니다. 그러나 정결한 삶이 깨어졌을 때 그의 머리카락이 끊어진 것처럼 그의 능력도 끊어져 버렸습니다.

우리 부부는 은사를 통하여 교만하지 말고 물욕으로 인하여 정결함이 깨어지지 않기를 수시로 점검합니다.

6

예언의 은사

예언기도로 잃어버린 아이를 찾다

선지자의 예언

예수님의 예언

제자들의 예언

6. 예언의 은사

† 예언기도로 잃어버린 아이를 찾다

한 집사님이 제 책을 읽고 목요 집회에 참석했습니다. 예배 후 상담시간에 책을 읽고 은혜 받은 내용을 말씀하시면서, 오랫동안 신앙생활을 해왔지만 방언의 은사를 받지 못했는데 책을 다 읽고 그 자리에서 기도하다가 방언이 터졌다고 하면서 신기해 하셨습니다. 그 집사님은 영성집회를 몇 번 참석하신 후 감사의 고백으로 떡과 과일을 준비해 오셔서 잔치를 베풀기도 했습니다. 어느 날 그 집사님은 자녀 둘을 데리고 기도를 받으러 오셨습니다. 두 아이에 대한 기도를 마치자 또 다른 기도를 부탁했습니다.

"자식이 하나 더 있는데 기도를 해 주실 수 있나요?"

데리고 오진 않았지만 세 번째 아이를 위해서 기도했을 때 주님께서는 그 아이가 춥고 외롭고 쓸쓸하게 살아가고 있다고 말씀하셨습니다. 그리고 할 수만 있다면 함께 살 수 있도록 주변 사람들을 통하여 도와

주시겠다는 기도 내용이 나왔습니다. 때로는 기도해주면서도 이와 같은 기도가 나오면 나 자신조차도 궁금해집니다. 그래서 기도를 마치자마자 물었습니다.

"왜 자식을 다른데서 키우고 계시나요? 그 자식이 상당히 외롭다고 주님께서 말씀하시네요!"

기도 내용을 듣자 집사님의 얼굴에 어둠이 스쳤습니다. 그러나 세 번째 아이에 대해서 더는 언급하지 않고 집으로 돌아갔습니다.

12월 31일 송구영신 예배 때에 그 집사님은 아이들과 함께 우리 교회에 나오셨는데 3명의 자식을 데리고 왔습니다. 첫마디가 예언 기도 덕분에 잃어버린 셋째 아이를 찾았다는 고백이었습니다. 송구영신 예배로 인하여 다른 성도들과도 교제하느라고 긴 얘기를 듣지 못했지만 속으로 '무슨 일이 일어난 걸까?' 궁금했습니다.

수많은 사람들을 만나기 때문에 예언 기도를 해주면 대개 그 내용을 잊게 됩니다. 처음에 환상과 예언이 열렸을 때는 성도들에게 해준 기도 내용을 기억해 보려고 외워가며 기도했더니 머리가 아파져 왔습니다.

"하나님 제가 주의 종과 성도들을 위하여 기도해 준 내용을 모두 알지 못해도 내가 필요로 할 때에는 생각날 수 있게 해 주세요."

그렇게 기도를 바꿨습니다. 그런데 시간이 지났어도 상대방이 지나간 예언 기도를 이야기해오면 신기하게도 기도해준 내용이 새록새록 떠오릅니다. 세 명의 아이를 데리고 온 집사님을 보니 그에게 해준 기도 내용도 마찬가지로 생각이 났습니다.

1월 2일에 그 집사님 남편이 회사를 설립한다고 하기에 설립 예배를 드리러 갔습니다. 그 부부는 우리 부부와 함께 설립예배를 드리려고 날짜까지 맞추어가며 기다렸습니다. 예배 후 대화를 나누는데 그 부부는 눈물을 흘리며 감사의 내용을 고백했습니다.

'도대체 무슨 일이 일어난 걸까?'

식사하는 동안 그동안 궁금했던 내용을 자세히 들을 수 있었습니다.

"제가 첫 아이를 낳고 환경이 너무 어렵고 힘들어서 남편과 이혼까지 생각했는데 둘째 아이를 또 가진 거예요. 도저히 키울 형편이 못되었는데…… 몸조리를 해주신 고모가 둘째 아이를 키워 주시겠다고 하셔서 고모에게 잠시 맡겼었습니다. 가난한 환경이 좀 나아지면 데리고 오려고 했지요.

그런데 셋째 아이가 연이어 또 생긴 거예요. 형편이 어려워서 아이들 둘을 키우다 보니 고모에게 맡긴 아이는 데려올 엄두를 내지 못하고 살 수밖에 없었습니다. 어느 날 고모네 집에 가 보았더니 내 아이를 부잣집에 입양시켜버렸어요. 그래서 입양된 딸은 지금까지 포기하며 그 딸을 위해 기도만 해주면서 살아왔는데 그날 예언 기도에 그 아이가 힘들어한다는 내용을 듣고 나니 그대로 있을 수가 없었어요.

고모에게 전화해서 기도 받은 내용을 말씀드렸더니 그런 예언 기도를 믿느냐고 하면서 오히려 화를 내며 전화를 끊어 버리셨습니다. 여러 번 전화를 걸어서 그 아이가 잘살고 있는지 확인만 해서 잘살고 있으면 놔두겠다고 약속을 했습니다.

나의 거듭되는 부탁에 고모가 확인을 했는데 뜻밖에도 입양했던 그 집은 이혼을 한 상태였습니다. 그 엄마는 다른 남자와 결혼을 해서 서울에 살고 있었고, 그 아빠는 술과 폭력으로 망가진 인생을 살고 있었습니다.

입양된 우리 아이는 친척 집을 떠돌아다니며 암울한 생활을 하고 있음을 알게 되었습니다. 나는 양부모 되는 그 아빠를 만나서 아이를 되돌려 달라고 했더니 그 가족들조차도 돌려줄 수 없다고 했습니다. 하지만 서울에 사는 양부모 되는 엄마를 만나서 사정을 말했더니 그 엄마가 아이가 다니는 학교에 직접 가서 아이를 나에게 데려다가 주었습니다. 이후 아이를 찾게 된 모든 상황도 전혀 문제없이 잘 해결이 됐어요."

한 편의 드라마와 같은 내용을 듣는 동안 내 눈에선 눈물이 흘렀습니다. 예언 기도 내용 하나가 한 어린 인생을 좌우할 수 있음과 함께 그를 친부모와 함께 살 수 있도록 축복된 통로로 이끌어주신 하나님의 은혜가 놀랍습니다.

그런 현실로 인하여 남편이 새롭게 예수를 영접하고 믿음에 거하게 된 것이 또한 감사한 일이었습니다. 잃어버린 아이는 이제 마음에 안정을 찾고 부모의 사랑 속에서 행복하게 살아가고 있습니다. 예언 기도 한 번으로 천하보다 귀한 영혼을 찾을 수 있음에 하나님께 감사드릴 뿐입니다. 아울러 부족한 저를 쓰시는 우리 하나님은 정말 멋진 분이십니다.

† 선지자의 예언

주 여호와의 영이 내게 내리셨으니 이는 여호와께서 내게 기름을 부으사 가난한 자에게 아름다운 소식을 전하게 하려 하심이라 나를 보내사 마음이 상한 자를 고치며 포로된 자에게 자유를, 갇힌 자에게 놓임을 선포하며 여호와의 은혜의 해와 우리 하나님의 보복의 날을 선포하여 모든 슬픈 자를 위로하되 무릇 시온에서 슬퍼하는 자에게 화관을 주어 그 재를 대신하며 기쁨의 기름으로 그 슬픔을 대신하며 찬송의 옷으로 그 근심을 대신하시고 그들이 의의 나무 곧 여호와께서 심으신 그 영광을 나타낼 자라 일컬음을 받게 하려 하심이라 (사61:1-3)

이사야는 예수님이 이 땅에 오시기 700년 전에 그가 행하실 사역을 예언해놓았습니다. 가난한 자에게 아름다운 소식을 전하고 마음이 상한 자를 고치시고 포로가 된 자는 자유를 얻을 것이라고 했습니다. 갇힌 자가 놓임을 받고 복음으로 변화되어 하나님께 영광을 돌리는 모습을 바라봅니다.

이새의 줄기에서 한 싹이 나며 그 뿌리에서 한 가지가 나서 결실할 것이요 그의 위에 여호와의 영 곧 지혜와 총명의 영이요 모략과 재능의 영이요 지식과 여호와를 경외하는 영이 강림하시리니 그가 여호와를 경외함으로 즐거움을 삼을 것이며 그의 눈에 보이는 대로 심판하지 아니하며 그의 귀에 들리는 대로 판단하지 아니하며 공의로 가난한 자를 심판하며 정직으로 세상의 겸손한 자를 판단할 것이며 그의 입의 막대기로 세상을 치며 그의 입술의 기운으로 악인을 죽일 것이며 공의로 그의 허리띠를 삼으며 성실로 그의 몸의 띠를 삼으리라 (사11:1-5)

특별히 이사야는 놀랍게도 다양한 기능적 성령이 그에게 임할 것을 예언합니다. 지혜의 신, 총명의 신, 모략의 신, 재능의 신, 지식의 신, 여호와를 경외하는 신입니다. 이와 같은 성령의 기름부음은 예언한 그대로 예수님에게 흘렀습니다. 예수님의 사역은 성령을 통하여 열매 맺은 사역입니다.

† 예수님의 예언

예수님 자신도 살아생전에 중요한 예언을 우리에게 하셨습니다.

첫째, 교회에 대한 예언입니다.

또 내가 네게 이르노니 너는 베드로라 내가 이 반석 위에 내 교회를 세우리니 음부의 권세가 이기지 못하리라 (마16:18)

예언한 그대로 제자들에게 성령이 나타났고 예루살렘에 온 유대인들에게 베드로가 한 번의 설교로 삼천 명을 회개시키고 초대교회가 세워졌습니다.

둘째, 성령에 대한 예언입니다.

그러나 내가 너희에게 실상을 말하노니 내가 떠나가는 것이 너희에게 유익이라 내가 떠나가지 아니하면 보혜사가 너희에게로 오시지 아니할 것이요 가면 내가 그를 너희에게로 보내리니 (요16:7)

이 예언 역시 오순절 마가의 다락방에서 성취되었고 오늘날에도 세계 어디를 가든지 그리스도의 복음을 증거하는 교회는 성령이 함께하십니다.

셋째, 부활의 예언입니다.

이때로부터 예수 그리스도께서 자기가 예루살렘에 올라가 장로들과 대제사장들과 서기관들에게 많은 고난을 받고 죽임을 당하고 제삼일에 살아나야 할 것을 제자들에게 비로소 나타내시니 (마16:21)

예수님은 예언한 그대로 십자가에서 고난 당하셨지만 부활하셨습니다.

넷째, 재림에 대한 예언입니다.

가서 너희를 위하여 거처를 예비하면 내가 다시 와서 너희를 내게로 영접하여 나 있는 곳에 너희도 있게 하리라 (요14:3)

재림에 대한 예언은 아직 이루어지지 않았습니다. 그러나 지금까지 예언했던 모든 내용은 성취됐듯이 예수님은 또다시 우리에게 오실 것입니다.

† 제자들의 예언

성경에는 모든 성도에게도 성령을 물 붓듯 하실 것이라고 했습니다.

하나님이 말씀하시기를 말세에 내가 내 영을 모든 육체에 부어 주리니 너희의 자녀들은 예언할 것이요 너희의 젊은이들은 환상을 보고 너희의 늙은이들은 꿈을 꾸리라 그 때에 내가 내 영을 내 남종과 여종들에게 부어 주리니 그들이 예언할 것이요 (행2:17-18)

제자들에게도 마찬가지로 예언의 기름부음이 임했습니다. 제자된 삶을 원하는 자에게 오늘날 성령님은 물 붓듯 기름을 부으십니다. 사모하는 마음과 함께 평생을 잊지 말아야 할 마음자세가 중요합니다.

바른 예언은 정결한 마음자세가 필수입니다.

성경의 여러 인물을 살펴보면 하나님 앞에 정결한 삶을 살았던 자들에게 미래에 대한 계시를 주셨습니다. 깨끗한 심령을 가진 자들은 꿈과 환상을 보았습니다. 예언의 기름부음은 심령이 정결하고 가난한 자에게 임합니다. 특별히 하나님의 말씀을 통하여 예언의 기름부음을 사모하시기 바랍니다. 대 선지서와 소 선지서를 기록한 선지자들은 모두가 예언자들입니다. 우리도 성령의 능력으로 미래적 현실을 바라보는 예언의 기름부음을 사모해야 합니다.

특히 예언의 기름부음은 정결한 심령들에게 열립니다. 깨끗하지 못한 심령을 가진 사람에게 신령한 은사가 열릴 수 없습니다. 내면세계가 바르지 못한 사람은 이런 귀한 은사가 열리지 않습니다. 하나님께서 쓸 수 없습니다. 영에 속한 사람들은 먼저 내면세계가 깨끗해져야 합니다.

그렇다면 내면세계는 어떻게 구조조정 될까요?

내면세계를 깨끗케 하는 것이 바로 방언입니다. 방언은 속사람의 의식을 깨끗하게 구조조정해 줍니다. 방언을 하다 보면 무슨 말인지 모르기에 내 생각, 내 자아가 비워지게 됩니다. 말을 통해 자신을 비우게 되고 내면세계가 깨끗해져서 깨끗한 형체가 이루어집니다.

하나님은 방언을 통해 비밀을 주시는데 방언으로 내면세계가 깨끗해지면 하나님께서 주시고자 하는 은혜를 받을 수 있습니다.

기록된바 하나님이 자기를 사랑하는 자들을 위하여 예비하신 모든 것은 눈으로 보지 못하고 귀로 듣지 못하고 사람의 마음으로 생각하지도 못하였다 함과 같으니라 오직 하나님이 성령으로 이것을 우리에게 보이셨으니 성령은 모든 것 곧 하나님의 깊은 것까지도 통달하시느니라 (고전2:9-10)

주님께서 **"내가 너희에게 이른 말은 영이요 생명이라"**(요6:63)고 하셨습니다. 사람은 하나님의 형상대로 지은 영체이기에 말을 통해 담고 있는 의식세계가 드러납니다. 말을 통해 그 사람의 의식을 알 수 있습니다. 영은 의식이 되고 의식은 말을 통하여 표현됩니다. 곧 말은 영이고 의식입니다.

그러므로 어떤 의식을 받아들이냐에 따라 그 사람의 속사람의 형체가 달라집니다. 한국에서 태어난 아기를 미국에서 기르면 그 아이는 겉모습은 한국 사람이나 그 아이의 의식과 말은 미국 사람이 됩니다. 왜냐하면, 미국의 문화와 언어 등의 의식을 통해 형체가 달라졌기 때문입니다.

우리 내면에는 여러 가지 영이 들어가 있습니다. 모든 영체는 말로 의식된 것을 표현합니다. 사람에게는 생각과 감정과 의지가 있습니다. 영적인 언어인 방언을 통하여 내면의 여러 가지 영이 비워지게 됩니다. 그리고 하나님의 영으로 채워지게 됩니다.

사람의 일을 사람의 속에 있는 영 외에 누가 알리요 이와 같이 하나님의 일도 하나님의 영 외에는 아무도 알지 못하느니라 우리가 세상의 영을 받지 아니하고 오직 하나님으로부터 온 영을 받았으니 이는 우리로 하여금 하나님께서 우리에게 은혜로 주신 것들을 알게 하려 하심이라 (고전2:11-12)

사도 바울은 우리의 심령에 세 가지 영이 혼재되어 있나고 이야기하고 있습니다.

첫째로 사람의 영입니다.

어떤 사람은 사람에 대한 의식이 강합니다. 저 사람이 나를 어떻게 생각하는지, 그 사람이 나에 대해서 어떤 말을 하는지 궁금해 합니다. 사람에게는 생각과 감정과 의지가 있습니다. 그래서 사람은 어떤 사람의 말을 계속 듣게 되면 그 사람의 생각과 감정과 의지가 말을 통하여 내면의 의식으로 흘러 들어가게 됩니다. 자기가 좋아하는 사람의 말을 계속 들으면 그 사람에게 속한 자가 되어 버립니다. 드라마를 좋아하는 분들이 많이 있습니다. TV 드라마에서 탤런트가 감정 어린 눈물 연기를 하는 것을 보고 있노라면 어느새 자신도 같이 울고 있는 경우를 봅니다. 그 배우의 감정이 말을 통해 흘러 들어가서 그렇습니다. 흔히들 공감한다는 말을 합니다. 바로 사람의 영에 속해지는 모습이기에 그렇습니다. 또한, 삶 가운데 사람과의 관계를 통하여 눌림과 상처를 받습니다. 강한 사람의 영이 연약한 사람의 영을 눌렀기 때문입니다.

둘째로 세상의 영입니다.

12절에 세상의 영에 대해 나옵니다. 세상의 영은 세상 돌아가는 모든 소리를 말합니다. 흔히 저녁 9시가 되면 세상 돌아가는 소리를 듣기 위해 뉴스를 보게 됩니다. TV 뉴스, 라디오, 잡지, 신문 등이 바로 세상 소리입니다. 이러한 세상 소리를 계속 들으면 세상의 의식이 들어가서 세상에 속한 자가 되어 버립니다. 주님과 동행하여야 하는데 TV와 동행하게 되면 세상 것을 사랑하게 됩니다. 세상의 임금은 사단입니다.

또 아는 것은 우리는 하나님께 속하고 온 세상은 악한 자 안에 처한 것이며 (요일5:19)

공중의 권세 잡은 자가 사단인데 사단은 세상의 소리를 주관합니다. 세상의 소리를 계속 듣게 하여 미혹 받아 죄를 지으며 살아가게 합니다. 세상을 좋아하다 보니 세상의 악한 것들이 내 심령 속에 들어오게 됩니다. 악심, 악습, 악성의 죄가 습관적으로 형성되어집니다. 우리는 세상에 속한 삶이 아닌 세상을 이기는 삶을 살아야 합니다. 능력 있는 삶을 살아가려면 세상의 영을 버려야 합니다.

셋째로 하나님의 영입니다.

12절에 보면 우리가 하나님께로 온 영을 받았다고 하였습니다. 사람의 사정을 사람 속에 있는 영 외에 누가 알겠느냐고 하였습니다. 사람마다 자라온 환경이 다릅니다. 문화도 달랐습니다. 그러므로 내면세계에 형성되어 있는 의식과 영적 상황도 다릅니다. 그러한 내 안의 속사정을 하나님의 영 즉, 성령님께서 알고 계십니다. 우리의 심령은 하나님의 말씀과 기도를 통해 거룩해져야 합니다(딤전4:5).

살리는 것은 영이니 육은 무익하니라 내가 너희에게 이른 말은 영이요 생명이라 (요6:63)

주님이 하신 말이 영이요 생명이며 주님의 말씀을 통하여 살려진다고 하셨습니다. 영은 곧 말이고 생명인데 영의 말에는 생각과 감정과 의지가 같이 흘러 들어갑니다. 그러므로 하나님의 말씀을 들어야 성령의 감화 감동을 받을 수 있습니다. 영의 말씀을 통해서 심령이 회복됩니다. 또한, 세상의 영을 이길 수 있고 하나님께 속한 사람이 됩니다.

우리가 하는 말이 어떤 영에 속하여 하는 말인지를 잘 알아야 합니다. 세상적인 말과 사람에 대한 말이 주 언어가 되어서는 안 됩니다. 하나님의 말씀이 주가 되어야 합니다. 하나님의 말씀이 나를 주관할 때 우리는 하나님께 속한 사람이 됩니다.

내 안에 성령님이 들어오시면 막힌 것을 구조조정을 하기 원하십니다. 다른 것으로는 구조조정 되기 힘듭니다. 예수님의 보혈과 성령의 능력으로 구조조정이 될 수 있습니다. 하나님께서는 아브라함에게 본토 친척의 아비 집을 떠나라고 하였습니다. 바로 세상 구조, 사람 구조, 환경 구조에서 벗어나라는 것입니다. 잘못된 구조, 의식, 습관에서 벗어나야 합니다.

그러한 내 사정을 알고 계시는 성령님께서 방언을 통해 구조조정을 하시게 됩니다. 그 사람의 악심, 악성, 악습, 눌림, 상처가 구조 조정되어 시간이 흐를수록 하나님의 영이 다스리는 삶을 살게 됩니다. 점점 그 범위가 더 커지고 넓어져야 합니다.

이러므로 내가 하늘과 땅에 있는 각 족속에게 이름을 주신 아버지 앞에 무릎을 꿇고 비노니 그의 영광의 풍성함을 따라 그의 성령으로 말미암아 너희 속사람을 능력으로 강건하게 하시오며 믿음으로 말미암아 그리스도께서 너희 마음에 계시게 하시옵고 너희가 사랑 가운데서 뿌리가 박히고 터가 굳어져서 능히 모든 성도와 함께 지식에 넘치는 그리스도의 사랑을 알고 그 너비와 길이와 높이와 깊이가 어떠함을 깨달아 하나님의 모든 충만하신 것으로 너희에게 충만하게 하시기를 구하노라 (엡3:14-19)

바로 속사람인 나의 내면세계에서 세상의 영과 사람의 영이 성령님으로부터 잠식되어 하나님의 영이 충만하게 거하시는 것을 말씀한 내용입니다. **'하나님의 나라는 성령 안에서 의와 평강과 희락'**(롬14:17)이라고 했습니다. 내면세계에 하나님의 나라가 이루어질 때 영적인 자유함을 갖습니다. 하나님께 쓰임 받는 사람들을 보면 대개 내면세계가 구조조정이 잘 되어 있는 것을 볼 수 있습니다.

결국, 성령 충만이란 세상의 영, 사람의 영, 하나님의 영이 나의 내면세계에 존재하고 있는데 하나님의 영의 의식이 더 강해져서 세상의식을 이길 수 있음을 말합니다. 우리가 이 세상에 살아가고 있는데 세상과 사람을 떠나서는 살 수 없습니다. 세상 안에 살고 있지만, 세상을 이길 수 있는 삶이 성령 충만한 삶입니다.

'천국은 침노하는 자의 것'(마11:12)이라고 하였습니다. 우리 속에 있는 여러 가지 세상에 대한 의식과 사람에 대한 의식이 성령으로 인해 침노당할 때 우리는 성령의 충만함을 입을 수 있습니다. 하나님은 그런 사람에게 환상과 꿈 그리고 예언을 통한 계시를 주십니다.

7

믿음의 은사

성령 없는 제자들의 믿음

엘리야에게 임한 계시적 믿음

성령으로부터 온 계시적인 믿음

7. 믿음의 은사

그리스도인의 신앙은 믿음에 기초를 둡니다. 우리가 예배드릴 때마다 '전능하신 하나님을 믿사옵고', '그 외아들 예수 그리스도를 믿사옵고', '성령을 믿사옵고' 이렇게 신앙고백을 합니다. 성경의 모든 말씀은 세 분 하나님을 드러냈습니다. 믿음을 나누어서 생각해 본다면 첫째 구원받는 믿음, 둘째 동행하는 믿음, 셋째 계시적인 믿음입니다.

첫째, 구원받는 믿음

여호수아서는 가나안 입성을 앞두고 여리고 성을 정복하는 내용으로부터 시작됩니다. 여호수아는 가나안에 들어갔을 때 제일 먼저 점령할 여리고 성에 정탐꾼을 보냅니다. 그런데 불행하게도 첩자들은 여리고에 들어가자마자 그들을 수상하게 여긴 여리고 사람들에 의하여 붙잡힐 위기에 처했습니다. 다행히 기생 라합의 집으로 도피하여 그녀의 도움을 받고서야 구사일생으로 도망갈 수 있었습니다.

40년 전 이스라엘 백성들이 가나안을 정탐할 때와는 사뭇 다른 모습입니다. 당시에는 12지파에서 뽑힌 12명이 40일 동안 자세하게 그 땅을 정탐했고, 그 정탐한 내용을 듣고 그들은 절망했었습니다. 그러나 두 번째로 정탐하게 될 때, 다시 가나안에 들어설 첫 관문인 여리고에서는 처음부터 정탐에 실패하는 내용이 나옵니다.

여기서 의문이 가는 내용은, 여호수아가 여리고를 정복할 때 첩자가 탐지한 내용과는 전혀 상관없는 방법으로 그 성을 무너뜨린 것입니다. 아시다시피 그 성은 하나님께서 시키신 방법으로 무너져 내렸습니다. 하나님이 지시한 대로 법궤를 앞세우고 하루에 한 바퀴씩 돌고 7일째가 되는 마지막 날에는 일곱 바퀴를 돈 후 외치라는 명령 속에 여리고는 무너져 내렸습니다.

그런데도 왜 성경은 가나안 정복과 상관없는 정탐꾼의 내용을 자세하게 기록해 놓았는지 의문입니다. 그것은 바로 기생 라합 때문입니다. 하나님은 이 불쌍한 여인을 구원하기 위해 첩자를 동원하고, 그들을 도피케 하고, 그녀의 도움을 받아 돌아오게 하셨습니다. 기생 라합이 구원받을 수 있는 유일한 방법은 무엇이었겠습니까? 첩자들을 살려주는 것밖에는 없습니다.

말하되 여호와께서 이 땅을 너희에게 주신 줄을 내가 아노라 우리가 너희를 심히 두려워하고 이 땅 주민들이 다 너희 앞에서 간담이 녹나니 이는 너희가 애굽에서 나올 때에 여호와께서 너희 앞에서 홍해 물을 마르게 하신 일과 너희가 요단 저쪽에 있는 아모리 사람의 두 왕 시혼과 옥에게 행한 일 곧 그들을 전멸시킨 일을 우리가 들었음이니라 우리가 듣자 곧 마음이 녹았고 너희로 말미암아 사람이 정신을 잃었나니 너희의 하나님 여호와는 위로는 하늘에서도 아래로는 땅에서도 하나님이시니라 (수2:9-11)

이스라엘이 애굽을 지나 광야의 여정을 오게 된 것을 여리고 백성 모두가 알고 심하게 두려워하고 있었습니다. 그러나 여리고 사람들은 알면서도 항복할 생각을 전혀 하지 않습니다.

오직 기생 일을 하면서 비참하게 살아가는 라합만이 생각을 달리했습니다. 이스라엘 백성들이 믿는 하나님이 그런 신이라면 나는 그를 의지하고 그쪽 편에 서야겠다는 마음을 갖고 있었던 것입니다. 하나님은 사람의 모든 행위와 생각을 감찰하십니다. 그래서 하나님은 여호수아를 통해서 정탐꾼을 보내도록 하셨지만, 그 일이 주목적이 아니었기에 정탐에 실패케 하시면서 그들을 라합의 집에 들어가도록 유도하신 것입니다. 여리고가 무너질 때 기생 라합과 그의 가족만이 하나님을 믿음으로 구원받습니다.

두 번째, 동행하는 믿음입니다.

히브리서 11장을 믿음장이라고 합니다. 그곳에 나오는 인물들은 하나님의 말씀을 듣고 믿음의 행위를 가지고 나갔습니다. 그래서 믿음은 바라는 것들의 실상이라고 했습니다.

구약에서는 믿음이라는 말이 몇 번 밖에 나오지 않았습니다. 대신에 하나님과 동행한다는 말로 표현했습니다. 에녹이 하나님과 동행했고(창

5:24) 노아가 하나님과 동행했으며(창6:9) 아브라함이 하나님과 동행했습니다(창21:22) 요셉도 마찬가지입니다(창39:2). 하나님과 동행한다는 의미는 하나님과 같이 움직였다는 것입니다.

로마서 1장 17절에 보면 의인은 믿음으로 살리라고 했습니다. 의인의 믿음은 생명적인 활동이 수반되어야 할 것을 가르쳐 주고 있습니다. 좋은 믿음을 가진 자는 좋은 행실의 결과를 낳을 것이요, 거짓 믿음은 나쁜 행실의 열매를 거두게 될 것입니다(마7:16-17).

믿음의 조상인 아브라함은 하나님의 부르심을 받았을 때 순종하여 나아갔습니다. 독자 이삭을 바치라는 하나님의 음성에도 행함 있는 믿음의 자세를 보였습니다. 노아도 마찬가지입니다. 하나님은 죄악이 가득 참을 보시고 이 땅을 물로 심판하시겠다고 노아에게 일러 주었습니다. 그러면서 노아에게는 방주를 만들라고 지시했습니다. 그것도 강이나 바다가 아닌 산에다가 배를 만들라는 지시였습니다. 노아는 전 재산을 팔아서 아라랏 산에다가 큰 배를 만들어 나갔습니다. 사람들은 노아를 바라볼 때 아마도 정신 나간 노인네로밖에 여기지 않았을 것입니다. 그러나 노아는 하나님과 동행하는 믿음이 있었기에 순종함으로 구원의 방주를 완성시킨 자입니다.

여리고로 가다가 어떤 사람이 강도를 만나 쓰러져 고통 중에 있었습니다. 마침 그곳에 제사장이 지나갔지만 못 본 체 지나쳤습니다. 레위인도 지나갔지만 나름대로 이유가 있어 그도 그냥 지나쳐 버렸습니다. 그런데 천히 여겨지던 사마리아 사람은 그 강도 만난 사람을 불쌍히 여기고 도와주었습니다. 주님께서 **"이 세 사람 중에 누가 네 이웃이냐"**고 묻습니다. 제자들이 사마리아 사람이라고 대답했을 때 예수님은 말씀하십니다. "너도 가서 이와 같이 하라"(눅10:30-31) 말씀으로 가르쳐 주셨습니다.

경건의 모양은 있으나 경건의 능력은 부인하니 이같은 자들에게서 네가 돌아서라 (딤후3:5)

너희는 믿음 안에 있는가 너희 자신을 시험하고 너희 자신을 확증하라 예수 그리스도께서 너희 안에 계신 줄을 너희가 스스로 알지 못하느냐 그렇지 않으면 너희는 버림받은 자니라 (고후13:5)

오늘날 우리는 믿음의 행위가 있습니까. 삶의 현장에 하나님의 말씀으로 거룩과 사랑과 성령의 역사가 함께 공존하고 있습니까. 예수를 믿는다는 것은 그분이 우리에게 말씀하신 모든 것을 실천하는 삶입니다. 예수의 탄생, 예수의 고난, 예수의 죽음, 예수의 부활, 예수의 재림을 통하여 예수의 생애가 나의 생애로 점철되어야 합니다.

셋째, 계시적인 믿음입니다.

또 하나의 믿음은 계시적인 믿음입니다. 계시적인 믿음은 은사적인 믿음입니다. 이 믿음은 성령을 통하여 주어집니다. 내 의도와 상관없이 나의 삶을 성령께서 주관하심으로 나타나는 믿음입니다. 믿음의 은사는 그 사람 믿음 속에 성령이 함께하시고 기름을 붓습니다. 나의 믿음 속에 성령의 역사가 흐르고 있습니까. 단순히 하나님을 의지하는 믿음이 아닌 그 믿음 속에 성령이 함께하심이 드러나고 있습니까. 드러나고 있다면 그분은 믿음의 은사가 있는 분입니다.

누가복음 1장에 보면 천사 가브리엘이 마리아에게 나타났습니다. 그리고 천사는 마리아에게 하나님의 은혜로 자식이 수태되는데 그 이름을 예수라고 이름 짓도록 합니다. 그는 지극히 높은 하나님의 아들임을 일러줍니다. 마리아는 아직 남자와 동침하지 않았는데 어떻게 자기에게 그런 일이 있을 수 있냐고 묻습니다. 천사가 대답합니다.

천사가 대답하여 이르되 성령이 네게 임하시고 지극히 높으신 이의 능력이 너를 덮으시리니 (눅1:35)

성령이 임하심으로 가능하다고 합니다. 마리아는 그 말씀을 믿었을 때 예수를 잉태했습니다. 마리아의 믿음은 지식으로만 아는 믿음이 아닙니다. 약속의 말씀대로 이루실 줄 믿는 그 믿음 속에 성령이 함께하셨습니다.

예수님의 공생애는 30세부터 시작되었습니다. 그 이전에는 사역을 위한 준비 기간이었습니다. 때가 차서 세례 요한으로부터 요단강에서 세례를 받으셨을 때, 하늘 문이 열리고 비둘기와 같은 성령이 임하셨습니다.

예수님은 그 성령에 이끌리어 마귀의 시험을 이기십니다(마4:1). 성령의 힘으로 아담으로부터 넘어진 육신의 정욕, 안목의 정욕, 이생의 자랑을 이기십니다.

이 때부터 예수께서 비로소 전파하여 이르시되 회개하라 천국이 가까이 왔느니라 하시더라 (마4:17)

마귀의 시험을 이기셨을 때부터 예수님은 비로소 천국 복음을 전파하시기 시작했습니다. '비로소'라는 말을 생각해 보십시오. 예수님조차도 성령의 능력으로 자기를 준비하셨고 마귀시험을 이기셨을 때 세상을 향해 나아가셨습니다. 세상에서 천국 복음을 증거할 때도 자신의 힘이 아닌 성령의 권능으로 사역해 나갔습니다.

그렇다면 우리의 믿음에도 성령의 흐름을 간절히 구해야 합니다. 성령으로 오는 믿음은 능치 못함이 없는 권세입니다. 에스겔은 성령의 능력이 흐를 때 마른 뼈도 소생하는 것을 보았습니다.

여호와께서 권능으로 내게 임재하시고 그의 영으로 나를 데리고 가서 골짜기 가운데 두셨는데 거기 뼈가 가득하더라 (겔37:1)

하나님은 에스겔을 통하여 이스라엘 민족들이 회복되는 과정을 환상으로 보여줍니다. 전혀 소생할 수 없는 마른 뼈와 같은 이스라엘이 어떻게 다시 살아나는가를 환상을 통해서 세밀하게 보여줍니다. 에스겔은 그냥 본 것을 말해 주었습니다.

주 여호와께서 이 뼈들에게 이같이 말씀하시기를 내가 생기를 너희에게 들어가게 하리니 너희가 살아나리라 너희 위에 힘줄을 두고 살을 입히고 가죽으로 덮고 너희 속에 생기를 넣으리니 너희가 살아나리라 또 내가 여호와인 줄 너희가 알리라 하셨다 하라 이에 내가 명령을 따라 대언하니 대언할 때에 소리가 나고 움직이며 이 뼈, 저 뼈가 들어 맞아 뼈들이 서로 연결되더라 (겔37:5-7)

에스겔은 환상으로 그것을 보고 그대로 말해 주었습니다.

내가 또 보니 그 뼈에 힘줄이 생기고 살이 오르며 그 위에 가죽이 덮이나 그 속에 생기는 없더라 (겔37:8)

'내가 또 보니'라고 말한 그대로 에스겔은 환상으로 모든 것을 보고 있습니다. 어떻게 보았습니까. 성령의 능력으로 영안이 열려서 바라본 것입니다. 사람의 힘과 능력으로는 이스라엘 백성이 죽은 송장과 같은 상태에서 살아날 수 없습니다. 그러나 사람이 할 수 없는 것도 하나님의 능력으로 가능함을 밝혀주고 있습니다. 이스라엘 백성이 하나님의 말씀을 잊어버린 죄로 인하여 그들은 바벨론의 포로 생활을 하고 있었습니다. 더는 세상적인 방법과 힘으로는 자유함을 얻을 수 없는 피폐함이 마치 죽은 송장과 같습니다. 에스겔은 그들에게 다시 하나님의 말씀을 믿고 따른다면 성령의 놀라운 역사를 통하여 소생할 수 있음을 보여 줍니다. 오늘날에도 하나님의 말씀 속에 성령의 능력이 함께 하면 동일한 역사가 일어납니다.

† 성령 없는 제자들의 믿음

제자들도 마찬가지입니다. 그들은 예수를 사랑했고 믿고 따랐습니다. 그러나 그들은 아직 성령을 받지 못했습니다. 예수께서 십자가를 지실 것을 제자들이 알았을 때 베드로는 다른 제자들보다 주님을 더 사랑했기에,

그가 말하되 주여 내가 주와 함께 옥에도, 죽는 데에도 가기를 각오하였나이다 (눅22:33)

자신했지만 실제로 예수께서 고난을 받게 될 때는 오히려 예수를 모른다고 부인하였을 뿐만 아니라 욕도 하고 저주했던 나약한 인간의 모습만 드러냈습니다. 그 후에 부활하신 예수께서 그들 앞에 나타나셨을 때도 마찬가지입니다. 요한복음 21장에 보면 베드로와 여섯 명의 제자들은 다시 갈릴리 바다로 고기를 잡으러 갔습니다. 그 당시 부활하신 주님께서 그들에게 두어 번 모습을 보이셨지만 더는 육신의 눈으로는 예수를 대할 수 없었습니다.

예수께서 그들과 함께 있을 때 죽은 나사로를 살리신 후 내가 이처럼 부활의 모습으로 나타날 것을 말씀해주셨지만, 그들은 그 말씀을 믿지 못했습니다. 제자들은 아직 성령의 능력이 부어지지 않았기 때문에 부활하신 주님을 믿는 믿음이 없었습니다. 예수님은 고기 잡는 제자들에게 부활체로 나타나셨습니다.

날이 새어갈 때에 예수께서 바닷가에 서셨으나 제자들이 예수이신 줄 알지 못하는지라 (요21:4)

부활의 모습은 생전에 육신의 모습과 다르기에 영의 눈이 뜨이지 않으면 알 수 없습니다. 그래서 제자들은 예수께서 부활하신 모습으로 그들 앞에 있었지만, 그들은 알아보지 못했습니다. 제자들은 고기를 잡지 못하고 계속 헛수고만 하고 있었습니다. 예수께서 그들에게 다시 배 오른

편에 그물을 던지면 물고기를 잡을 수 있다고 하십니다. 그때 주님은 제자들의 눈을 열어 부활의 주님이 오신 것을 알게 합니다. 그들이 순종하여 물고기를 잡았을 때 주님은 잡아온 물고기를 그들과 같이 먹습니다. 베드로는 그제야 주님이 떠날 때 보혜사 성령을 보내 주실 것이라는 말씀을 떠올립니다. 부활의 예수께서 그들에게 나타나셨을 때도 "너희에게 평강이 있을지어다" 말씀하시면서 "**이 말씀을 하시고 그들을 향하사 숨을 내쉬며 이르시되 성령을 받으라**"(요20:22) 재차 일러 주셨습니다.

이제 더 이상 베드로와 그의 제자들은 할 말이 없었습니다. 예수님을 믿는다고 하면서도 성령을 받지 못했기에 순간순간 주님을 배반한 나약한 자들이었습니다. 그 후 제자들은 부활의 예수와 함께 잡아온 물고기를 맛보면서 마음으로는 그분이 하신 말씀을 온전히 따르고 순종하려는 결단을 했을 것입니다. 성령을 받으라는 그 말씀대로 마가의 다락방에 모여서 오로지 기도에 힘썼고 제자들 모두 약속하신 성령을 충만하게 받았습니다.

오직 성령이 너희에게 임하시면 너희가 권능을 받고 예루살렘과 온 유대와 사마리아와 땅 끝까지 이르러 내 증인이 되리라 하시니라 (행1:8)

† 엘리야에게 임한 계시적 믿음

하나님은 엘리야에게 그릿 시냇가에 가 있으라고 명령하셨습니다. 그곳에 있는 동안 하나님은 까마귀를 통하여 먹을 것을 날라다 주었습니다. 기근은 점점 심해져 어느덧 시냇물도 말라 버렸습니다. 이때 하나님은 엘리야에게 새로운 명령을 부여하십니다.

'사르밧 과부의 집으로 가라.' 이것은 엘리야에게 부담스러운 명령입니다. 그 땅은 엘리야를 죽이려고 했던 이세벨이 살았던 시돈에 속한 땅이었기 때문입니다.

느밧의 아들 여로보암의 죄를 따라 행하는 것을 오히려 가볍게 여기며 시돈 사람의 왕 엣바알의 딸 이세벨을 아내로 삼고 가서 바알을 섬겨 예배하고 (왕상16:31)

시돈 땅 안에 있는 사르밧은 용광로, 도가니, 연단이라는 의미입니다. 하나님은 또 다른 성령의 기름부음을 계획하고 계십니다. 인간의 생각으로는 불편했지만, 엘리야는 순종해서 그곳을 찾아갔습니다. 막상 찾아간 그 집은 극심한 가난과 궁핍함이 최고조에 달한 상태였습니다. 엘리야는 하나님이 왜 자기를 이곳에 보냈는지 알지 못했습니다. 단지 하나님의 계시에 믿음으로 순종했을 뿐입니다. 막상 하나님이 지시한 곳에 가보니 상황은 더욱 안 좋았습니다.

그가 이르되 당신의 하나님 여호와께서 살아 계심을 두고 맹세하노니 나는 떡이 없고 다만 통에 가루 한 움큼과 병에 기름 조금 뿐이라 내가 나뭇가지 둘을 주워다가 나와 내 아들을 위하여 음식을 만들어 먹고 그 후에는 죽으리라 (왕상17:12)

극심한 가난을 겪고 있는 여자에게 그녀의 마지막 양식도 하나님께 바치라고 합니다. 엘리야는 그 여인에게 하나님의 계시를 전합니다. 사람들의 믿음은 상황에 의해서 많은 변화를 보입니다. 잘 믿는다고 하는 것 같지만 약간의 시험에도 넘어집니다. 반면에 믿음이 없어 보이는 사람도 상황이 달라지면 적극적으로 하나님을 의지하는 자도 있습니다. 사르밧 땅의 과부는 극한 상황 속에서도 하나님의 말씀을 대언하는 엘리야에게 순종했습니다. 믿음이 있었습니다. 그 계시적인 믿음은 그 통의 가루와 병의 기름이 떨어지지 않는 신기한 능력으로 변화되었습니다.

하나님은 왜 느닷없이 엘리야를 사르밧으로 보냈습니까? 그 여인의 믿음 때문입니다. 하나님은 그 여인의 믿음을 보셨습니다. 모두가 기근으로 힘들어하던 상황 속에 하나님은 그의 귀한 믿음을 보시고 그를 살리셨습니다. 믿음의 은사는 그 믿음 속에 성령의 능력이 흐릅니다.

방언은 이 믿음의 능력을 부어주는 역할을 합니다. 사람들이 바라볼 때는 터무니없는 행동 같아 보입니다. 엘리야가 그랬고 사르밧 과부도 그랬습니다. 이 믿음은 일반적인 믿음이 아닌 성령으로부터 온 계시적인 믿음이었기 때문입니다. 어떤 상황에서도 이 믿음의 기름이 부어지면 마음에 확신이 옵니다.

† 성령으로부터 온 계시적인 믿음

제가 처음으로 목회를 시작하던 때였습니다. 제가 살았던 집은 교회하고 거리가 멀어서 다른 사람에게 전세를 주었고 저도 교회 가까운 곳에 전세를 얻어 살았습니다. 그런데 목회를 시작한 지역이 재개발로 인하여 전세 대란으로 세입자들이 방을 구하지 못할 때가 있었습니다. 전세방이 없어서 복덕방에 방을 얻으러 가면 나온 방이 어떤 방이라도 가격 불문하고 하루가 지나기 무섭게 계약이 됐습니다. 다른 지역보다 땅값이 상대적으로 쌌기 때문에 건축업자들이 너도나도 주택 2채를 구매하여 허물어서 그곳에다가 빌라를 세우면 열 가구를 세울 수 있습니다. 그렇게 건축하면 땅값과 인건비를 제외하고도 빌라 두 채 정도의 이익이 떨어진다고 합니다. 그러다 보니 제가 전세 살고 있던 집도 집주인이 건축업자에게 집을 팔았습니다. 아직 계약 기간은 남아있었지만, 재개발로 인하여 집을 팔았으니 비워달라는 부탁을 받았습니다. 사정 이야기를 외면할 수 없어서 그렇게 해주겠다고는 했지만, 당시의 상황은 현실적으로 부담스러운 상황이었습니다.

그런데 그 문제를 가지고 주님 앞에 기도하면 담대한 믿음을 부어주십니다. 성령께서 책임져 주시겠다는 확신이 왔습니다. 종종 어떤 문제를 앞에 놓고 기도할 때 성령께서 마음속으로부터 책임져 주신다는 계시가 평안과 기쁨으로 흐릅니다. 그랬기에 이사를 하기 일주일 전까지 특별한 조치를 취하지 않고 목회에만 전념하고 있었습니다.

이사하기로 한 날을 일주일 정도 남기고서야 나는 길거리로 나왔습니다. 어차피 부동산에 가보아도 방은 없고 전세 매매가 나와 있는 지역신문을 찾아봐도 마찬가지였습니다. 그런데 기도하니 성령님께서 **"내가 직접**

집을 주리라" 감동이 왔습니다. 무작정 기도하고 나서 집을 나섰습니다.

방을 구하기 위해서 200m쯤 걸어갔을까, 어느 노인이 자기 집 앞인지 쭈그리고 앉아 있었습니다. 방언으로 하늘에 무전을 치면서 걸어가는데 갑자기 내 입에서 한마디 말이 툭 터져 나왔습니다.

"할아버지 이 집에 전세방 있어요?"

참으로 어처구니없는 물음입니다. 혹시라도 지나가다가 이런 물음을 한 번이라도 들어본 경험이 있었는지요? 그러나 성령님께서는 계획하시고 섭리하시는 분이십니다. 이사야 11장 2절에 보면 성령님은 지혜와 총명의 신이기도 하고 모략과 재능의 신이라고도 했습니다. 알지도 못하고 처음 만난 분에게 툭 터져 나온 말은 내 입을 사용하여 성령님께서 직접 하신 말이었습니다.

"우리 집 방 많지! 그런데 문제가 좀 있어."

방은 많은데 문제가 있답니다. 듣고 보니 부유하게 사시던 분이었는데 아들의 사업 실패로 많은 빚을 지셨답니다. 그 빚을 감당치 못해 그동안 열 채 정도의 집을 팔았지만 지금 사는 하나 남은 집조차도 경매가 되어졌다고 합니다. 하지만 지금 사는 집만큼은 경매로 빼앗기고 싶지 않아서 다시 높은 가격에 낙찰을 받았다고 합니다. 그렇지만 잔금을 지불할 능력이 없어서 문 앞에 쭈그리고 앉아 한숨만 쉬고 있었던 것입니다.

그 집은 3층으로 된 멋진 양옥이었는데 맨 꼭대기 층만 주인이 살고 있었고, 나머지 1층과 2층은 비어 있었습니다. 만약 1층과 2층이 전세로 나간다면 그분은 잔금 문제를 모두 해결할 수 있는 상황이었습니다. 하지만 누가 등기조차 되어있지 않은 집에 전 재산을 털어서 들어올 사람이 있겠습니까. 아무도 그런 집에 들어갈 사람은 없었습니다. 그런데 성령님께서 들어가도 된다고 하십니다. 재차 기도해 보아도 마음의 확신이 왔습니다. 평상시 내 마음에 주시는 평안과 기쁨의 기름부음이 그 증거였습니다.

우리는 주님께서 주신 집으로 믿고 믿음으로 들어갔습니다. 조건이 그러다 보니 방 3개가 있는 집을 시세보다 천만 원이나 싼 금액으로 계약하고 들어갈 수 있었습니다. 우리 부부는 당시 살았던 집보다 더 넓은 집으로 이사를 하였는데, 그 당시 우리가 가진 돈으로는 절대로 들어갈 수 없는 좋은 집이었습니다. 우리가 이사를 들어가면서 나머지 집들도 전세가 나가게 되어 주인은 그 돈으로 경매 잔금을 지불했고 "평생 은혜를 입었노라"고 하며 고마워했습니다.

우리가 주님의 계시대로 할 수만 있다면 삶에 자욱자욱 믿음의 열매가 맺혀질 것입니다.

8

능력 행함의 은사

우리와 같은 성정을 가진 자

거라사의 광인

8. 능력 행함의 은사

† 우리와 같은 성정을 가진 자

엘리야는 구약의 선지자 중 가장 비범한 능력을 갖춘 사람이었습니다. 그의 기도로 인하여 하늘에서 비가 내리고 혹은 가뭄이 있기도 하였습니다. 갈멜산에서 하나님을 대적하는 바알 선지자와 아세라 선지자 850명을 진멸하였고, 죽은 아이도 살려냈습니다. 이렇게 능력 많은 엘리야라고 할지라도 그는 우리와 같은 성정을 가진 사람이었다고 합니다. 즉, 그도 우리 인간과 동일한 본성을 소유한 일개의 연약한 존재였다고 합니다. 이는 엘리야의 능력이 그에게서 나온 것이 아니라 하나님께로부터 나온 것임을 나타내는 것입니다. 우리는 스스로 연약한 존재라고 생각하고 좌절할 필요는 없습니다.

구약의 수많은 믿음의 용사들이 능력 있는 사람이 될 수 있었던 것은 그들이 기도함으로써 하나님의 손에 붙잡힌바 되었기 때문입니다. 우리의 연약함으로 인하여 하나님을 더욱 의지할 수 있는 것입니다. 사도 바울의 고백처럼 우리의 약함은 실망 거리가 아니라 자랑거리임을 명심하는 성도들이 되어야 하겠습니다(고후11:30).

엘리야는 삼 년 육 개월 동안 이스라엘 땅에 비가 오지 않기를 간절히 기도했습니다. 엘리야가 이렇게 기도한 이유는 이스라엘의 죄악이 너무도 크기 때문에 하나님께 이들을 심판하시기를 원하였던 것입니다. 이러한 엘리야의 기도를 통해서 우리는 죄와 타협하지 않는 선지자의 모습을 엿볼 수 있습니다. 성도들은 하나님의 공의가 이 땅 위에 실현되도록 기도해야 합니다. 죄악을 보고도 방관하는 삶은 하나님이 원하는 삶이 아닙니다.

사무엘상은 이렇게 시작합니다. 엘가나라고 하는 사람에게 두 아내가 있었는데 하나의 이름은 한나였고, 또 다른 자는 브닌나였습니다. 두 여인 중에 브닌나는 자식이 있었지만 한나는 자식이 없었습니다. 엘가나는 자식 없는 한나에게 더 마음을 쏟다 보니 브닌나는 질투심으로 인하여 수시로 한나의 마음을 격동시켰습니다.

우리가 이 세상을 살아갈 때 소유해야 할 보편적인 축복이 있습니다. 일상적으로 누려야할 복이 있습니다. 남들이 대학 진학할 때 자기도 같이 대학에 들어가는 겁니다. 대학을 나온 후 남들처럼 직장을 구하려고 할 때 원만한 직장생활을 하는 겁니다. 시집, 장가갈 나이가 되었을 때 혼기를 놓치지 않고 결혼하는 것입니다. 또 결혼했어도 때가 되면 자식을 낳는 것이 바로 생활 속에 주어지는 보편적인 삶의 축복입니다.

그런데 한나는 그렇지 못했습니다. 하나님을 믿었어도 일상적인 복을 받지 못한 상황이었습니다. 문제는 그것 때문에 때로는 주변 사람들에게 놀림과 비웃음을 당하게 되는 경우입니다.

"맨날 교회 가서 기도 했는데도 왜 대학을 들어가지 못하니! 아마 하나님이 주무셨는가 보지!"

"그렇게 열심히 신앙생활을 하고 십일조를 바쳤는데 왜 그렇게 가난하고 힘들게 사는 거야."

얼마든지 들을 수 있는 주변의 빈정거림입니다. 한나가 그랬습니다.

"자식도 못 낳는 것이 남편의 사랑만 독차지하려고 하네."

때로는 우리가 알지 못하는 억울함과 눌림 속에서 눈물을 흘립니다. 그런데 사무엘상을 읽어보면 하나님의 의도하심이 있었습니다. 이스라엘 백성이 하나님 앞에 죄악으로 인하여 그 당시 그들에게는 하나님의 말씀이 전혀 들리지 않았던 시대였습니다.

아이 사무엘이 엘리 앞에서 여호와를 섬길 때에는 여호와의 말씀이 희귀하여 이상이 흔히 보이지 않았더라 (삼상3:1)

하나님의 말씀이 백성들에게 풍성히 거해야 하는데 그렇지 못하고 희귀했다고 했습니다. 도대체 하나님의 말씀을 찾아보기 힘든 시대였습니다. 하나님을 믿는 백성이라고 하지만 그들의 삶은 하나님의 말씀대로 살지 않는 죄악이 가득 차 있었습니다.

이런 시대에 하나님은 한나를 눈여겨보셨습니다. 그녀가 이해하지 못했어도 하나님은 그를 통하여 민족의 지도자 사무엘을 잉태케 하기 위한 아픔을 갖게 하신 것입니다. 그러나 한나는 단지 현재의 문제로 마음이 괴로워서 여호와께 기도하고 통곡하며

> 서원하여 이르되 만군의 여호와여 만일 주의 여종의 고통을 돌보시고 나를 기억하사 주의 여종을 잊지 아니하시고 주의 여종에게 아들을 주시면 내가 그의 평생에 그를 여호와께 드리고 삭도를 그의 머리에 대지 아니하겠나이다 (삼상1:11)

여호와 앞에 오래 기도했습니다. 한나는 자기를 괴롭히는 브닌나와 대적하지 않았습니다. 신앙생활을 하면서도 상대방이 자기에게 손해나 불이익 혹은 원망스러운 일이 드러나면 대부분은 직접 상대합니다. 아마 그것이 세상적인 삶의 대처 방법이라고 여겨집니다. 기독교인들이 여러 가지 분쟁으로 인하여 법원까지 가서 싸우는 일들이 얼마나 많이 있는지 모릅니다. 그런데 한나는 자기를 대적하는 브닌나를 직접 상대하지 않고 하나님께 기도했습니다. 그것도 그 원통한 문제를 붙잡고 그녀는 응답받을 때까지 오래 기도 했다고 했습니다. 능력 있는 사무엘은 이런 어머니의 기도 응답으로 태어난 자입니다.

하나님께서는 제가 목회를 시작하기 전 먼저 기도로 준비시키셨습니다. 기도란 한마디로 말해서 하나님을 의지하고 살겠다는 의사 표현입니다. 기도하는 자만이 하늘의 통로를 열고 하늘의 능력을 부여받을 수 있습니다. 작정기도, 금식기도, 중보기도, 철야기도와 같은 여러 가지 기도의 방법을 통하여 하나님과 영의 호흡을 합니다.

저는 두 번의 장기 금식을 했었습니다. 첫 번째 장기 금식 때에는 주님의 모습을 본받길 원해서 주님과 같은 사랑을 부어달라는 기도를 드렸습니다. 두 번째 장기 금식은 주님의 능력을 달라고 기도했습니다. 금식이 끝나갈 무렵 평소 몸무게보다 15kg 정도가 빠질 정도로 쇠약해졌습니다. 마지막 날에는 온 내장이 뒤틀리면서 혈뇨를 눌 정도로 위기가 있었지만, 주님께서 힘을 주셔서 금식기도를 무사히 마칠 수 있었습니다. 금식기도를 마친 후 몸을 보식하기 위해서 쌀 몇 톨이 들어 있는 미음을 오랜만에 입에 대는 순간, 단지 먹을 수 있다는 감격에 겨워 뜨거운 눈물이 흘렀습니다. 평소에는 알지 못했던 소중함을 발견했습니다. 일상생활 속에서 내가 움직일 수 있는 것, 음식을 먹을 수 있는 것, 사랑하는 사람과 함께 하는 것이 생활 속에 누리는 삶의 축복임을 새삼스럽게 깨닫게 되었습니다.

예전에 대장암으로 인하여 한 성도가 천국으로 떠났습니다. 그는 세상을 떠나기 전 심방을 가면 만날 때마다 "밥 먹고 싶어요, 밥 먹고 싶어요" 말했습니다. 대장암으로 인하여 밥은커녕 물도 삼키지 못하는 가운데 링거주사로 삶을 연장하던 분이었습니다.

금식할 때는 겉사람이 약해져서 온전히 부르짖을 수 없었습니다. 그런데 내 입에 곡물이 들어가니 얼마나 힘이 나는지 두 시간마다 소량의 보식을 하면서 부르짖었습니다. 그때 당시 엘리야의 능력이 내게 임한 것 같았습니다. 손만 얹으면 어떤 병든 자들도 치유 받을 것 같았고 하나님께 구하는 것마다 모두 응답받으리라는 확신이 들었습니다.

사람을 바라보면 그의 심령 상태가 읽어졌습니다. 그때 우연히 간암에 걸려서 고통받는 자를 만났습니다. 그는 마침 집으로 돌아가려는 길이었지만 외진 곳에 살다 보니 일반적인 교통을 이용할 수 없었고, 승용차도 없어서 곤란한 모습이었습니다. 왠지 처음 보는 그를 제 차로 데려다주고 싶었습니다. 가는 도중 영안이 열렸습니다. 하나님께서 그가 지금까지 걸어왔던 과정을 필름처럼 보여 주셨습니다. 제 입을 통하여 그가 살아온 내용을 일부 말하니 그는 놀라운 하나님의 지혜와 섭리를 듣고 입을 다물지 못했습니다. 그는 간암으로 고통받는 이유도 하나님 앞에 불순종했기 때문임을 고백합니다. 그의 집 앞에 도착했을 때 저는 그를 위해 뜨겁게 기도해주고 헤어졌습니다. 세상은 넓기도 하지만 좁다고도 하는데 그를 다시 만난 것은 어느 이발소였습니다. 그는 완치되어 건강을 되찾은 상태였습니다. 그때 기도 받은 이후 몸이 점점 회복되면서 다 나았다고 하나님께 영광을 돌렸습니다.

매일 밤 기도를 마친 후에 집으로 돌아가서 볼일을 끝내고 잠자리에 들려면 3시를 넘기기가 십상입니다. 주님도 습관적으로 감람산에 가서 기도하셨다고 합니다. 저는 사회생활을 9년 정도 했기에 일찍 자고 일찍 일어나는 습관이 몸에 배어 있었습니다. 그런데 이제는 기도 때문에 몸의 습관이 달라졌습니다. 육신의 습관을 영적인 도구로 바꿀 수 있는 것이 능력입니다.

서울의 한 교회에서 부흥집회를 인도했습니다. 인도를 마치고 숙소인 호텔에서 쉴 때 PD수첩이라는 방송을 접하게 되었습니다. 도박 중독으로 인해 망국병에 빠진 내용입니다. 한국인들의 도박 중독이 300만 명에 이른다고 합니다. 미국, 일본, 유럽보다 3배나 높았습니다. 카드 게임, 경륜, 구슬치기, 포커, 로또복권 등 심지어 초등학교 앞에 있는 전자오락기에서도 코흘리개 아이들의 주머닛돈을 빼앗으려고 파친코 같은 유사한 오락기가 버젓이 설치되어 어린이들에게조차 사행심을 조장하고 있습니다.

망국병인 이 도박에 한 번 빠진 자들은 그곳에서 쉽게 헤어 나오질 못합니다. 얼마 전에도 강원도 정선에서 카지노에 빠진 자들이 모든 돈을 잃고 갈 데가 없어서 거기에 기거하면서 생활하는 방송을 접한 적이 있습니다.

취재팀은 병원에 가서 도박에 중독되지 않은 사람과 중독된 사람을 대상으로 뇌 검사를 실시해 보았습니다. 놀랍게도 중독되지 않은 사람의 뇌 사진은 카드를 보아도 절제 기능이 정상적으로 가동되는 모습이지만, 중독된 사람은 카드만 보면 뇌와 신경 기능이 절제 기능을 상실해 버리고 맙니다. 한번 노름을 통하여 크게 돈을 땄거나 대박을 터트린 경험만 떠올리면 뇌의 신경 조직이 확대되어 절제할 수 없는 상황을 나타냅니다.

술(알코올) 중독, 음란 중독, 게임 중독, 거짓말 중독, 마약 중독 등 세상에 취한 자들은 자신의 절제 기능이 망각되어 버립니다. 사람들의 육신이 죄악의 굴레에서 벗어나지 못하는 이유가 있는 것입니다. 그들의 몸은 죄악의 도구가 됐습니다. 무엇이 복 있는 자입니까. 세상적인 복의 기준은 돈이 많은 자, 지위가 높은 자, 인물이 빼어난 자를 복 받았다고 합니다. 그러나 성경은 다릅니다.

복 있는 사람은 악인들의 꾀를 따르지 아니하며 죄인들의 길에 서지 아니하며 오만한 자들의 자리에 앉지 아니하고 (시1:1)

이것은 성경에서 말하는 복의 기준입니다. 우리 몸이 죄악을 이기고, 하나님이 없는 오만한 자리에서 벗어나 믿음 안에 사는 삶이 복 있는 삶이라고 했습니다. 우리의 몸을 할 수만 있다면 신령한 도구로 길들이는 것이 기도습관입니다.

기독교 서점에 가면 항상 베스트셀러 상위에 있는 책 중에서 기도 부분이 빠지지 않습니다. 그만큼 기도를 잘 해보고 싶기 때문이지요. 그런데 기도는 머리로 하는 것이 아니라 무릎으로 합니다.

또 이르시되 너희 중에 누가 벗이 있는데 밤중에 그에게 가서 말하기를 벗이여 떡 세 덩이를 내게 꾸어 달라 내 벗이 여행 중에 내게 왔으나 내가 먹일 것이 없노라 하면 그가 안에서 대답하여 이르되 나를 괴롭게 하지 말라 문이 이미 닫혔고 아이들이 나와 함께 침실에 누웠으니 일어나 네게 줄 수가 없노라 하겠느냐 내가 너희에게 말하노니 비록 벗 됨으로 인하여서는 일어나서 주지 아니할지라도 그 간청함을 인하여 일어나 그 요구대로 주리라 내가 또 너희에게 이르노니 구하라 그러면 너희에게 주실 것이요 찾으라 그러면 찾아낼 것이요 문을 두드리라 그러면 너희에게 열릴 것이니 구하는 이마다 받을 것이요 찾는 이는 찾아낼 것이요 두드리는 이에게는 열릴 것이니라 (눅11:5-10)

예수님께서 주기도문을 가르치신 후 이렇게 기도하라고 일러 주셨습니다. 간청함은 끈질긴 기도를 뜻합니다. 어떤 사람은 이런 내용조차도 머리로 은혜 받으려고 합니다. 그래서 성경은 '**너희에게 이르노니 구하라. 찾으라. 문을 두드리라.**' 일러 주셨습니다. 여기에서는 복수로 기록돼 있습니다. 그런데 '**구하는 이마다**', '**찾는 이는**', '**두드리는 이에게**' 모두 단수를 썼습니다. 기도는 모든 사람에게 알려 주셨지만 실제로 가르쳐 주신 대로 행하는 자는 소수입니다. 그래서 단수로 기록해 놓고 있습니다. 기도를 안 하기에 능력이 나타나지 않습니다.

누가복음 18장에 나오는 한 불의한 재판관과 과부에 대한 이야기도 이렇게 시작합니다. **'항상 기도하고 낙망치 말아야 될 것을 저희에게 비유로 하여 이르시되'** 기도는 중도에 포기하지 말고 끈질기게 하는 겁니다.

성령으로 기도할 때 주님께서 집회하라는 감동이 와서 8월 14일~15일에 광복절 특별 치유집회를 열었습니다. 성령님께서 역사해 주셔서 놀라운 은혜의 시간이 되었습니다. 집회에 참석하신 80세 넘으신 연로한 할머니는 귀에 고막을 심하게 다쳐서 오랫동안 소리도 듣지 못하고 귀에서는 계속 고름이 흘렀다고 합니다. 그런데 성령님께서 치유하심을 간증해 주셨습니다. 어떤 분은 앉아있기 힘든 허리 통증, 어떤 분은 내장 기관에 통증 등, 치유하신 주님께 마이크를 붙잡고 영광을 돌립니다. 어떤 이는 성령의 임재 속에 들어가 일어날 줄 모릅니다. 어떤 성도는 하나님이 만져주심을 처음 경험하여 신기해합니다.

광주광역시에서도 6명이 집회에 참석한 후 금요 철야예배까지 드리고 돌아가셨습니다. 그들은 집으로 돌아가면서 축복교회도 성전이 건축되길 원한다며 성전 건축헌금을 드리고 가셨습니다. 강릉에서 오신 권사님은 집회에 참석 후 현재 사용하는 방송용 카메라보다 더 좋은 제품을 살 수 있는 헌금을 드리고 가셨습니다. 하나님의 은혜가 넘치다 보니 받은 은혜를 나누려는 모습입니다. 성경에서 말했듯이 주님은 나를 믿으면 나보다 더 큰 일을 할 수 있다고 하셨습니다. 엘리야조차도 연약한 심령의 소유자였지만 그는 기도로써 능력 있는 삶을 살았습니다.

† 거라사의 광인

어느 여름날 산상 집회에 참석했다가 경험한 일입니다. 찌는듯한 무더위! 교인들과 함께 여름 집회에 참석하게 되었습니다. 믿는 자들에게는 산과 들보다는 아무래도 시원한 냉방 속에서 은혜 받는 일이 일거양득이 아닐까 생각해서 시간이 되는 성도들과 함께 참석했던 집회였습니다.

1천여 명 정도의 목회자와 성도들이 은혜를 사모하여 모여들었습니다. 그런데 집회 마지막 날 저녁시간에 뜻하지 않은 일이 터졌습니다. 은혜가 강한 곳에 사단의 역사도 강하게 역사함을 느끼는 사건이 발생한 것입니다. 평택에서 어느 여성도와 함께 집회에 참석한 목회자가 있었습니다. 후에 알았는데 그분은 아직 목사안수를 받지 못한 강도사님이셨습니다.

문제는 함께 데리고 온 그 여성도에게 군대 귀신이 들어간 것입니다. 그녀는 갑자기 발작을 일으키더니 급기야는 강대상 바로 앞에 쫙 뻗어 누워버렸습니다. 1천 명이나 되는 성도들이 그 모습을 지켜보고 있었습니다. 자칫하면 은혜는커녕 집회가 망쳐지고 흐지부지될 위기의 상황이었습니다.

강사는 상황을 직시하면서 그대로는 말씀을 증거 하는 것이 불가하다고 여겼는지 말씀을 잠시 중단하고는 이 여자분을 위해서 합심기도하자고 제의했습니다. 참석한 모든 목회자와 성도들이 강사님의 요구에 뜨겁게 기도드렸습니다. 그런데도 그녀는 군대 마귀가 들어가 버려서 꿈쩍도 하지 않았습니다.

주님께서 이 땅에 계실 때 거라사 지방에 귀신들린 광인이 있었습니다. 그는 거라사 지방의 무덤 사이에서 거처하는데 아무도 그를 제어할 수가 없었습니다. 그 속에 수많은 군대 귀신이 들어갔기 때문입니다.

예수께서 바다 건너편 거라사인의 지방에 이르러 배에서 나오시매 곧 더러운 귀신 들린 사람이 무덤 사이에서 나와 예수를 만나니라 그 사람은 무덤 사이에 거처하는데 이제는 아무도 그를 쇠사슬로도 맬 수 없게 되었으니 이는 여러 번 고랑과 쇠사슬에 매였어도 쇠사슬을 끊고 고랑을 깨뜨렸음이러라 그리하여 아무도 그를 제어할 힘이 없는지라 밤낮 무덤 사이에서나 산에서나 늘 소리 지르며 돌로 자기의 몸을 해치고 있었더라 그가 멀리서 예수를 보고 달려와 절하며 큰 소리로 부르짖어 이르되 지극히 높으신 하나님의 아들 예수여 나와 당신이 무슨 상관이 있나이까 원하건대 하나님 앞에 맹세하고 나를 괴롭히지 마옵소서 하니 이는 예수께서 이미 그에게 이르시기를 더러운 귀신아 그 사람에게서 나오라 하셨음이라 이에 물으시되 네 이름이 무엇이냐 이르되 내 이름은 군대니 우리가 많음이니이다 하고 (막5:1-9)

마지막 날 저녁 집회는 군대 귀신이 들어간 여인의 방해 속에서 진행될 수밖에 없었습니다. 그녀는 모든 사람이 잘 보이는 강대상 밑에서 꼼짝 않고 누워있었습니다. 시간이 흘러 집회가 폐했지만, 그녀는 그때까지도 일어나지 않고 있었습니다.

"네가 가서 기도해 주어라!"

성령의 음성이 내 속에서 들려왔습니다. 당시 한창 기도의 무릎을 들이던 시기였기에 하나님이 함께하시면 무슨 일이든 가능하다는 믿음이 충만했었습니다. 나는 그녀 앞에 무릎 꿇고 그녀의 몸에 손을 대고 마귀를 대적하라는 말씀대로 대적 기도를 드리려고 했습니다. 그런데 누워있던 그녀가 갑자기 다리를 떼지도 않고 붕 떠서 2m 정도의 위치로 피하는 것이었습니다.

"요것봐라!"

내 속에서 자신감이 생겼습니다. 왜냐하면, 사단이 피하는 것을 느꼈기 때문입니다. 그래서 나는 그쪽으로 쫓아가서 도망가지 못하도록 그녀의 손을 잡고 기도하기 시작했습니다. 그 광경을 멀리서 바라보던 강도사님이 다가왔습니다. 자기가 데리고 온 초신자가 갑자기 귀신들려 행동하는 모습에 어찌할 줄 모르고 있었는데 아마도 내가 손을 대고 기도해 주니 두려운 마음이 진정되어졌기에 함께 기도하려고 한 것 같습니다.

그런데 이건 또 무슨 행동인가? 함께 참석한 강도사 사모님이 손을 뻗어 같이 기도하려는 강도사님이 손을 황급히 거두어 가면서 "당신 큰일 나!" 말하는 것이었습니다. 아마도 그와 같은 일을 처음 겪는 것이기에 괜히 손을 대었다가 그 군대 귀신이 남편에게 들어갈까 봐 걱정이 되었나 봅니다.

나는 괜찮다고 하면서 같이 온 우리교회 성도들과 함께 예수의 이름으로 대적하고 기도를 뜨겁게 드렸습니다. 10분 정도 흘렀을까? 그녀가 부스스 일어나 무릎을 꿇었습니다. 그리고는 제정신이 회복되었습니다. 강도사님 부부도 감사하다고 말하면서 혹시라도 또 그런 일이 생기면 어떻게 하냐고 걱정을 태산같이 합니다. 나는 그분에게 연락처를 남겨주고 헤어졌습니다.

아니나 다를까 이틀이 지나서 연락이 왔습니다. 그녀에게 다시 사단이 들어간 것입니다. 마침 기도원으로 설교하러 가던 길이었기에 그녀를 기도원으로 데리고 오라고 했습니다. 강도사뿐만 아니라 귀신들린 초신자의 온 가족이 함께 왔습니다. 그 자리에는 시어머니와 시누이도 있었습니다.

그들과 함께 예배를 드리는데 성령께서 "이 여자는 시어머니 때문에 연약해져서 눌림을 받았느니라." 세미하게 말씀하셨습니다. 주님께서 일러주신 것을 말씀드렸더니 자기처럼 좋은 시어머니가 어디 있는데 그런 말씀을 하시냐고 하면서 시어머니 되시는 분이 펄쩍 뛰며 화를 냈습니다.

그러나 나는 성령께서 일러주시니 혹시라도 회개할 것이 있으면 회개하시라고 일러주었습니다. 시어머니는 불쾌한 표정을 짓더니 자리를 피하셨습니다. 그 분이 자리를 뜨자 모두가 "참으로 성령님은 정확하시군요." 하면서 그동안 그녀가 눌림을 받은 과정을 말해 주었습니다.

초신자인 그녀가 남편을 만나 결혼을 했지만, 결혼하기 전에 사귀던 다른 남자가 있었다고 합니다. 그런데 그것을 결혼 후 시어머니가 알게 되었습니다. 그래서 며느리로부터 태어난 아들이 친아들인지 남의 자식인지 병원에 가서 친자 확인을 해야 한다는 것이었습니다. 태어난 아들이 친자식이면 계속 결혼 생활을 유지해도 되겠지만, 만약 아닐 경우에는 이혼하기를 종용했습니다. 심한 눌림을 가진 며느리는 그때부터 정신분열이 생기기 시작했는데 그때 전도를 받고 교회를 나왔지만, 당시의 어려운 상황을 극복하지 못하고 병이 난 것입니다.

나는 예배를 인도하면서 다시 축사 기도로 귀신을 물리쳤습니다. 그리고 그녀에게 이사야 53장 5절, 6절을 암송하게 했습니다.

그(예수)가 찔림은 우리(나)의 허물 때문이요 그(예수)가 상함은 우리(나)의 죄악 때문이라 그(예수)가 징계를 받으므로 우리(나)는 평화를 누리고 그(예수)가 채찍에 맞으므로 우리(나)는 나음을 받았도다 우리(나)는 다 양 같아서 그릇 행하여 각기 제 길로 갔거늘 여호와께서는 우리(나의) 모두의 죄악을 그(예수)에게 담당시키셨도다 (사53:5-6)

암송할 때 '그가 찔림은 우리의 허물을 인함이요'라는 내용을 "예수가 찔림은 나의 허물을 인함이요" 이런 식으로 암송하게 했습니다. 그리고 로마서 8장 1절, 2절 말씀도 외우도록 했습니다.

그러므로 이제 그리스도 예수 안에 있는 자에게는 결코 정죄함이 없나니 이는 그리스도 예수 안에 있는 생명의 성령의 법이 죄와 사망의 법에서 너를 해방하였음이라 (롬8:1~2)

이 두 가지 성경 구절은 이와 같은 영적인 문제로 고통받는 사람들이라면 꼭 소유하시길 바랍니다. 왜냐하면 귀신을 물리쳤어도 그 속에 예수의 생명과 말씀이 거하지 못하면 오히려 그 심령이 깨끗이 청소 되어서 더 많은 귀신이 들어 갈 수 있기 때문입니다. 강도사와 그녀의 가족은 그렇게 하겠다고 약속하고 헤어졌습니다.

그 목회자에게 다시 전화를 받은 것은 그로부터 한 달 후였습니다.

"목사님 너무 감사해요, 시키는 대로 순종했더니 이제는 그 성도가 완전히 회복되어서 개척교회의 큰 일꾼이 됐어요!"

하나님은 그렇게 또 한 교회를 세우셨습니다.

9

신유의 은사

신유의 은사를 사모한 교수 목사님

치유사역 거장들의 공통점

아이가 죽었어요!

9. 신유의 은사

† 신유의 은사를 사모한 교수 목사님

목요 정기집회에 연로하신 목사님이 몇 번 참석하셨습니다. 어느 날 그 목사님과 대화를 나누게 되었습니다. 그 목사님은 오랫동안 신학교에서 교수로 학생들을 가르치시다 늦게 목회를 시작하셨다고 합니다. 목회하시면서 능력이 없으면 안 되겠다는 생각에 서점에 가서 신유에 관한 책을 모조리 구매하셨다고 합니다. 교수 목사님다운 처사였습니다. 물론 책을 통해서 유익한 정보를 접할 수 있습니다. 그러나 신유의 기름부음은 공부해서 소유되는 것이 아닙니다.

은사는 말씀을 통해서 성령의 능력을 사모하면서 구해야 합니다. 복음서에 나와 있는 내용을 읽고 주님처럼 정결함을 갖고 살아야 합니다. 영혼 사랑하는 마음을 갖는 것입니다. 기도하면서 전도에 힘쓰는 것입니다. 특히 하나님의 일을 함에 있어서 성령의 기름부음은 빼놓을 수 없습니다.

예수님의 생애도 출생부터 끝마칠 때까지 성령과 함께 사역을 하셨습니다.

(1) 출생: 예수 그리스도의 나심은 이러하니라 그의 어머니 마리아가 요셉과 약혼하고 동거하기 전에 성령으로 잉태된 것이 나타났더니 (마1:18)

(2) 시험: 그 때에 예수께서 성령에게 이끌리어 마귀에게 시험을 받으러 광야로 가사 (마4:1)

(3) 생애: 예수께서 성령의 능력으로 갈릴리에 돌아가시니 그 소문이 사방에 퍼졌고 (눅4:14)

(4) 부활: 예수를 죽은 자 가운데서 살리신 이의 영이 너희 안에 거하시면 그리스도 예수를 죽은 자 가운데서 살리신 이가 너희 안에 거하시는 그의 영으로 말미암아 너희 죽을 몸도 살리시리라(롬8:11)

예수님의 생애는 성령으로 시작하여 성령으로 마치시고 부활하십니다. 특별히 예수님의 사역에는 수많은 병든 자를 고치시는 치유의 사역이 있었습니다.

† 치유사역 거장들의 공통점

대구로 부흥회를 갔었습니다. 집회에 성령의 역사가 강하게 나타났고 참석한 분들도 하나님의 은혜를 많이 받았습니다. 그 중 멀리서 오신 분이 계셨는데 그는 부산에서 기독교 서점을 운영하고 있었습니다. 첫날 저녁 집회에 참석한 후 그분은 다음날 서점운영을 하기 위해 돌아갔지만, 저녁에 다시 참석하여 저에게 귀한 책을 선물하셨습니다. 예수님 이후 현시대에 크게 쓰임 받았던 치유사역의 거장들이라는 두툼한 책이었습니다.

순서대로 보면 치유의 사도 존 알렉산더 도위, 성령님의 증명자 마리아 우드워스-에터, 웨일스 부흥의 주역 에반 로버츠, 오순절의 아버지 찰스 에프 파햄, 오순절의 촉매자 윌리암 제이 세이모, 치유의 사람 존 지 레이크, 믿음의 사도 스미스 위글스워스, 성취의 여인 에이미 샘플 맥퍼슨, 기적을 믿은 여인 캐서린 쿨만, 놀라운 이적과 기사의 사람 윌리엄 브렌햄, 담대한 믿음의 사람 잭코, 기적을 일으키는 사람 에이 에이 앨런입니다. 여러분은 이 중에서 어떤 분의 이름을 알고 있습니까?

책 머리말을 읽어 보았더니 이들에게는 특별한 공통점 네 가지가 있음을 설명하고 있었습니다. 제가 볼 때 상당히 중요한 부분이라고 여겨집니다.

첫째, 그들은 예수 그리스도를 구주로 영접했을 때의 체험을 평생 기억하고 있었습니다. 둘째, 이들은 하나님의 능력이 자신들의 삶을 통하여 역사하기를 강렬하게 소원하였습니다. 셋째, 이들은 한결같이 환상을 통해 하나님이나 예수님을 직접 만났습니다. 넷째, 이들은 사람들의 비난에 주눅 들지 않고 자기의 가야 할 길을 끝까지 갔습니다.

이 열두 명의 위대한 사역자들은 모두 우리와 같은 나약하고 평범한 자들이었습니다. 윌리엄 제이 세이모는 노예의 아들이었고, 스미스 위글스워스는 평범한 배관공이었습니다. 대부분이 그렇습니다. 그들은 사역하다가 큰 실수도 저질렀고 사람에게 비난도 받았습니다. 그럼에도 불구하고 이들은 실패에 연연하지 않고 하나님의 도움을 받아 모두가 놀라운 치유사역자로 쓰임 받은 인물들입니다.

여러분도 하나님의 능력을 받아 쓰임 받기 원하십니까. 저도 더욱 사모하고 있습니다. 대부분 복음 치유사역자들이 소유했던 영성과 능력은 대개가 다음과 같습니다.

첫째, 뜨거운 영혼 사랑을 가졌을 때입니다.

출애굽 한 이스라엘 백성들이 홍해를 건넜을 때 그들은 너무 기쁘고 즐거워 춤을 추었습니다. 그러나 메마른 광야에서의 여정은 3일 만에 그 모든 즐거움을 빼앗아 버렸습니다. 목이 마르자 감사는커녕 불평까지 터져 나왔고, 모세를 원망했습니다. 그뿐만 아니라 모세가 하나님 앞에 기도하러 갔을 때, 그들은 우상을 만들고 하나님을 배반하기까지 했습니다. 하나님은 그런 백성들의 모습에 진노하시면서 그들 모두를 광야에서 멸망시키려고 했습니다.

모세는 그 사실을 알고 하나님의 마음을 돌이키길 원했지만, 말만으로는 안 될 것을 알았습니다. 이때 모세가 상상조차 할 수 없는 말로써 하나님의 마음을 뒤집었습니다. 그는 조건을 내세우면서 하나님을 설득했습니다.

모세가 여호와께로 다시 나아가 여짜오되 슬프도소이다 이 백성이 자기들을 위하여 금 신을 만들었사오니 큰 죄를 범하였나이다 그러나 이제 그들의 죄를 사하시옵소서 그렇지 아니하시오면 원하건대 주께서 기록하신 책에서 내 이

름을 지워 버려 주옵소서 (출32:31-32)

모세는 하나님께 백성들의 용서를 구했습니다. 그래도 하나님이 마음을 돌이키지 않으려고 하자 모세는 사랑하는 백성들을 대신하여 어떠한 희생조차도 감수하고자 했습니다. 그래서 자기의 영생을 담보로 하나님께 합의점을 찾고자 했습니다. 그의 심정은 자기가 대신해서 모든 대가를 치르고서라도 백성들만은 살리려는 것이었습니다. 모세의 뜨거운 영혼 사랑하는 마음에 하나님의 마음이 동하셨습니다.

왜 신약시대에 와서는 사도 바울이 가장 위대한 사도로 기억되고 있습니까. 바울 또한 모세와 동일한 심정을 갖고 있었기 때문입니다. 바울은 동족들에 대한 그 갈급함을 이렇게 표현했습니다.

내가 그리스도 안에서 참말을 하고 거짓말을 아니하노라 나에게 큰 근심이 있는 것과 마음에 그치지 않는 고통이 있는 것을 내 양심이 성령 안에서 나와 더불어 증언하노니 나의 형제 곧 골육의 친척을 위하여 내 자신이 저주를 받아 그리스도에게서 끊어질지라도 원하는 바로라 (롬9:1-3)

위대한 하나님의 종들은 이처럼 간절한 영혼 구령의 마음을 소유하고 있습니다. 하나님께서 예수 그리스도를 통하여 주신 애절한 사랑입니다.

너희 안에 이 마음을 품으라 곧 그리스도 예수의 마음이니 그는 근본 하나님의 본체시나 하나님과 동등됨을 취할 것으로 여기지 아니하시고 오히려 자기를 비워 종의 형체를 가지사 사람들과 같이 되셨고 사람의 모양으로 나타나사 자기를 낮추시고 죽기까지 복종하셨으니 곧 십자가에 죽으심이라 (빌2:5-8)

오늘날도 영혼 사랑하는 교회, 영혼을 구원하려는 구령의 열정을 가진 자들은 하나님께서 힘과 능력을 주십니다.

† 아이가 죽었어요!

교회를 개척한 지 4년 정도가 흘렀을 때였습니다. 주일에 교회학교 학생들이 60~70명 정도 출석했는데 그중에 피아노를 잘 치고 영어도 잘하는 초등학교 3학년 학생이 있었습니다. 그의 부모는 당시 예수를 믿지 않았습니다. 그래도 부활절이나 크리스마스 행사 때에는 자기 아이들이 발표하는 것을 보려고 구경만 하러 왔습니다.

어느 주일부터 그 학생이 교회를 나오지 않았습니다. 알고 보니 시댁 어른들이 교회 다니는 것을 알고 못 가도록 막는다는 것이었습니다. 얼굴도 예쁘고 특별히 재능이 많은 학생이었는데 부모의 반대로 안 보이니 마음이 아팠습니다.

두 달이 흘렀을까? 같은 학교에 다니던 한 학생이 가정통신문을 가져왔습니다. 백혈병에 걸린 학생을 위해서 학교 전체가 모금 운동을 한다면서 서류를 보여주었습니다. 그 학생은 교회 학교에 나왔다가 부모의 반대로 나오지 않는 그 아이였습니다.

저는 아내와 함께 여의도 성모병원에 입원한 그 학생을 찾아갔습니다.

그 학생의 부모는 망연자실한 표정으로 앉아 있었습니다. 위로의 말을 대신하면서 그의 부모에게 복음을 전했더니 그제야 지푸라기라도 잡는 심정으로 예수를 믿겠다고 합니다. 그뿐만 아니라 자식이 살 수만 있다면 어떤 일이라도 감수하겠다고 합니다.

그때부터 교회는 그 학생을 위해 특별기도회를 했습니다. 백혈병은 다른 병보다도 힘들었습니다. 순간순간 위기가 닥쳐왔고, 1,000명 중 골수 이식을 받아도 살 수 있는 사람이 60~70명이라고 했습니다. 그러니까 골수 이식을 받아도 살 가능성은 별로 없는 병입니다.

바람 앞에 놓인 촛불처럼 생명의 위험을 느끼는 순간이 10번 정도 있었습니다. 그때마다 성도들은 모두 같은 마음으로 철야하며 기도해 주었습니다. 어떤 날은 모든 성도가 하루를 금식하기도 했고, 하루에 한 사람씩 릴레이 금식을 하기도 했습니다. 그렇게 죽음의 고비를 넘기고 있었습니다.

한번은 의학적으로 생명이 끊어졌습니다. 죽음과의 사투 속에서 지고 말았습니다. 아이는 부모도 들어가지 못하는 무균실에서 2달 동안 혼자서 있어야 했습니다. 그는 그곳에서 아픔과 무서움을 이기려고 한 권의 성경책을 갖고 들어갔습니다. 초등학교 3학년이었지만 독방으로 된 무균실에서 성경을 두 번이나 읽었습니다. 교회에서는 전 교인이 금식하며 철야기도해 주고 있었습니다.

어느 날 무균실에 들어가 있는 아이에게 사망의 권세가 찾아왔습니다. 그의 생명을 체크해 주는 의학 기계는 동작을 멈추고 말았습니다. 아이의 생명이 끊어진 것입니다.

훗날 그가 이런 간증문을 썼습니다.

무균실에 있을 때 갑자기 내 생명이 육신에서 빠져나갔음을 느꼈어요. 그리고 어떤 무서운 사람 두 명이 나를 데려가려고 왔어요. 그 순간, 저 사람에게 잡히면 안 되겠다는 생각이 들어서 막 도망을 갔습니다. 그런데 그들이 쫓아오는 거예요.

도망가다 보니 강이 보였고 그 강 가운데에는 징검다리가 놓여 있었어요. 그래서 그 다리를 건너가니까 그 무서운 사람들이 더 이상 쫓아오질 못하는 거예요. 신기하게도 그 돌 징검다리에는 돌마다 글이 새겨져 있었어요. 그 내용이 눈에 들어왔어요.

아무 것도 염려하지 말고 다만 모든 일에 기도와 간구로 너희 구할 것을 감사함으로 하나님께 아뢰라 그리하면 모든 지각에 뛰어난 하나님의 평강이 그리스도 예수 안에서 너희 마음과 생각을 지키시리라 (빌4:6-7)

옆에 있는 돌 징검다리에도 글이 쓰여져 있었어요.

복 있는 사람은 악인들의 꾀를 따르지 아니하며 죄인들의 길에 서지 아니하며 오만한 자들의 자리에 앉지 아니하고 오직 여호와의 율법을 즐거워하여 그의 율법을 주야로 묵상하는도다 그는 시냇가에 심은 나무가 철을 따라 열매를 맺으며 그 잎사귀가 마르지 아니함 같으니 그가 하는 모든 일이 다 형통하리로다 악인들은 그렇지 아니함이여 오직 바람에 나는 겨와 같도다 그러므로 악인들은 심판을 견디지 못하며 죄인들이 의인들의 모임에 들지 못하리로다 무릇 의인들의 길은 여호와께서 인정하시나 악인들의 길은 망하리로다 (시1:1-6)

아이가 살아난 것은 말씀과 기도 때문이었습니다. 밝힌 대로 그 학생은 무균실 독방에서 성경을 두 번 읽었고 성도들은 그의 영혼을 붙잡고 기도한 것입니다.

한동안 국민일보에서 소아암 돕기 운동을 매일같이 벌인 적이 있습니다. 백혈병은 그만큼 돈도 많이 들어가고 어려운 병이기 때문입니다. 매일같이 실렸던 기사가 마무리 될 때쯤 새해가 되었습니다. 모든 신문이 새해에는 특집 기사를 게재합니다. 국민일보에서는 제가 섬기는 교회의 사건을 특집으로 다루어 주었습니다. 그 학생은 말씀과 기도로 치유 받았다고……. 오늘날에도 교회 안에 계시는 성령님의 마음을 움직일 수만 있다면 어떤 이적도 가능합니다.

둘째, 믿음의 신앙관입니다.

히스기야가 죽을병에 걸렸습니다. 당시 그 유명한 선지자 이사야가 하나님의 말씀을 대언해 주었습니다. 그런데도 히스기야는 그 말을 받아들이지 않았습니다. 히스기야는 전심으로 벽을 향하여 기도하였습니다. 히스기야는 그렇게 해서 하나님께 생명 연장을 받은 것을 기독교인이라면 대부분 알고 있을 것입니다.

그런데 히스기야가 무슨 배짱으로 하나님의 말씀조차도 뒤집으려고 했을까요? 아니면 이사야 선지자가 실수라도 했단 말입니까? 그가 그런 상황 속에서도 의지를 굽히지 않은 것은 나름대로 그럴만한 구석이 있었기 때문입니다. 그가 드린 기도의 내용을 눈여겨 볼 필요가 있습니다.

그 때에 히스기야가 병들어 죽게 되매 아모스의 아들 선지자 이사야가 그에게 나아와서 그에게 이르되 여호와의 말씀이 너는 집을 정리하라 네가 죽고 살지 못하리라 하셨나이다 히스기야가 낯을 벽으로 향하고 여호와께 기도하여 이르되 여호와여 구하오니 내가 진실과 전심으로 주 앞에 행하며 주께서 보시기에 선하게 행한 것을 기억하옵소서 하고 히스기야가 심히 통곡하더라 (왕하20:1-3)

그의 기도 내용을 보십시오. 히스기야는 내놓을만한 삶의 자세를 가지고 있었습니다. 그는 지금까지 자기가 하나님을 어떻게 섬겨왔는가에 대한 삶의 행적을 들고 나왔습니다. 눈동자처럼 모든 것을 살피시고 감찰하시는 하나님이 그의 삶을 모를 리가 없었습니다. 그가 하나님의 마음을 바꾸어 15년의 생명 연장을 받은 것은 전적인 그의 삶의 행적에서 비롯되었습니다. 평소에 하나님이 인정할 만한 삶의 자세를 가지십시오. 하나님은 심은 대로 거두십니다.

저는 성인 남자 신장으로는 조금 키가 작은 편입니다. 부모가 작은 유전적인 결함이 있는 것도 아니고, 자랄 때 가정환경이 가난해서도 아니었습니다. 내가 작은 것은 순전히 예수 때문입니다.

우리 집안에 복음이 들어온 것은 어머니의 연약함으로부터 시작되었습니다. 어머니께서는 자식을 낳은 후 간장질환, 페디스토마 등 이러저러한 질병으로 고생하셨습니다. 병이 많다 보니 당시의 의술로써는 치료받기조차 힘든 상태였습니다. 병원 치료가 안 되다 보니 어머니는 어린 나를 데리고 이곳저곳 우상들을 찾아다니면서 고침 받으려고 했지만,

치유를 받지 못했습니다.

그때 옆집에 사는 순복음교회 집사님께서 전도하셨습니다. 교회를 나가게 되면서부터 하나 둘씩 육신의 질병들이 떠나갔습니다. 어머니는 그때부터 하나님께서 자기를 살리셨음을 몸소 체험하게 되었기에 열심히 신앙생활을 하셨습니다.

그 당시 순복음교회는 서대문구에 있었습니다. 그런데 교회에 부흥이 일어나니 서대문 성전으로는 밀려오는 성도들을 모두 수용하기 힘들게 되었습니다. 조용기 목사님은 성전을 여의도로 이전하면서 성전 건축도 시작하셨습니다. 그 당시 여의도는 허허벌판이었습니다. 노선버스조차도 잘 다니지 않아서 교통이 불편했습니다. 건축하다 보니 재정적으로도 무척 어려웠던 시기였습니다. 신앙이 어린 성도들은 썰물처럼 낙오됐습니다. 그때 어머니는 하나님께로부터 받은 은혜를 물질로써 헌신하려는 마음을 갖고 계셨습니다. 당시 초등학생이었던 나에게 한 달 학교 급식료로 먹을 수 있는 빵과 음료가 1,500원이었지만 그 돈은 아까워서 주지 않았습니다. 당시 부모들은 독자들을 귀히 여기던 시절이었는데, 나는 4대 독자입니다. 아버님은 공무원 생활을 하셨기에 풍족하지는 않았어도 그럭저럭 생활할 수 있었습니다. 그렇지만 교회 사정을 더 중요하게 여기시다 보니 건축헌금을 힘겹게 드리고 나면 돈이 없었습니다. 저의 성장 시절은 예수 때문에 배고팠습니다.

사회생활을 시작할 때쯤, 저로서는 현실 사회가 거대한 장벽이었습니다. 특별히 좋은 대학을 나온 것도 아니고, 세상적인 배경이 있는 것도 아니었고, 의지할만한 대상도 없었습니다. 막막한 현실이었습니다. 어렸을 때부터 어머니의 손을 잡고 교회를 다녔던 저는 그런 상황 속에서 스스로 오산리 기도원에 가서 3일 금식기도를 단행했습니다.

"하나님! 제가 의지할 수 있는 분은 주님밖에 없습니다. 앞으로 나의 삶을 의의 길로 인도하시옵소서."

일찍 신앙생활을 하는 유익이 무엇이겠습니까? 어려움이 닥쳤을 때 세상 방법보다는 하나님 앞에 무릎을 꿇는 것 아니겠습니까? 나는 하나님의 도움을 간절히 구했습니다. 우리 부부가 지금도 자녀들에게 수시로 하는 말이 있습니다.

"하나님의 자녀는 하나님의 뜻대로 살아야 하나님의 복을 받는다."

나의 기도에 주님의 마음이 동하셨는지 사회생활로 첫발을 내딛게 된 직장이 신앙 간증 서적을 발간하는 곳이었습니다. 그곳에서 하나님의 사랑을 체험한 사람들을 만나서 그 내용을 대필했습니다. 2년 동안 글을 쓰면서 저에게는 간접적이었지만 하나님께 좀 더 가까이 갈 수 있는 통로가 열렸습니다. 그리고 그때 책을 집필하게 된 것이 오늘날 여러 가지 서적을 발간하는데 큰 유익이 되었습니다.

두 번째 직장으로는 직원이 100여 명 정도 되는 중소기업에 입사했습니다. 산업용 모터를 생산하는 회사였습니다. 공채로 들어간 회사는 특별한 회사였습니다. 내 능력으로는 아무리 그와 같은 회사를 찾아보려고 해도 절대로 찾을 수 없는 회사였습니다.

사람이 마음으로 자기의 길을 계획할지라도 그의 걸음을 인도하시는 이는 여호와시니라 (잠16:9)

회사 사장님은 장로님이셨습니다. 그래서 기업을 하는 목적도 전 직원들에 대한 복음 전파였습니다. 매월 첫날은 생산직이든지 사무직이든지 회사에 모여서 1시간 동안 일손을 내려놓고 덕망 있는 목사님을 모셔서 예배를 드리도록 했습니다. 사무직은 매주 목요일이면 서울 근교에 있는 청계산 기도원에 가서 철야예배를 드렸습니다. 사장님이 직접 주관하시니 사무직원들은 모두 참석해야만 했습니다. 그뿐만 아닙니다. 내가 속해있는 부서에서도 리더가 신앙이 좋으신 분이다 보니 매주 월요일에 부서 예배를 드리게 되었습니다. 돈 받고 일하는 회사 생활이 나에게는 마치 영성 훈련 장소였습니다.

영적인 축복만 아니라 물질적인 부분에도 은혜를 주셨습니다. 내가 그 회사에 입사한 후 몇 개월이 지나자, 어느 날 신문에 특보가 실렸습니다. 당시 국내에 가장 큰 기업이었던 H그룹의 정 회장이 40년 만에 잃어버린 여동생을 찾았다는 내용이었습니다. 그 여동생에게는 장성한 자식이 한 명 있었는데, 그는 졸지에 대그룹 회장의 조카가 되었습니다. 그래서 H그룹 내에 구매업무를 담당하는 자리에 앉았습니다. 그런데 그가 뜻밖에도 모터 담당 파트로 와서 나와의 만남을 갖게 되었습니다. 그분과 특별한 친분이 있는 것은 아니었습니다.

그러던 어느 날 갑자기 나와 함께 목욕을 가자고 해서 단 한 번 목욕

탕에 갔다 온 적이 있습니다. 한국인의 의식 구조로는 함께 목욕했다는 것이 무척 중요하게 작용하는 것 같습니다. 이후 내가 회사 생활할 때에 H그룹에서 필요한 산업용 모터의 대부분은 일방적으로 계약을 체결할 수 있게 됐습니다. 시간이 흘러 포스코, 코오롱과 같은 대기업들로 거래처가 확장되었습니다. 회사에서는 여건이 좋아지다 보니 새 승용차를 구매해서 출퇴근하며 일할 수 있도록 해 주었습니다. 승용차에 들어가는 기름값뿐만 아니라 모든 유지비까지 회사에서 지불해 주었습니다. 당시 저는 개인적으로도 좋은 승용차를 갖고 있었습니다.

광야에서 이스라엘 백성이 고기를 먹고 싶다고 불평했을 때 하나님께서는 동풍이 불게 해 그들의 코에 냄새가 나도록 메추라기를 먹여주셨습니다. 저 또한 사회생활을 시작할 때 성장기에 가난으로 인하여 굶주렸던 배고픔을 풍족하게 채우셨습니다. 하나님은 모든 삶을 눈동자처럼 보고 계십니다. 그분은 모든 것을 주관하는 힘이 있습니다.

셋째, 간절하고 끈질긴 기도입니다.

예수께서 그들에게 항상 기도하고 낙심하지 말아야 할 것을 비유로 말씀하여 이르시되 어떤 도시에 하나님을 두려워하지 않고 사람을 무시하는 한 재판장이 있는데 그 도시에 한 과부가 있어 자주 그에게 가서 내 원수에 대한 나의 원한을 풀어 주소서 하되 그가 얼마 동안 듣지 아니하다가 후에 속으로 생각하되 내가 하나님을 두려워하지 않고 사람을 무시하나 이 과부가 나를 번거롭게 하니 내가 그 원한을 풀어 주리라 그렇지 않으면 늘 와서 나를 괴롭게 하리라 하였느니라 주께서 또 이르시되 불의한 재판장이 말한 것을 들으라 하물며 하나님께서 그 밤낮 부르짖는 택하신 자들의 원한을 풀어 주지 아니하시겠느냐 그들에게 오래 참으시겠느냐 내가 너희에게 이르노니 속히 그 원한을 풀어 주시리라 그러나 인자가 올 때에 세상에서 믿음을 보겠느냐 하시니라 (눅18:1-8)

1. 응답받는 기도는 믿음을 갖고 하는 것입니다.

어느 도시에 과부가 있었습니다. 이 과부는 원한을 갖고 있었습니다. 이 여인은 어떻게 해서라도 원한을 해결하고 살기를 원했습니다. 그러나 이 여인은 무력하고 연약한 과부였습니다. 달리 해결할 방도가 없었고 법관 앞에 호소할 수밖에 없었습니다. 그러나 그 재판장은 하나님을 두려워하지 않고 사람을 무시하는 불의한 재판장이었습니다. 이런 재판장을 찾아가면 멸시당하고 거절당할 것은 너무나도 분명했습니다. 웬만한 사람이라면 아예 단념하고 말 것입니다.

그러나 이 과부 여인은 소문난 불의한 재판장을 찾아갔습니다. 왜 찾아갔을까요? 그 재판장 이외에는 자기 문제를 해결해 줄 사람이 없기 때문이었습니다. 비록 불의한 사람, 불가능한 사람으로 여겼으나 찾아갔습니다. 해결해 줄 것이라는 믿음이 있으니 찾아갔습니다. 만약 이 여인이 그를 불의한 사람으로만 생각하고 불신했다면 전혀 해결 받지 못했을 것입니다. 믿음을 가진 자는 항상 가능성을 바라보고 나갑니다.

2. 힘써 기도해야 합니다.

믿음을 가진 자는 가만히 있지 않고 찾아다니며 땀을 흘립니다. 하나님의 은혜를 받으려는 자는 애타게 부르짖으며 성실로써 식물을 삼습니다. 천국은 침노하는 자가 빼앗는다고 했습니다. 예수님은 겟세마네 동산에서 우리의 죄 문제 해결을 위해 기도하실 때, 땀이 땅에 떨어지는 핏방울 같았다고 했습니다. 예수님께서 기도하여 하나님의 뜻을 성취하고 우리 구원을 위해 사명을 다 했습니다.

야곱은 환도 뼈가 위골 되었으나 계속 기도했습니다. "당신이 내게 축복하지 아니하면 가지 않겠다."고 하면서 죽을 각오로 매달립니다. 하나님은 우리를 아십니다. 간청하여 기도하십시오. 기도에 항상 힘쓰시기 바랍니다.

3. 응답받을 때까지 계속해야 합니다.

본문에 나오는 과부 여인은 원한이 해결될 때까지 재판장을 찾았습니다. 만약 몇 번 찾다가 중지했다면 그의 원한은 해결되지 못했을 것입니다. 중도에 그치는 일은 해결 받지 못합니다.

불의한 왕, 아합 시대에 3년 6개월 동안 비가 내리지 않아 흉년이 들었습니다. 그러나 엘리야는 하나님을 믿고 기도했습니다. 갈멜 산 꼭대기에서 무릎에 얼굴을 묻고 7번까지 기도했을 때 손바닥만 한 구름이 일어나므로 아합에게 비의 소식을 전했습니다. 5번이나 6번 하고 중지했다면 어떻게 됐을까요? 기도의 응답이 있을 때까지 기도했습니다. 우리는 하나님의 역사가 나타날 때까지 믿음을 가지고 계속 기도해야 합니다.

38년 된 병자도 참 베데스다인 예수를 만날 때까지 기다려서 은혜를 입었습니다. '**물이 동할 때**' 치료를 받을 수 있었던 이천 년 전의 베데스다 연못을 우리는 지금도 만날 수 있습니다.

너희 중에 병든 자가 있느냐 그는 교회의 장로들을 청할 것이요 그들은 주의 이름으로 기름을 바르며 그를 위하여 기도할지니라 믿음의 기도는 병든 자를 구원하리니 주께서 그를 일으키시리라 혹시 죄를 범하였을지라도 사하심을 받으리라 그러므로 너희 죄를 서로 고백하며 병이 낫기를 위하여 서로 기도하라 의인의 간구는 역사하는 힘이 큼이니라 (약5:14-16)

엘리야는 우리와 성정이 같은 사람이로되 저가 비 오지 않기를 간절히 기도한즉 삼 년 육 개월 동안 땅에 비가 아니 오고 다시 기도한즉 하늘이 비를 주고 땅이 열매를 맺었습니다.

신유의 은사를 사모하십니까. 하나님 앞에 거룩한 소원을 아뢰십시오. 하나님은 나를 통하여 주님의 뜻이 드러나기를 원하십니다.

너희 안에서 행하시는 이는 하나님이시니 자기의 기쁘신 뜻을 위하여 너희에게 소원을 두고 행하게 하시나니 (빌2:13)

10

지혜의 은사

지혜의 근원, 성경

10. 지혜의 은사

성경의 인물 중에서 지혜로운 사람을 선택하라면 대부분 솔로몬 왕을 지목할 것입니다. 그는 왕으로 있는 동안 하나님으로부터 받은 지혜로 모든 백성을 잘 다스렸습니다. 그뿐만 아니라 그 지혜로움으로 부귀와 번성을 누렸고 주변의 국가들조차 부러워 할 정도였습니다.

솔로몬은 하나님이 주신 지혜로 20년 동안 왕궁과 하나님의 성전을 건축했고 그가 나라를 치리하는 동안에는 태평성대 했습니다. 솔로몬은 하나님으로부터 지혜의 은사를 받은 대표적인 인물입니다. 그 은사는 그의 육신의 부모에게 받은 영향이 컸습니다. 솔로몬이 왕으로서 임명받을 즈음 그의 부친으로부터 유언과 같은 말을 듣습니다.

다윗이 죽을 날이 임박하매 그의 아들 솔로몬에게 명령하여 이르되 내가 이제 세상 모든 사람이 가는 길로 가게 되었노니 너는 힘써 대장부가 되고 네 하나님 여호와의 명령을 지켜 그 길로 행하여 그 법률과 계명과 율례와 증거를 모세의 율법에 기록된 대로 지키라 그리하면 네가 무엇을 하든지 어디로 가든지 형통할지라 여호와께서 내 일에 대하여 말씀하시기를 만일 네 자손들이 그들의 길을 삼가 마음을 다하고 성품을 다하여 진실히 내 앞에서 행하면 이스라엘 왕위에 오를 사람이 네게서 끊어지지 아니하리라 하신 말씀을 확실히 이루게 하시리라 (왕상2:1-4)

왕으로서 나라를 잘 다스리기를 원한다면 하나님의 말씀을 힘써 지키는 자가 되라고 하십니다. 또 한 가지는,

또 그가 영감으로 받은 모든 것 곧 여호와의 성전의 뜰과 사면의 모든 방과 하나님의 성전 곳간과 성물 곳간의 설계도를 주고 또 제사장과 레위 사람의 반열과 여호와의 성전에서 섬기는 모든 일과 여호와의 성전을 섬기는 데에 쓰는 모든 그릇의 양식을 설명하고 또 모든 섬기는 데에 쓰는 금 기구를 만들 금의 무게와 모든 섬기는 데에 쓰는 은 기구를 만들 은의 무게를 정하고 또 금 등잔대들과 그 등잔 곧 각 등잔대와 그 등잔을 만들 금의 무게와 은 등잔대와 그 등잔을 만들 은의 무게를 각기 그 기구에 알맞게 하고 또 진설병의 각 상을 만들 금의 무게를 정하고 은상을 만들 은도 그렇게 하고 갈고리와 대접과 종자를 만들 순금과 금 잔 곧 각 잔을 만들 금의 무게와 또 은 잔 곧 각 잔을 만들 은의 무게를 정하고 또 향단에 쓸 순금과 또 수레 곧 금 그룹들의 설계도대로 만들 금의 무게를 정해 주니 이 그룹들은 날개를 펴서 여호와의 언약궤를 덮는 것이더라 다윗이 이르되 여호와의 손이 내게 임하여 이 모든 일의 설계를 그려 나에게 알려 주셨느니라 (대상28:12-19)

성령의 가르침을 받아야 함을 일러 줍니다. 다윗은 그 아들 솔로몬에게 내가 의지하는 하나님이 어떤 분이라는 것을 알려 주려고 자기가 세

우려던 성전 설계도도 하나님의 성령께서 지혜로 그려 주신 것이라고 고백합니다.

다윗은 하나님의 성전을 세우기 위해 모든 기구와 재료들을 준비해 놓았습니다. 어떻게 지어야 할 것을 하나님의 성령으로 설계 받았습니다. 모세 또한 성막을 지을 때 하나님께로부터 모든 규모와 규격과 재료들을 지시받은 것(히8:5)과 같습니다. 다윗은 성령의 기름부음을 받은 후 그가 생애를 마칠 때까지 그 하나님의 영을 놓치지 않으려고 애를 썼던 자입니다.

다윗의 생애에 있었던 사건 중 대표적인 범죄가 우리아의 아내를 간음한 내용입니다. 다윗은 그녀를 간음한 후 남편 우리아를 거짓된 행동으로 속이려다가 여의치 않자 그를 살인까지 했었습니다. 시편 51편은 다윗이 회개 고백하는 내용입니다.

우슬초로 나를 정결하게 하소서 내가 정하리이다 나의 죄를 씻어 주소서 내가 눈보다 희리이다 내게 즐겁고 기쁜 소리를 들려 주시사 주께서 꺾으신 뼈들도 즐거워하게 하소서 주의 얼굴을 내 죄에서 돌이키시고 내 모든 죄악을 지워 주소서 하나님이여 내 속에 정한 마음을 창조하시고 내 안에 정직한 영을 새롭게 하소서 나를 주 앞에서 쫓아내지 마시며 주의 성령을 내게서 거두지 마소서 (시51:7-11)

다윗은 심령의 정결함을 통하여 주의 성령을 거두어 가지 말기를 원합니다. 대개는 죄를 지었을때 회개는 하지만 성령을 거두지 말라는 기도까지는 하지 않습니다. 그만큼 내 안에 내주하시는 성령님을 의식하고 있지 않기 때문이지요. 그러나 다윗은 성령을 의식하고 있었습니다. 성령은 능력이나 치유의 영만이 아닙니다. 우리 생활 속에 지혜를 주시고 명철함을 주시는 계시의 영이기도 합니다. 다윗은 이것을 알고 있었기에 그 아들 솔로몬에게 특별한 지혜와 지식을 받을 수 있도록 권면한 것입니다.

솔로몬은 왕으로 임명받은 후 왜 아버지 다윗이 하나님을 잘 알고 섬기라고 유언했는지 절감합니다. 그래서 그는 왕위에 오른 후 일천 번의 제사를 거행합니다. 하나님께서 그의 중심을 보시고 꿈에 나타나 무엇해 주기를 원하느냐고 물었습니다.

누가 주의 이 많은 백성을 재판할 수 있사오리이까 듣는 마음을 종에게 주사 주의 백성을 재판하여 선악을 분별하게 하옵소서 (왕상3:9 개역한글)

개역개정판 성경은 "듣는 마음을 종에게 주사"로 번역해 놓았습니다. 그러나 그 이전에 쓰던 개역한글판은 다릅니다.

누가 주의 이 많은 백성을 재판할 수 있사오리이까 지혜로운 마음을 종에게 주사 주의 백성을 재판하여 선악을 분별하게 하옵소서 (왕상3:9)

원어에 보면 지혜는 레드 쇼메아인데 직역하면 하나님의 음성을 듣고 순종하는 마음을 말합니다. 무엇이 참된 지혜이겠습니까, 만물의 주관자이시고 인간의 생사화복을 주장하시는 그분께서 우리의 삶에 개입하셔서 직접 보여주시고 일러 주신대로 우리는 단지 순종하는 것입니다.

그것이 참된 지혜로운 삶인 줄 믿습니다.

너희는 주께 받은 바 기름부음이 너희 안에 거하나니 아무도 너희를 가르칠 필요가 없고 오직 그의 기름부음이 모든 것을 너희에게 가르치며 또 참되고 거짓이 없으니 너희를 가르치신 그대로 주 안에 거하라 (요일2:27)

요한은 성령의 은사로 일러 주시고 보여주신 것은 참되고 거짓이 없다고 했습니다.

솔로몬은 하나님께로부터 지혜의 은사를 받은 후 백성들을 다스려 나갔습니다. 당시 창기 두 여자가 솔로몬에게 찾아와 재판을 받았습니다. 한 집에 같이 살던 여자들이 사흘을 간격으로 자식을 해산했습니다. 그런데 한 여인의 아들이 죽었습니다. 아들이 죽자 그 여인은 죽은 아이를 잠자는 다른 여인의 자식과 바꾸어 가로챘습니다. 그것도 모르고 잠에서 깨어난 여인은 죽은 아들이 자기 아들이 아닌 줄 알고 쟁론케 된 것입니다. 왕은 칼을 가지고 오라고 해서 산 아이를 둘로 나누어 가져가라고 했습니다.

살아있는 아이의 친어미는 그 말을 듣고 마음이 불붙듯 했습니다. 잘못하다가는 자기의 친자식이 죽게 됩니다. 그는 자식을 반으로 나누어 죽이는 것보다 내가 자식을 포기하더라도 살리길 원해서 아들을 죽이지 말고 다른 여인에게 주도록 합니다. 그제야 왕은 산 아들을 죽이지 말라고 말한 여인에게 아들을 안겨주었습니다.

통상적인 지혜인 것 같지만, 막상 나에게 그러한 문제가 닥치면 그런 지혜가 떠오르기가 쉽지 않습니다. 그런 지혜가 오더라도 실행하기도 쉬운 일이 아닙니다. 그런데 솔로몬은 당시 어려운 현실 문제를 쉽게 처리합니다. 그는 모든 문제를 위로부터 오는 지혜의 기름부음으로 사건을 해결합니다.

부모님이 목회하시는 곳이 재개발되면서 교회를 이전하게 되었습니다. 예전에는 이전 시 보상에 대한 부분은 어떤 원칙이 제대로 규정되어 있는 것이 아닙니다. 그 당시 재개발 업자 측에서는 교회 땅을 좀 더 넓은 대지로 보상하기로 했고 이주비 얼마를 책정해 주기로 했습니다. 그리고 대부분이 그와 같은 수준으로 협의한다는 말을 덧붙였습니다. 부모님은 그들의 말에 수긍했습니다.

부모님으로부터 그와 같이 합의를 보았다는 소식을 듣고 기도하던 중,

"네가 다시 가서 협상 하여라!"

성령께서 말씀하셨습니다. 그날이 토요일이었습니다. 재개발 측과 구두 합의는 끝났기에 이제는 서류에 도장 찍는 일만 남았었습니다. 그래서 토요일날 조합 사무실에서 만나 계약을 마무리하기로 했지만, 아버님께서 당일 갑작스러운 또 다른 일로 인해 월요일로 만남을 연기한 상황이었습니다. 저는 그간의 협의 사항 일부를 전화로 전해 듣고 제가 부모님을 대신하여 사무실을 찾아갔습니다. 그들은 제가 왔을 때 계약을 마무리하러 온 줄 알고 서류를 내밀었습니다. 계약서에는 토요일 날짜로 서류가 이미 작성돼 있었습니다.

"다른 지역에서는 교회에 목사관이 들어가 있으면 아파트 한 채를 제공해 준다고 하는데요."

이 말이 제 입에서 툭 터져 나왔습니다. 그리고 저는 사실 그런 일이 있는 줄도 알지 못했습니다. 그런데 그들이 서류를 내밀었을 때 툭 던져진 내 한마디 말을 듣고 그들은 아마도 다른 곳에서는 그와 같은 조건으로 계약됐기에 그것을 요구하러 왔다고 생각하고 그 조건을 받아들여 주었습니다. 만약, 말하지 않았다면 우리가 모르고 있다고 여겼기에 자기들의 원칙대로 계약을 마무리하려던 심사였습니다. 계약하려는 날 내가 그것을 요구하니 그들은 별다른 이의를 제기하지 않고 그럼 그렇게 하자면서 그 자리에서 아파트 한 채를 더 주는 조건으로 계약체결을 했습니다. 서울 시내 한복판에 삼성래미안 중형 아파트 가격이 어느 정도인지는 짐작하실 줄 압니다.

성령을 통해 나오는 지혜는 우리 인간의 수준을 뛰어넘습니다. 사도 바울도 하나님의 일을 하면서 위로부터 오는 지혜를 경험할 때 이렇게 고백합니다.

깊도다 하나님의 지혜와 지식의 풍성함이여, 그의 판단은 헤아리지 못할 것이며 그의 길은 찾지 못할 것이로다 (롬11:33)

† 지혜의 근원, 성경

그 지혜의 부유함은 인간의 선천적 수준으로 따라갈 수 없습니다. 그 지혜는 위로부터 오는 능력입니다. 위로부터 오는 능력의 근원은 성경입니다. 어떤 사람은 성경을 히브리어로 읽기 좋아합니다. 어떤 사람은 성경을 영어나 독일어로 읽기 좋아합니다. 어떤 사람은 성경을 율법으로 읽습니다. 그러나 나는 성경을 성령으로 읽기 좋아합니다. 방언으로 기도한 후 영감을 받고서 성경을 읽으면 성경 속에 있는 저자의 의도와 성령의 계시를 얻을 수 있습니다.

골로새서 3장 16절은 "**그리스도의 말씀이 너희 속에 풍성히 거하여 모든 지혜로 피차 가르치며**" 했습니다. 속에 거하게 한다는 것은 입으로 읽는 것뿐 아니라 속으로 먹는 것입니다. 주님께서 우리에게 일용할 양식을 구하라고 가르치셨습니다. 육신의 양식뿐 아니라 영의 양식인 하나님의 말씀을 내 속에 채우는 것입니다. 육에 속한 사람은 땅에서 나는 양식으로 살아가지만, 하늘에 속한 사람은 위로부터 오는 신령한 양식으로 살아갑니다.

요한복음 6장에 나오는 오병이어의 사건은 빈들에서 하나님의 말씀을 듣던 자들에게 주님은 내가 하늘에서 내려온 산 떡임을 밝혀 주려는 의도였습니다.

예수께서 이르시되 나는 생명의 떡이니 내게 오는 자는 결코 주리지 아니할 터이요 나를 믿는 자는 영원히 목마르지 아니하리라 (요6:35)

내가 곧 생명의 떡이니라 (요6:48)

나는 하늘에서 내려온 살아 있는 떡이니 사람이 이 떡을 먹으면 영생하리라 내가 줄 떡은 곧 세상의 생명을 위한 내 살이니라 하시니라 (요6:51)

말씀이 육신이 되어 우리 가운데 풍성히 거하기를 원한다면 내 심령 속에 진리의 말씀을 채우는 것입니다. 그러기 위해서 성경을 읽을 때, 입으로는 방언하면서 성령이 운행하도록 하는 것입니다. 성경을 읽을 때 많이 읽고 적게 읽는 것에 치중하지 마세요. 그보다 하나님의 말씀을 읽어 나가다가 감동이 오면 그 말씀을 붙잡고 주님과 교제하는 것이 더 바람직합니다. 그것이 주님과 함께하는 QT입니다. **저는 읽은 말씀을 묵상하는 것을 원칙으로 합니다. 방언으로 기도하면서 내 심령으로는 말씀을 되뇝니다.** 그렇게 하면 생명의 말씀이 내 배에서 생수의 강처럼 솟아오름을 느낍니다. 그것은 성령으로부터 오는 은혜와 능력과 진리의 강입니다.

성령께서 주신 말씀을 배불리 먹고 나면 육신의 것을 먹은 것처럼 만족스럽고 기쁩니다. 주일날 강대상에서 성령으로부터 오는 지혜를 드러내면 성도들도 목마른 사슴처럼 말씀을 먹고 배불러 합니다.

주님도 그러셨습니다. 요한복음 4장은 예수께서 목마르고 갈급한 사마리아 여인을 만나서 그에게 영육의 양식을 채우시는 말씀입니다. 그 당시 예수님도 육신적으로는 배고프고 곤고했기에 제자들에게 먹을 것을 사러 가도록 하셨습니다. 예수님만 홀로 우물가에 앉아 있었습니다. 사마리아 여인은 영육간에 배고프고 갈급한 여인이었습니다. 그러나 그녀는 그 갈급함을 해결할 지혜를 얻지 못하고 단지 종교적인 행위로 살아가는 불쌍한 여인이었습니다. 주님께서 그녀의 문제와 갈급함을 해결해 주었을 때 제자들은 그제야 먹을 양식을 구해 와서 주님께 내어놓습니다.

이르시되 내게는 너희가 알지 못하는 먹을 양식이 있느니라 (요4:32)

제자들은 누가 예수님에게 음식을 대접한 줄 생각합니다. 예수님은 그 모습을 보시고

예수께서 이르시되 나의 양식은 나를 보내신 이의 뜻을 행하며 그의 일을 온전히 이루는 이것이니라 (요4:34)

무슨 뜻입니까. 예수님이 식사를 하지 않으셔도 배부르다고 하신 것은 한 영혼이 생명의 말씀으로 소성함을 얻고 살아난 것으로 배불러 하며 만족했기 때문입니다. 이 내용을 쓸 때 마침 광주광역시에서 몇 명의 성도가 서울로 은혜 받으러 오겠다는 전화를 했습니다. 전에 광주광역시에 있는 교회에서 부흥집회를 인도했는데 한 집사님이 은혜를 받고 맛있는 음식을 대접해 주었습니다. 감사하게도 영의 양식을 공급하니 그는 육의 양식으로 사랑을 표현해 주셨습니다. 영의 양식을 통하여 성도들이 배불러 하고 기뻐하는 모습을 보면 저 자신도 양식을 먹은 것처럼 배부름을 느낍니다.

살리는 것은 영이니 육은 무익하니라 내가 너희에게 이른 말은 영이요 생명이라 (요6:63)

성경은 교리가 아닙니다. 또한 바리새인처럼 많은 논리로 판단하는 율법책이 아닙니다. 하나님의 말씀은 내 지식을 채우기 위해 있는 것만으로는 충분하지 않습니다. 성경을 통하여 내 영과 생명을 만질 수 있도록 해야 합니다. 성경을 통해서 지혜의 영이 나를 통과할 수 있기를 사모하시기 바랍니다.

11

지식의 은사

자기 지식을 버린 야곱

11. 지식의 은사

저는 성경 인물 중 평범했던 사람 야곱을 좋아합니다. 특별한 능력이나 특별한 재능을 가진 어떤 사람이 뛰어난 업적을 남겼다면 그는 남다른 부분이 있었기 때문이라고 당연하게 여깁니다. 그러나 야곱은 절대 특별한 인물이 아니었습니다. 오히려 우리처럼 이기적이고 연약했던 평범한 인물이었습니다. 그는 나름대로 노력하고 살았어도 20년 동안 아무런 소득이나 결과가 없었던 자입니다. 그런 자에게 하나님께서 꿈에 나타나셔서 놀라운 지식을 일러 주셨습니다.

꿈에 하나님의 사자가 내게 말씀하시기를 야곱아 하기로 내가 대답하기를 여기 있나이다 하매 이르시되 네 눈을 들어 보라 양 떼를 탄 숫양은 다 얼룩무늬 있는 것, 점 있는 것과 아롱진 것이니라 라반이 네게 행한 모든 것을 내가 보았노라 (창31:11-12)

성경을 읽다보면 마치 퍼즐 조각 맞추듯이 이곳저곳 맞추어지는 부분이 있습니다. 그냥 쭉 읽을 땐 모르지만, 성령님께서 알려주시면 그 맛이기가 막힙니다. 바로 야곱이 라반을 이기고 엄청난 결과를 얻게 되는 과정을 밝히고 있습니다.

오늘 내가 외삼촌의 양 떼에 두루 다니며 그 양 중에 아롱진 것과 점 있는 것과 검은 것을 가려내며 또 염소 중에 점 있는 것과 아롱진 것을 가려내리니 이같은 것이 내 품삯이 되리이다 후일에 외삼촌께서 오셔서 내 품삯을 조사하실 때에 나의 의가 내 대답이 되리이다 내게 혹시 염소 중 아롱지지 아니한 것이나 점이 없는 것이나 양 중에 검지 아니한 것이 있거든 다 도둑질한 것으로 인정하소서 라반이 이르되 내가 네 말대로 하리라 하고 그 날에 그가 숫염소 중 얼룩무늬 있는 것과 점 있는 것을 가리고 암염소 중 흰 바탕에 아롱진 것과 점 있는 것을 가리고 양 중의 검은 것들을 가려 자기 아들들의 손에 맡기고 자기와 야곱의 사이를 사흘 길이 뜨게 하였고 야곱은 라반의 남은 양 떼를 치니라 (창30:32-36)

야곱은 라반에게 양과 염소 중 얼룩무늬와 점 있는 것과 검은 것은 라반이 기르고, 자신은 흰 양과 염소들을 기르되 흰 것끼리 교배하여 낳은 새끼 중 얼룩무늬와, 점 있는 것과 검은 것이 나오면 자신의 품삯으로 달라고 제안합니다. 상식적으로 흰 것끼리 교배하면 당연히 흰 것이 나오지 얼룩무늬나 점, 그리고 검은색의 양과 염소가 나올 확률은 극히 드물 것입니다. 라반은 자신에게 유리한 계약을 서슴없이 맺습니다. 아마도 마음속으로 '이제 이 녀석을 평생 부려 먹을 수 있겠군'이라고 쾌재를 불렀을 것입니다. 평생을 양을 치고 살아온 라반에게 있어서 흰 짐승들 사이에서 무늬가 있거나 검은 것이 나온다는 건 있을 수 없다는 것을 알고 있었습니다.

그러나 야곱은 자신에게 불리한 이 계약으로 인생역전을 합니다. 우리 생각으로는 말도 안 되는 계약이지만 야곱은 이 비밀을 하나님께서 꿈으로 보여주시고 알려주시었기에 마지막으로 하나님이 이르신 대로 실행에 옮깁니다. 이제는 자신의 지식으로써가 아닌 하나님이 주시는 지식으로 승부를 겁니다.

여기에는 그만한 삶의 과정이 있었습니다. 야곱은 태어날 때부터 간발의 차이로 인해 장자의 권리를 받지 못함을 억울하게 여겼습니다. 대부분 한 가정에서 두 명의 자식을 키울 때 부모들은 자식들이 부모의 사랑과 관심을 끌려고 경쟁하는 모습을 봅니다. 아버지 이삭은 큰아들 에서를 사랑했고 반면에 어머니는 야곱을 더 좋아했습니다. 야곱은 어머니의 도움으로 형이 받아야 할 장자의 권리를 뺏습니다. 그 후 형의 미움을 피하려고 잠시 삼촌 라반의 집에 가서 살게 된 것이 어느덧 20년의 세월이 흘러 버렸습니다. 그는 그곳에서 네 명의 아내와 많은 자식을 얻었지만 손에 쥔 것은 전무했습니다. 이유는 세상적 경험과 지식이 많은 삼촌에게 종종 이용만 당하여 수고했어도 아무 소득도 얻지 못했기 때문입니다. 20년의 세월 속에서 아마도 야곱은 깨닫는 바가 컸을 줄 압니다. 사람의 수고와 노력만으로 축복을 누릴 수 있는 것이 아니라는 것을 말입니다.

주변만 보아도 많은 사람들이 참으로 열심히 살아갑니다. 경기가 어렵다 보니 아침저녁으로 고물이나 파지를 줍는 이들을 쉽게 만날 수 있습니다. 어떤 때는 그 모습이 애처롭고 저렇게 사시다가 예수도 몰라서 구원조차 받지 못하면 어떡하나 하는 마음에 주일날 가난한 분들이 오시면 약간의 돈과 맛있는 음식을 제공하겠다고 하고서 그들에게 접근했었습니다. 그래도 잘 오시지 않습니다. 내 생각으로는 온종일 파지를 주어서 몇 천 원의 돈을 받기가 쉽지 않을 텐데도 말입니다.

야곱도 그랬습니다. 그의 지식과 삶은 한계가 있었기에 일생을 뼈 빠지게 일해도 처자식을 먹여 살리기조차 힘겨울 수밖에 없었습니다. 야곱은 자기의 나약함 속에 하나님을 바라봅니다. 하나님을 의지하기를 원했습니다. 예전 형을 피하여 삼촌이 거하는 곳에 가다가 만났던 하나님을 바라봅니다.

야곱이 브엘세바에서 떠나 하란으로 향하여 가더니 한 곳에 이르러는 해가 진지라 거기서 유숙하려고 그 곳의 한 돌을 가져다가 베개로 삼고 거기 누워 자더니 꿈에 본즉 사닥다리가 땅 위에 서 있는데 그 꼭대기가 하늘에 닿았고 또 본즉 하나님의 사자들이 그 위에서 오르락내리락 하고 또 본즉 여호와께서 그 위에 서서 이르시되 나는 여호와니 너의 조부 아브라함의 하나님이요 이삭의 하나님이라 네가 누워 있는 땅을 내가 너와 네 자손에게 주리니 네 자손이 땅의 티끌 같이 되어 네가 서쪽과 동쪽과 북쪽과 남쪽으로 퍼져나갈지며 땅의 모든 족속이 너와 네 자손으로 말미암아 복을 받으리라 내가 너와 함께 있어 네가 어디로 가든지 너를 지키며 너를 이끌어 이 땅으로 돌아오게 할지라 내가 네게 허락한 것을 다 이루기까지 너를 떠나지 아니하리라 하신지라 (창28:10-15)

† 자기 지식을 버린 야곱

야곱에게는 언약의 하나님이 필요했습니다. 그는 더는 자기의 힘으로 살기 힘들었습니다. 하란으로 가는 도중에 만난 하나님을 의지하고자 했습니다. 하늘 문이 열리고 하늘로부터 받은 축복을 붙잡으려고 했습니다. 더는 자신의 힘으로는 아무 결과도 얻을 수 없음을 절감했기에 벧엘의 하나님이 나의 하나님이 되기를 밤하늘을 바라보며 기도했습니다. 이제 자기 지식을 버리고 하나님을 의지하려는 야곱에게 하나님은 꿈에 나타나셔서 그에게 신비한 지식을 가르쳐 주십니다.

야곱이 버드나무와 살구나무와 신풍나무의 푸른 가지를 가져다가 그것들의 껍질을 벗겨 흰 무늬를 내고 그 껍질 벗긴 가지를 양 떼가 와서 먹는 개천의 물 구유에 세워 양 떼를 향하게 하매 그 떼가 물을 먹으러 올 때에 새끼를 배니 가지 앞에서 새끼를 배므로 얼룩얼룩한 것과 점이 있고 아롱진 것을 낳은지라 야곱이 새끼 양을 구분하고 그 얼룩무늬와 검은 빛 있는 것을 라반의 양과 서로 마주보게 하며 자기 양을 따로 두어 라반의 양과 섞이지 않게 하며 튼튼한 양이 새끼 밸 때에는 야곱이 개천에다가 양 떼의 눈 앞에 그 가지를 두어 양이 그 가지 곁에서 새끼를 배게 하고 약한 양이면 그 가지를 두지 아니하니 그렇게 함으로 약한 것은 라반의 것이 되고 튼튼한 것은 야곱의 것이 된지라 (창 30:37-42)

야곱은 버드나무와 살구나무와 신풍나무의 가지를 취하여 껍질을 벗겨 흰 무늬를 낸 후 그것들을 양 떼가 먹는 개천의 물 구유에 세워 둡니다. 그러자 버드나무와 살구나무와 신풍나무의 가지 앞에서 물을 먹은 흰 양과 염소들은 하나님이 보여주신 대로 얼룩얼룩한 것과 점이 있는 것과 검은 새끼를 낳았습니다. 그래서 튼튼하고 좋은 양이 물을 먹을 때 가지들을 두어서 얼룩진 것이 나오게 하여 자기 것으로 하고, 약한 양들에게는 물만을 먹여서 흰 양이 나오게 하여 라반의 것이 되게 합니다.

야곱 자신의 지식으로 안 것이 아니라 하나님의 성령께서 꿈을 통해 알려주신 것입니다(창31:11). 꿈에 하나님의 사자가 말씀하신 내용입니다.

어떻게 이와 같은 일이 가능할까요? 하나님께서 장차 될 일, 즉 미래적 현실을 꿈을 통해서 알려주셨기에 상식과 유전의 법칙으론 말도 안 되지만 하나님의 신성 앞에 적용됩니다. 그렇다면 신풍나무와 살구나무와 버드나무에 어떠한 비밀이 숨겨져 있을까요? 만물을 창조하신 하나님께서는 그 하나하나에 신성과 의미를 부여하셨습니다.

창세로부터 그의 보이지 아니하는 것들 곧 그의 영원하신 능력과 신성이 그가 만드신 만물에 분명히 보여 알려졌나니 그러므로 그들이 핑계하지 못할지니라 (롬1:20)

이 세상 만물에는 하나님의 영원하신 능력과 신성이 들어가 있습니다. 버드나무는 예로부터 물가 주변에만 가면 그 가지가 물가를 향해 쳐지는 특성이 있기에 물을 찾는 데 사용됩니다. 그래서 예전부터 산에 뱀을 잡으러 가는 사람들은 뒷짐에다가 버드나무 가지를 꺾어서 꽂고 다녔습니다. 버드나무 가지는 물이 있는 곳을 지나가노라면 나뭇가지가 신기하게도 고개를 숙입니다. 또한, 뱀은 아무리 끓여도 그 형체가 풀리지 않는데 버드나무 재료와 함께 넣고 끓이면 뱀의 형체가 즉시 풀어집니다.

창세기에 보면 아담과 하와를 꾄 사단은 뱀이었는데, 우리 주님이 십자가에서 돌아가실 때 그 뱀은 독사가 되어 있었습니다. 마지막 때에는 그 권세가 용으로 표현됩니다(계12:9). 사단의 권세가 그만큼 세어졌다는 것입니다. 사람의 능력으로는 도저히 사단의 권세에서 벗어날 수 없습니다.

이스라엘 백성들이 애굽에서 노예 생활로 고통 가운데서 벗어나길 원했으나 그들의 힘과 능력으로는 절대로 나올 수 없었습니다. 하나님께서는 모세를 통하여 어린양의 피를 문설주에 바르게 함으로써 출애굽 할 수 있도록 하셨지요. 예수님께서 십자가에서 흘린 보혈의 피로 세상 권세를 이길 수 있습니다. 야곱이 자기 지식과 능력으로는 라반을 이기지 못했지만, 하나님이 보여주시고 일러주시니 이길 수 있었습니다. 또한 우리의 죄는 다른 것으로는 해결될 수 없습니다. 오직 예수님의 피만이 우리의 죄를 씻을 수 있습니다. 우리를 묶고 있는 악한 영의 권세도 예수님의 보혈과 성령의 능력으로 벗어날 수 있습니다.

살구나무는 이스라엘에서 제일 먼저 열매를 맺는 나무입니다. 살구나무는 영적으로 새로운 생명, 부활의 첫 열매되는 예수님을 의미합니다. 짐승들이 새끼를 배고자 하면 그 살구나무에서 물을 먹이도록 했습니다.

신풍나무는 가로수로 많이 쓰이는 플라타너스입니다. 신풍나무의 겉은 나무껍질이 잘 벗겨지고, 거칠고, 보잘 것 없으나 껍질을 벗기면 그 속이 하얗고 부드럽습니다. 신풍나무는 영적으로 거듭남을 의미합니다.

모든 생명체는 물을 통하여 생명을 공급받습니다. 앞에서 말했던 것처럼 에모토 마사루가 물에 대해 실험을 하였는데 물에다가 축복의 말을 하면 그 입자가 아름다워지고 저주하는 말을 하면 악마의 모습처럼 물의 입자가 깨집니다. 그는 모든 긍정적인 말과 부정적인 말을 물에다가 대고 시험해서 나타나는 물의 현상과 결정체를 정밀한 사진으로 찍어서 발표했습니다.

말은 영이고 의식이기 때문에 사람이든 짐승이든 보고 듣는 것으로 인해 형체가 달라집니다. 사람의 몸은 70%가 물로 돼 있으므로 영생 수이신 예수 그리스도에게 나아와 그분이 하신 말씀을 마셔야만 세상을 이길 수 있습니다. 그것은 짐승도 마찬가지입니다. 만물에는 하나님의 신성이 들어가 있기에 신풍나무와 살구나무와 버드나무의 가지를 벗겨 그 앞에서 물을 먹일 때 하나님이 보여 주신대로 되었습니다.

꿈에 하나님의 사자가 내게 말씀하시기를 (창31:11)

꿈에 천사가 와서 일러 주는 대로 하면 거듭나게 하겠다고 지시하신 대로입니다. 야곱은 하나님께서 보여주고 알려준 대로 순종해서 영육간에 복 받은 믿음의 조상이 되었습니다.

주님께서 이 땅에 계실 때 밤중에 니고데모라는 사람이 찾아왔습니다. 주님은 그가 찾아온 의도를 알고 거듭남에 대해서 말씀하셨습니다.

"진실로 진실로 네게 이르노니 사람이 물과 성령으로 나지 아니하면"(요3:5) 그렇습니다. 사람으로는 할 수 없지만, 물과 성령으로는 무엇이든 새로운 피조물로 변화시킬 수 있습니다. 하나님의 성령이 야곱에게 임하여 보이시고 지시하시어 짐승들을 변화되게 하셨습니다. 나무 아래에서 짐승들에게 물을 먹일 때 하나님의 신적 권세로 만물의 변화가 일어날 수 있음을 꿈으로 알려 주셨습니다.

신앙생활을 하면서 내 능력과 내 지혜로 살아가고자 하면 아무 열매가 없습니다. 하나님이 보여주시고 알려주시고 깨닫게 해주시는 대로 행할 때 열매가 있습니다. 성령 안에서 알려주신 지식대로 나아갈 때 우리는 미래에 소망이 있습니다.

12

영 분별의 은사

진정한 영적 분별력

자신의 주 은사를 알아라

자기 적성에 맞는 것을 개발하라

영적 성장이 높아갈수록 다양한 은사가 나타남

12. 영 분별의 은사

몇 년 전 우연히 각 업종을 대표할 만한 명인을 찾는 프로그램을 보았습니다. 귀하게 여겨 목회일지에 적어 놓았습니다.

처음에 나온 분은 아직 가공되지 않은 보석의 원석이 어느 나라 제품인지를 구별해냈습니다. 마치 시골에서 막 올라온 배추가 어느 지방에서 재배된 것인가를 알아맞히는 식입니다. 보석감정인은 가공되지 않은 원석이 어느 나라에서 수입되었는지를 정확히 분별해 내어 명인이라는 칭호를 받았습니다.

두 번째 명인은 병아리 감별사였습니다. 대부분의 병아리 감별사들과 달리 그는 단지 병아리 외모만 보고도 암컷인지 수컷인지를 바로 감별해냅니다. 사회자가 100마리의 병아리를 한 곳에 모아놓고 분별케 했는데 그냥 그 자리에서 척척 구분해 냈습니다. 1분 정도만 소요되었고 한 마리도 감별 실수가 없습니다. 가히 그 분야에서만큼은 최고였습니다.

이처럼 세상적으로도 남이 보지 못하는 것을 볼 수 있는 눈이 있습니다. 남들은 느낄 수 없지만, 사물을 정확히 보고 판단합니다. 기업을 하는 사람들은 사업에 대한 흐름을 볼 수 있는 눈이 열린 자가 성공합니다. 세상 사람들도 자기 분야에서 눈에 보이는 것 이상을 보며, 손으로 만질 수 없는 그 이상의 감촉이 있으며, 인간의 사고를 뛰어넘는 전문적인 귀를 가진 자가 있습니다. 세상 사람들은 그들에게 명인이라는 칭호를 붙여주고 존귀하게 여깁니다.

이처럼 세상적으로도 보이지 않는 것을 신통하게 바라보는 사람들이 있습니다. 믿음 안에서의 영적 분별은 보이지 않는 것을 말씀과 성령의 조명 아래 바라볼 수 있는 눈입니다.

내 눈을 열어서 주의 율법에서 놀라운 것을 보게 하소서 (시119:18)

† 진정한 영적 분별력

영분별의 은사는 사람과 상황, 그리고 시대를 분별하는 은사입니다. 사람을 바라볼 때 세상적인 시각으로 바라보면서 옳고 그른 것을 분별하는 것이 아닌 하나님의 말씀과 영력으로 바라보는 시야가 필요합니다. 진정한 영적 분별력은 빤히 눈에 보이는 것에 대해서가 아니라 보이지 않는 본질적인 것을 바라볼 수 있는 눈입니다. 진리와 비진리, 참과 거짓, 옳고 그름, 빛과 어둠을 나누듯이 사람의 내면에 이와 같은 부분을 조명하여 진리로 나아가게 하는 것이 영분별의 은사입니다.

사도행전 27장을 보면 사도 바울이 죄수의 몸으로 로마로 끌려갈 때의 사건을 기록하고 있습니다. 영적으로 깨어있는 바울은 앞으로 일어날 유라굴로라고 하는 무시무시한 태풍이 일어날 것을 바라봅니다.

말하되 여러분이여 내가 보니 이번 항해가 하물과 배만 아니라 우리 생명에도 타격과 많은 손해를 끼치리라 하되 백부장이 선장과 선주의 말을 바울의 말보다 더 믿더라 (행27:10-11)

여기에 나타난 네 사람은 각기 다른 시각차를 보입니다.

첫째, **백부장**입니다. 당시 죄수들을 호송하는 율리오라는 백부장이었는데 이 사람은 세상의 법에 따라 움직이는 사람입니다. 오늘날로 말하면 군인이나 법관, 때로는 공무원들처럼 세상 법을 준행하는 자들입니다.

둘째, **선장**은 세상 지식과 경험으로 움직이는 사람입니다. 그래서 선장이 볼 때 당시의 바람 정도라면 얼마든지 항해를 할 수 있다고 보았습니다. 지금도 하나님을 믿지 않는 일반인들은 이 세상 지식을 가지고 살아가려고 합니다. 그래서 끊임없이 공부하며 세상 매체를 통하여 지속적으로 세상을 바라봅니다.

셋째, **선주**입니다. 그는 세상 물질로 움직여지는 사람입니다. 그는 미항을 떠나 사람들과 화물을 태우고 갈 때 바람이 더 불면 뵈닉스라는 곳에 가서 정박하자고 합니다. 뵈닉스는 미항보다 더 크고 상권이 좋았습니다. 그는 그곳에 머물면 지금보다 더욱 물질적인 유익이 있음을 계산합니다. 오늘날에도 많은 사람이 이 선주처럼 물질을 따라 주판을 두드리며 살아가고 있습니다.

넷째, **바울**입니다. 바울은 하나님이 일러 주시는 대로 움직이는 사람이었습니다. 그는 기도할 때 앞으로 일어날 미래적 현실을 바라봅니다. 바로 유라굴로라고 하는 거대한 태풍을 영의 눈으로 바라보았습니다. 영의 세계는 시공간을 초월할 수 있습니다. 그러나 그 당시에는 모두가 바울을 믿지 않았습니다.

출항했을 때 남풍이 불어 모두가 좋아합니다. 그러나 얼마 지나지 않아 배는 큰 폭풍을 만나 일촉즉발의 위기상황에 빠져 버렸습니다. 자그마치 열나흘 동안 풍랑과 싸우느라 먹지도 못하고 잠도 자지 못합니다. 이때 바울이 하나님께 기도하고 난 후 새로운 메시지를 전합니다.

내가 너희를 권하노니 이제는 안심하라 너희 중 아무도 생명에는 아무런 손상이 없겠고 오직 배뿐이리라 내가 속한 바 곧 내가 섬기는 하나님의 사자가 어제 밤에 내 곁에 서서 말하되 바울아 두려워하지 말라 네가 가이사 앞에 서야 하겠고 또 하나님께서 너와 함께 항해하는 자를 다 네게 주셨다 하였으니 그러므로 여러분이여 안심하라 나는 내게 말씀하신 그대로 되리라고 하나님을 믿노라 (행27:22-25)

모든 사람이 풍랑으로 지치고 굶어서 절망 가운데 빠져 있었습니다. 더욱이 아무도 생명을 보전할 수 없다는 두려움이 그들을 뒤덮고 있었습니다. 이때 바울이 그들에게 던진 말은 신적 권위가 드러나는 말이었습니다. 선장과 선주, 그리고 백부장은 처음에는 바울의 말을 믿지 않았지만, 그가 바라본 대로 됨으로 인해 이제는 그의 말이 절대적이 되었습니다.

시간이 흘러갈수록 바울이 말한 그대로 된 것을 우리는 압니다. 이처럼 영적으로 바라보고 분별할 수만 있다면 바울처럼 복음의 능력이 배가 되어 나타날 수 있습니다. 바울로 인하여 그 배에 탔던 276명 전원이 다 살 수 있었고, 그들이 멜리데 섬에 상륙한 후 그곳까지도 복음이 증거되는 역사가 있었습니다.

세상적인 분별력과 영적인 분별력이 구분되는 것은 그와 같은 상황에서 복음이 드러나는가, 그렇지 않은가로 분별합니다. 영적인 분별력은 사람과 상황, 그리고 시대를 바라보면서 하나님의 영광을 드러내는 것으로 알 수 있습니다.

대개 사람은 은연중에 자기의 기준으로 사람들을 대하면서 판단하고 정죄합니다. 무의식중에 자기와는 다른 부분에 대해서 잘못되었다고 판단합니다. **먼저, 사람에 대한 바른 분별력을 가지도록 훈련하시기 바랍니다.** 우리는 다른 것과 잘못된 것은 구별할 수 있어야겠습니다. 사람마다 급한 성격이 있고 느긋한 성격이 있습니다. 얼굴이 예쁜 사람이 있는 반면 못난 사람도 있습니다. 키가 큰 사람과 작은 사람, 머리가 좋은 사람과 나쁜 사람, 살이 찐 사람과 마른 사람이 있습니다. 이것은 나하고 다른 부분이지 잘못된 것이 아닙니다. 하나님이 나와 다르게 창조하셨을 뿐입니다.

그런데 대체로 살이 찐 사람은 상대적으로 마른 사람을 시기합니다. 살이 찌는 사람은 체질적으로 조금만 먹어도 살로 가는데 마른 사람은 아무리 먹어도 체중이 늘어나지 않는 모습을 보고 비교하며 괴로워합니다. 나하고 다른 체질을 잘못됐다고 합니다. 여자들이 싫어하는 여자 시리즈 아십니까?

10대 때는 얼굴도 예쁜데 공부도 잘하는 여자. 20대에는 성형 수술했는데 티 안 나고 예쁜 여자. 30대엔 결혼하기 전 실컷 놀았는데 시집가서 잘사는 여자. 40대는 밤낮 쇼핑하고 노는데 남편이 돈 잘 갖다 주는 여자. 50대엔 먹어도 살 안 찌는 여자. 60대는 타고난 건강에 돈까지 많은 여자. 70대엔 자녀들이 효도하고 게다가 남편도 멀쩡한 여자. 80대는 아직도 살아있는 여자!

여자들의 시기와 질투를 엿볼 수 있는 유머입니다. 그런데 교회 안에도 그리스도인들의 시기와 질투가 난무합니다. 하나님은 우리의 중심을 바라보고 계십니다.

사람의 행위가 자기 보기에는 모두 깨끗하여도 여호와는 심령을 감찰하시느니라 너의 행사를 여호와께 맡기라 그리하면 네가 경영하는 것이 이루어지리라 (잠16:2-3)

하나님은 사람의 머리털까지 세시는 분이십니다. 모든 것을 눈동자처럼 바라보고 계십니다. 하나님은 그 중심이 의로운 자를 찾으십니다. 믿음대로 살려고 하는 자를 구원하십니다. 이런 모든 부분은 성경을 통하여 분별됩니다. 성경에 기록된 인물들을 바라보면 하나님은 축복할 자를 축복하시고, 징계할 자를 회개케 하십니다.

† 자신의 주 은사를 알아라

당신의 주 은사를 분별하시기 바랍니다. 하나님 앞에 온전히 쓰임 받기를 원한다면 나 스스로 자기의 주 은사를 먼저 발견하고 개발해야 합니다.

목회 초창기에 제가 선배 목사님을 우연히 만나서 나누었던 대화가 생각납니다. 그 목사님은 제가 목사 안수 받을 때 안수 위원이었습니다. 목사님은 목회를 오래 하셨지만, 그 당시에는 힘든 시간을 보내고 있었습니다. 차를 마시면서 교제하는 가운데 선배 목사님의 주 은사는 어떤 은사냐고 물어보았습니다. 선배 목사님은 자신은 말씀의 은사가 있다고 하셨습니다.

그런데 그것은 선배 목사님의 생각이지 내가 볼 때 그렇지 않았습니다. 왜냐하면, 그분 주변의 교역자 분들로부터 특별히 말씀을 잘 전한다는 말은 듣지 못했기 때문입니다. 더욱이 오랫동안 목회하시다가 성도들이 흩어져서 힘들어 하시고 있었습니다.

저는 선배 목사님의 은사를 분별해 볼 때 사랑의 은사가 주 은사인 것 같다고 말해 주었습니다. 선배 목사님이 그 말을 듣고 저에게 들려준 내용입니다. 본인이 예수님을 영접한 후 남들에게 퍼주는 것이 좋아서 삭개오처럼 자기 재산의 절반을 하나님과 이웃에게 바쳤다고 합니다. 그럴 때 주변에 많은 사람이 모였음을 상기했습니다. 없는 사람들에게 소리 소문 없이 집 앞에다가 쌀을 갖다 주는 것이 너무 행복했다고 합니다. 어렵고 힘든 사람들을 위해서 손을 잡아주며 눈물로 기도해주면 그들이 큰 힘을 얻고, 대부분 목사님을 따랐다고 합니다. 그러시면서 앞으로는 사랑으로 목회를 해나가야겠다는 고백을 하셨습니다.

† 자기 적성에 맞는 것을 개발하라

골프선수 박세리가 만약 골프를 하지 않고 공부를 했다면 두각을 나타낼 수 있었을까요? 박찬호와 같은 야구선수가 야구를 하지 않고 장사를 했다면 잘할 수 있었을까요? 세상에서도 그 사람의 적성에 맞는 것을 가르치고 배우게 합니다. 그래서 대학에 진학하는 학생들도 자기 적성에 맞추어 이과나 문과를 선택합니다.

교회 안에서 섬김의 활동도 마찬가지입니다. 하나님의 은혜를 입고 신앙이 자라면 자기 적성에 맞는 분야에서 일해야만 잘해 나갈 수 있습니다. 자기 적성에 맞는 부분이 그 사람의 주 은사입니다. 성령 충만해지면 주 은사에 대한 개념이 없이 모든 은사들이 다양하게 나타납니다. 그러나 초창기에는 자기 적성에 맞는 은사를 주 은사로써 개발시켜 나가도록 하는 것이 유익합니다.

어떤 사람에게는 성령으로 말미암아 지혜의 말씀을, 어떤 사람에게는 같은 성령을 따라 지식의 말씀을, 다른 사람에게는 같은 성령으로 믿음을, 어떤 사람에게는 한 성령으로 병 고치는 은사를, 어떤 사람에게는 능력 행함을, 어떤 사람에게는 예언함을, 어떤 사람에게는 영들 분별함을, 다른 사람에게는 각종 방언 말함을, 어떤 사람에게는 방언들 통역함을 주시나니 이 모든 일은 같은 한 성령이 행하사 그의 뜻대로 각 사람에게 나누어 주시는 것이니라 (고전12:8-11)

대개 학창시절 남들보다 공부를 잘한 분들은 가르치는 은사와 지식의 은사가 열려있는 분입니다. 예능이나 운동에는 소질이 없을지라도 머리가 좋은 사람은 확실히 잘 가르칩니다. 이런 분들은 교사나 구역장을 맡기시면 좋습니다. 그러나 그냥 가르치는 사람이 되어선 안 됩니다. 고린도전서 2장 4절에 보면 "**내 말과 내 전도함이 설득력 있는 지혜의 말로 하지 아니하고 다만 성령의 나타나심과 능력으로 하여**"라고 말했습니다. 그 말을 통하여 성령이 지혜와 지식의 은사로 나타납니다. 말씀의 은사자는 목회자의 말씀을 통하여 나의 모든 생활이 하나님의 능력 아래 순종하고 바로 서서 남을 가르치는 자가 되어야 합니다.

남들보다 의지가 강하고 배짱이 좋은 사람이 있는데 이런 분들은 믿음의 은사를 소유하신 분입니다. 소위 말해 밀어붙이는 스타일이지요. 대개 큰 교회건물을 세우시는 분 중에서 믿음의 은사를 갖고 계신 분들이 그렇게 행합니다. '믿습니다' 하고는 돈도 없으시면서 밀어붙이십니다. 머리로 계산을 많이 하는 분들은 그렇게 못하지요. 그러나 믿음과 능력이 있는 은사자들은 끝까지 밀고 나갑니다.

교회에서는 이런 분들이 필요합니다. 성령 안에서 옳다고 여기는 것은 흔들림 없이 밀고 나가야만 성령께서 역사하십니다. 의지가 강한 분들은 믿음 안에서 산을 옮깁니다.

요한복음이나 요한 1, 2, 3서를 보면 요한을 사랑의 은사자로 봅니다. 베드로 서신을 보면 믿음을 강조했고, 바울 서신을 보면 지혜와 지식이 나타나는데 요한 서신을 보면 사랑을 강조했습니다. 대개 정적인 분들은 사랑과 섬김의 은사로 나타납니다. 연예인들이나 예술인들이 자기의 감정을 잘 표현하는데 이런 감정이 성령 안에서 은사로 나타나면 사랑과 섬김으로 남을 도와줍니다. 이런 분들은 전도하기 위해서 반찬을 해주기도 하고, 살림을 거들어 주기도 합니다. 성령 안에서 다양한 사랑의 표현을 할 수 있습니다.

† 영적 성장이 높아갈수록 다양한 은사가 나타남

초창기에는 자기의 주 은사로 주의 일을 감당하게 되지만 성령이 충만해지면 주 은사의 개념이 약해집니다. 영적 성장이 높아질수록 성령께서 쓰시려고 할 때 다양한 은사가 그에게 나타납니다. 저는 초창기에 가르치는 사역으로 봉사했습니다. 그러나 그 은사로서 열심히 일하면서 나 자신이 성숙해지니 은사가 하나씩 하나씩 열렸습니다. 주의 일을 잘 하려고 사모할 때 성령께서 더 큰 은사를 주실 줄 믿습니다.

영분별은 하나님의 말씀으로 옳고 그름을 판단합니다.

교회를 다닌다고 해서 모두 구원받습니까? 교회 안에도 예수를 안 믿는 불신자들이 많습니다. 교회 안의 불신자들은 하나님을 이용하여 자기의 유익을 얻으려고 합니다. 믿으려고 교회에 나오는 것이 아닌 자기의 목적을 성취하기 위해 교회에 나옵니다. 한 지역에 영향력 있는 목사님이 이런 말을 했습니다. 우리 교회는 선거철만 되면 지역 후보들이 대부분 우리 교회에 등록하고 예배를 드립니다. 그들은 선거 후에는 틀림없이 교회를 등집니다.

너는 사람이 그 아들을 징계함 같이 네 하나님 여호와께서 너를 징계하시는 줄 마음에 생각하고 네 하나님 여호와의 명령을 지켜 그의 길을 따라가며 그

를 경외할지니라 (신8:5–6)

"깡패는 건강한 것보다 병원에 있는 것이 많은 사람에게 유익을 준다." 내가 가끔 쓰는 표현입니다. 기질이 나쁜 깡패가 건강하면 하는 일이 무엇이겠습니까? 주변 사람들에게 돈이나 뜯고, 괴롭히고, 술, 담배, 노름으로 환경이나 어지럽힘으로 오히려 건강하기보다 몸이 아파서 병원에나 있다면 그나마 주변 사람이 괴롭힘을 당하지 않고 편안함을 느끼고 살 수 있지요. 그래서 죄지은 사람을 감옥에 가두는 것이 아닙니까?

아직 신앙이 온전치 못한데 세상 것을 먼저 소유하다 보면 그것 때문에 하나님을 등지고, 믿음에서 떠나는 일이 생겨납니다. 그래서 저는 요즈음 어쨌든 어떠한 상황 속에서도 하나님을 붙잡고 있는 것이 최상의 축복인 줄 알라고 말합니다. 그 일 때문에, 그 문제 때문에, 그 환경 때문에 내가 영생의 길로 들어섰고, 주님의 사랑을 깨닫고, 믿음의 길을 걸어가고 있다면 그것이 은혜라고 생각합니다.

한 가족이 교회에 등록했습니다. 남편 되시는 분은 이전까지 온전한 신앙생활을 하지 못했는데 우리 교회에 와서 잘 믿어 보겠다는 고백을 했습니다.

처음에는 나름대로 새로운 마음으로 믿음 생활을 해 보려는 모습이었습니다. 그러나 한 두 달 지난 후 주일에 보이지 않았습니다. 이유는 총선 때 자기가 후원하는 당을 지원하는 유세를 해야 한다는 것이었습니다. 그분은 대통령 후보의 최측근으로 있는 의원의 후원회장입니다. 한번은 그가 개업한 회사에 설립예배를 드리러 갔습니다. 예배 후 교제할 때에 어떤 분이 액자를 선물해 주고 갔는데 그 속에 다이아몬드까지 들어가 있어서 현 시가로 큰 금액이 되는 액자라고 말해 주었습니다. 사람들이 왜 정권에 손을 잡으려 하고, 그 권력에 줄을 대려는지 짐작케 합니다. 그러나 그분은 현 권력의 실세보다 더 높으신 분이 하나님이신 줄 잘 모르고 계셨습니다.

내가 오늘 명하는 모든 명령을 너희는 지켜 행하라 그리하면 너희가 살고 번성하고 여호와께서 너희의 조상들에게 맹세하신 땅에 들어가서 그것을 차지하리라 네 하나님 여호와께서 이 사십 년 동안에 네게 광야 길을 걷게 하신 것을 기억하라 이는 너를 낮추시며 너를 시험하사 네 마음이 어떠한지 그 명령을 지키는지 지키지 않는지 알려 하심이라 너를 낮추시며 너를 주리게 하시며 (신8:1-3)

그렇습니다. 하나님은 내 마음을 감찰하십니다. 하나님은 가난하게도 하시고 부하게도 하시며, 낮추기도 하시고 높이기도 하십니다. 무조건 하나님을 믿어서 부요해지고 높아지려고만 하면 안 됩니다. 하나님은 우리의 마음을 감찰하십니다. 하나님을 믿겠다고 했어도 하나님보다 세상 권력, 세상 줄이 더 강한 것 같고, 그것이 더 의지할 대상인 줄 알고 하나님의 계명과 뜻을 버리고 주일조차 성수하지 않는 모습을 볼 때마다 안타까운 마음이 듭니다.

그를 위해 기도할 때에 하나님께서 다시 그의 삶을 간섭하시겠다는 사인이 왔습니다. 하나님이 하시면 그분의 의도대로 됩니다. 우리 부부는 그 사실을 말해줄 수밖에 없었습니다. 그리고 이제부터 그가 하는 일들이 제대로 되지 않을 것을 알았습니다.

그분은 그 당시 세 가지 사업을 하고 있었습니다. 집 나간 며느리도 돌아온다는 전어 양식업, 그리고 지역 버스 운송사업, 또 하나는 국내 건설업과 해외 건설 면허까지 갖고서 회사를 키워 나가고 있었습니다. 그 중 두 가지 사업은 국내 정치와 관련이 있는 부분이지요. 당시 지역 버스 운송 사업은 버스를 5대까지 구입해 놓고 있었지만, 운행은 하지 못하고 있었습니다. 그러나 정권이 바뀌면 얼마든지 노선버스 운행 허가 정도는 가능한 일이었기에 먼저 대형 버스를 5대나 사놓고 준비 중에 있었습니다. 당시 운행하려는 노선은 그 지역에 황금 노선으로써 많은 사람이 서로 허가를 내고 운행하려는 구간이었습니다.

그뿐만 아니라 국내 건설과 해외 건설 면허까지 갖추고 각종 건설 공사를 입찰 받고 있었습니다. 국내의 관공서 일도 정부의 줄만 있으면 얼마든지 공사를 낙찰 받을 수 있기 때문이지요. 실상이 이러하였기에 어찌 보면 믿음보다는 당장 눈에 보이는 정치판에 뛰어들어 발 벗고 뛰는 것이 그에게는 현실적인 일이었을 것입니다.

그러나 하나님이 보실 때는 그렇지 않습니다. 그래서 몇 번의 권면에도 그는 전혀 귀담아듣지 않았고, 그렇게 되니 믿음이 있다는 아내 집사님조차도 어찌 된 영문인지 마음이 바뀌어서 교회를 등졌습니다. 하나님께 기도하니 주님께서는 그들을 위해서라도 그 모든 사업이 그들의 의도대로 되지 않을 것을 알게 하셨습니다.

그때부터 있었던 사건입니다. 그 해 가을, 수산업에 종사하는 분들은 대부분의 어종을 양식합니다. 그런데 그 많은 양식 어종 중에서 유일하게 이 분이 손댄 전어 양식만 파동이 났습니다. 가격이 폭락하였지요. 때때로 김장철이 되면 배추 파동, 무 파동이 나서 농민들이 생산비조차도 거두지 못하고 배추를 밭에 갈아 엎어 버리는 장면을 TV에서 종종 보았는데, 그 해에는 그 많은 양식 어종 가운데 이 전어만 파동이 나서 생산비조차도 거둘 수 없도록 가격이 폭락했습니다. 평균적으로만 가격이 나갔어도 억대의 수익을 바라보았겠지만, 결론적으론 소득은커녕 손해만 엄청 보았습니다.

버스 운행 사업도 마찬가지입니다. 급작스럽게 어느 날인가 서울시에서 서울 지역 전 노선버스 신규개설 허가가 금지된다는 내용이 방송을 타고 뉴스에서 공개적으로 흘러나왔습니다. 이 분은 버스를 5대까지 사놓았지만, 정부의 공개적 신규 증설 금지라는 법에 따라 지역에 있는 황금노선을 통하여 노다지를 캘 수 있었어도 운행하지 못하게 되니 이 또한 큰 손해를 보는 상황에 부딪쳤습니다.

마지막으로 힘쓰던 건설 사업도 그가 후원하는 의원이 출마한 지역에 있었던 일입니다. 대선 때, 갑자기 대통령 선거에서 선전한 모 후보가 대통령의 측근인 지역구에 출마해서 한판승을 벌이겠다고 하면서 국회의원 선거 한 달 정도인가를 남겨놓고 그 지역에서 출마하겠다는 급작스러운 발표를 했습니다. 그곳에서 출마한다고 했어도 그분들은 승리를 낙관하고 있었지요. 그곳은 이 의원의 오랜 텃밭이었고, 더욱이 당에서 지원하는 대통령 후보가 당선되었기에 뒤에서 배경이 될 수 있는 여건이 마련되어져 있었기 때문입니다. 그러나 막상 뚜껑을 열고 보니 모 후보가 압도적인 표차로 당선되었습니다. 아마도 그 당시 국회의원 선거 때 가장 큰 이슈였던 것 같습니다.

결국, 하나님 빽보다는 세상 빽을 더 의지하려 했던 집사님 가정은 모든 세상적인 도움을 받지 못했습니다. 하나님은 부하게도 하시고, 가난케도 하십니다. 흥하게도 하시고 쇠하게도 하시는 분이십니다.

믿음의 수준을 분별할 줄 알아야 합니다. 어떤 성도는 교회에 나오자마자 그 교회의 영적인 영향력으로 인해 바로 성령세례를 받고 방언을 받을 수 있습니다. 그러나 보수적인 교회에 다니는 분들은 수십 년이 되어도 방언의 은사를 받지 못한 경우도 허다합니다. 근래에 들어와서 이런 분들이 우리 교회에서 열리는 영성집회에 참석하여 방언을 받고 가는 분들이 점점 많아지고 있습니다. 그래서 지금은 예배 후에 별도로 방언사역을 하고 있습니다.

그러나 방언을 받았다고 해서 그의 신앙이 자란 것은 아닙니다. 요한은 성도들을 바라볼 때 그 사람의 영적 성숙함을 바라보면서 이렇게 지칭했습니다.

자녀들아 내가 너희에게 쓰는 것은 너희 죄가 그의 이름으로 말미암아 사함을 받았음이요 아비들아 내가 너희에게 쓰는 것은 너희가 태초부터 계신 이를 알았음이요 청년들아 내가 너희에게 쓰는 것은 너희가 악한 자를 이기었음이라 (요일2:12-13)

·**자녀들아~** : 자녀의 상태에서 방언을 받을 경우입니다. 이때는 성령님께서 어머니처럼 인도해 나가시는 영의 기도를 드리게 하십니다.

통변해 보면 이 상태에서는 세상 줄을 끊고 세상 죄악을 이길 수 있도록 성령께서 대언하십니다.

·**아이들아~** : 어느 정도 신앙생활을 하다가 신령한 것을 사모할 때가 되어서 방언을 받는 경우입니다. 이때에도 성령께서는 아이처럼 필요한 것을 채우는 기도를 하게 하십니다. 마치 컵에 물을 따를 때 물이 차 오르는 것처럼 신앙의 성장을 가져오는 기도를 하게 하십니다. 그의 신앙이 아이들의 수준일 때는 방언을 받았어도 성령의 나타남이 별로 없습니다. 신앙 수준이 아이의 수준이면 그는 항상 교회 안에서 영적인 환경을 어지럽히고 시기와 질투를 통해서 시끄러운 일들이 일어납니다. 고린도 교회가 그랬습니다.

형제들아 내가 신령한 자들을 대함과 같이 너희에게 말할 수 없어서 육신에 속한 자 곧 그리스도 안에서 어린 아이들을 대함과 같이 하노라 내가 너희를 젖으로 먹이고 밥으로 아니하였노니 이는 너희가 감당하지 못하였음이거니와 지금도 못하리라 너희는 아직도 육신에 속한 자로다 너희 가운데 시기와 분쟁이 있으니 어찌 육신에 속하여 사람을 따라 행함이 아니리요 (고전3:1-3)

방언을 받았어도 그 사람의 영적 성숙도에 의해서 성령의 나타남이 다르다는 것을 아시기 바랍니다.

·**청년들아~** : 청년의 단계는 내면에 성령의 열매를 주십니다. 외적으로는 방언이 은사의 단계로 드러납니다. 영적인 예민함을 가지고 움직이

는 시기입니다. 방언의 은사로 성령의 은사들이 나타날 때에 교회에 덕을 세우기 위해 주신 것임을 잊지 말아야 합니다. 각종 신령한 은사를 받았다고 해서 그 사람의 믿음 수준이 높은 것이 절대 아닙니다. 한국 교회에선 초창기에 은사가 드러나면 스스로 높아져서 교만의 영으로 넘어진 사람들이 많습니다.

교회에서는 은사자들에게 본인이 받은 은사대로 교회와 성도들을 잘 섬기도록 충분히 교육해야 합니다. 제가 강조하는 네 가지는 영성, 인성, 지성, 감성의 조화입니다. 지성은 하나님을 아는 바른 지식을 뜻합니다. 인성은 하나님의 말씀으로 인격이 변화되어야 합니다. 저는 성령 충만한 자와 인격이 좋은 자 중에서 굳이 한 분을 선택하라면 인성 있는 자를 택합니다. 왜냐고요? 항상 성령 충만한 것이 아니기 때문입니다. 감성은 성령의 감화 감동을 받는 것을 말하고, 영성은 한 마디로 표현해서 그리스도를 닮아가는 삶입니다. 어느 한쪽으로도 치우치지 않는 건강한 신앙생활이 가장 바람직한 모습이며 신앙의 원동력입니다.

·**아비들아~** : 성령의 나타남이 사역의 단계로 드러납니다. 그래서 방언으로 기도 하다가 성령의 감동이 오면 순종할 능력을 갖추고 있습니다. 사도행전 13장에 나오는 자들의 모습이 영적으로 바라볼 때 아비의 단계에 올라선 자들입니다.

안디옥 교회에 선지자들과 교사들이 있으니 곧 바나바와 니게르라 하는 시므온과 구레네 사람 루기오와 분봉 왕 헤롯의 젖동생 마나엔과 및 사울이라

주를 섬겨 금식할 때에 성령이 이르시되 내가 불러 시키는 일을 위하여 바나바와 사울을 따로 세우라 하시니 이에 금식하며 기도하고 두 사람에게 안수하여 보내니라 (행13:1-3)

그들이 아비의 단계로 수준이 높아지면 먼저 주를 잘 섬기게 되고, 성령의 음성을 듣고 순종하게 되며, 주님께서 불러 시키신 일들은 무슨 일이 있어도 복종해 나가는 모습을 갖습니다. **하나님의 의와 사람의 의를 분별할 줄 알아야 합니다.**

다윗 왕 시대에 있었던 일입니다. 사무엘하 6장에 보면 다윗이 하나님의 궤를 옮길 때 벌어지는 사건이 기록되어 있습니다. 엘리 제사장 때에 블레셋 사람들에게 빼앗겼던 하나님의 궤가 기랏여아림으로 돌아와 아비나답의 집에 보관된 채로 오랜 세월이 지났습니다. 다윗왕은 하나님의 은혜로 왕이 된 후 하나님의 궤를 다윗성 자기 처소로 모셔오려고 하였습니다. 그래서 새 수레를 만들고 온 이스라엘을 불러 모은 후 기랏여아림으로 올라가 하나님의 궤를 수레에 싣고 내려옵니다.

이때 아비나답의 두 아들 웃사와 야효는 앞뒤에서 수레를 호위하고 다윗왕과 온 무리는 하나님 앞에서 힘을 다하여 뛰놀며 노래하며 난리를 피웁니다. 그것 때문에 소들이 놀랐는지 도중에 소들이 뛰므로 수레가 흔들려 하나님의 궤가 땅에 떨어질 위기에 처하게 됩니다. 그때 웃사가 손을 펴서 재빨리 궤를 붙잡았기에 하나님의 궤는 무사할 수 있었습니다. 사람들이 볼 때 웃사는 표창을 받을만한 일을 한 것입니다. 그런데 어찌 된 영문인지 하나님께서 진노하시어 웃사를 치시니 웃사가 그 자리에서 즉사했습니다.

이게 어찌된 일입니까? 우리는 여기에서 큰 교훈을 받고 있습니다. 그것은 사람들이 옳다고 하는 일, 곧 사람의 의가 하나님께서 옳다고 하는 하나님의 의와 일치하지 않는 경우입니다.

하나님께서는 일찍이 회막에 들어가 하나님을 섬기며 회막 안의 성물들을 만지는 일은 아론과 그 아들들 곧 제사장들만이 할 수 있는 일이요, 회막의 성물들을 옮길 때는 제사장들이 포장하여 채로 꿴 다음 레위족속 고핫 자손들이 어깨에 메어서 옮기라고 말씀하셨습니다. 그러나 고핫 자손이라도 성소의 성물을 만지면 죽을 것이라고 말씀하셨던 것입니다.

진영을 떠날 때에 아론과 그의 아들들이 성소와 성소의 모든 기구 덮는 일을 마치거든 고핫 자손들이 와서 멜 것이니라 그러나 성물은 만지지 말라 그들이 죽으리라 회막 물건 중에서 이것들은 고핫 자손이 멜 것이며 (민4:15)

그래서 하나님의 말씀을 범한 웃사를 하나님이 치신 것입니다. 우리 그리스도인들은 하나님의 말씀을 우선으로 여겨야 합니다. 사람들이 옳다고 하는 선이나 의가 기준이 되어선 안 됩니다. 교회 안에서 사람 눈치보다 하나님의 말씀이 더 높아져야 합니다. 사람의 의보다 하나님의 공의가 앞서야 합니다. 사람과의 타협보다 진리의 말씀으로 살아가야 합니다.

13

영력 개발

자기를 드러내지 않은 바울

영력 개발의 열쇠

내 자아를 깨트려라

방언기도를 많이 하라

13. 영력 개발

무익하나마 내가 부득불 자랑하노니 주의 환상과 계시를 말하리라 내가 그리스도 안에 있는 한 사람을 아노니 그는 십사 년 전에 셋째 하늘에 이끌려 간 자라 (그가 몸 안에 있었는지 몸 밖에 있었는지 나는 모르거니와 하나님은 아시느니라) 내가 이런 사람을 아노니 (그가 몸 안에 있었는지 몸 밖에 있었는지 나는 모르거니와 하나님은 아시느니라) 그가 낙원으로 이끌려 가서 말로 표현할 수 없는 말을 들었으니 사람이 가히 이르지 못할 말이로다 내가 이런 사람을 위하여 자랑하겠으나 나를 위하여는 약한 것들 외에 자랑하지 아니하리라 내가 만일 자랑하고자 하여도 어리석은 자가 되지 아니할 것은 내가 참말을 함이라 그러나 누가 나를 보는 바와 내게 듣는 바에 지나치게 생각할까 두려워하여 그만두노라 여러 계시를 받은 것이 지극히 크므로 너무 자만하지 않게 하시려고 내 육체에 가시 곧 사탄의 사자를 주셨으니 이는 나를 쳐서 너무 자만하지 않게 하려 하심이라 이것이 내게서 떠나가게 하기 위하여 내가 세 번 주께 간구하였더니 나에게 이르시기를 내 은혜가 네게 족하도다 이는 내 능력이 약한 데서 온전하여짐이라 하신지라 그러므로 도리어 크게 기뻐함으로 나의 여러 약한 것들에 대하여 자랑하리니 이는 그리스도의 능력이 내게 머물게 하려 함이라 그러므로 내가 그리스도를 위하여 약한 것들과 능욕과 궁핍과 박해와 곤고를 기뻐하노니 이는 내가 약한 그 때에 강함이라 (고후12:1-10)

바울이 이 땅에 있을 때에 하나님의 은혜로 삼층천의 세계를 다녀왔습니다. 즉, 천상세계인 천국과 지옥을 보고 왔다는 말입니다. 그 이야기를 기록하고 난 후 자신의 질병 문제를 통하여 하나님께 기도했을 때 하나님께서는 그것을 치료해 주지 않으시고 **"내 은혜가 네게 족하다"**고 하셨습니다.

하나님의 뜻을 알고 난 바울은 자기의 약함과 부족함과 어리석음 같은 것들을 자랑하고 있습니다. 바울은 **"그러므로 내가 그리스도를 위하여 약한 것들과 능욕과 궁핍과 박해와 곤고를 기뻐하노니"**(고후12:10)라고 고백합니다. 만약 여러분들이 바울의 이와 같은 고백을 제대로 이해하지 못하면 어떤 사람은 기분 나쁘게 생각할 수도 있고, 또 어떤 사람은 부분적으로 말씀을 이해할 수도 있습니다. 그렇게 되면 더 이상의 영적인 것들이 개발될 수 없습니다.

바울이 삼층천의 세계를 다녀왔을 때 자기가 본 것에 대해서 스스로 1인칭으로 말하지 않고 3인칭으로 말해서 자기를 드러내지 않습니다.

† 자기를 드러내지 않은 바울

오늘날 천국이나 지옥을 경험하고 온 사람들의 많은 간증을 볼 수 있는데 바울과 비교를 해 볼 수 있어야 합니다. 바울은 이와 같은 실상을 봤음에도 자기가 본 것으로 얘기하지 않고 자기 안에 어떤 사람이 본 것으로 얘기합니다. 바울이 능력 있는 삶을 살 수 있었던 비밀이 바로 여기에 있는 것입니다.

성경에서 바울은 사람을 겉사람인 육의 사람과 속사람인 영의 사람으로 나눕니다.

그러므로 우리가 낙심하지 아니하노니 우리의 겉사람은 낡아지나 우리의 속사람은 날로 새로워지도다 (고후4:16)

보편적으로 사람들은 육신의 겉사람에 대해서 힘주기를 원하고 자아가 보강되기를 원하는 것이 특징입니다. 돈을 벌기 위한 목적도 그렇습니다. 지위가 높아지려고 하는 것도 마찬가지입니다. 학위를 변조해서라도 자기를 높이고자 하는 것 모두가 겉사람을 드러내기 위함인 것입니다. 그런데 시간이 흐를수록 겉사람의 삶의 구조는 인간 냄새만 나는 추한 인간의 썩어질 본성만이 드러납니다.

바울을 보십시오. 하늘의 신령한 것들을 봤음에도 불구하고 또 하나의 속사람이 봤다고 얘기합니다. 속사람을 드러내고 있는 것입니다. 그리고 자기의 겉사람은 배설물처럼 버리고 자기가 갖고 있는 약함을 자랑하고 있습니다. 왜 그렇게 이야기했습니까. 만약에 하나님의 말씀을 들어도 이런 내용을 알지 못하게 되면 약한 것으로 그쳐지게 됩니다. 하나님을 믿지 않는 사람들이나 말씀이 없는 사람들은 보이는 겉사람만이 진정한 나인 줄 알고 있습니다.

영접하는 자 곧 그 이름을 믿는 자들에게는 하나님의 자녀가 되는 권세를 주셨으니 (요 1:12)

이는 말씀이 육신이 되어 우리 가운데 거하시는 그 예수를 영접했음을 의미합니다. 예수를 영접하면 죽은 영이 산 영이 됩니다. 내 안의 그리스도의 영은 내 속사람에 거하고 있습니다. 그래서 바울은 거듭난 그 후부터 그의 전도의 여정이나 신앙의 삶 속에서 겉사람을 위해 살려고 하지 않았습니다. 그는 부득불 자랑할 것이 있다면 자기의 겉사람이 약해진 것을 자랑했습니다. 여기에서 우리가 영력개발이 될 수 있는 열쇠를 찾을 수 있습니다.

† 영력 개발의 열쇠

그것은 바로 사람의 의식이 달라져야만 영력개발이 될 수 있는 것입니다. 그리스도를 믿게 되면 겉사람의 나보다는 속사람의 나를 보게 됩니다. 진정한 나는 보이는 겉사람이 아니라 내 안에 예수의 사람, 성령으로 거듭난 속사람이 진정한 나입니다. 그런데 겉사람이 강하면 속사람이 그 사람을 통해서 흘러나올 수가 없습니다. 그래서 바울은 "나는 날마다 죽노라" 하며 겉사람을 죽이고 약함을 자랑한 것입니다. 나의 약함을 자랑할 때에 내 안에 있는 또 하나 성령의 사람은 그 배에서 생수의 강이 흐르고 성령의 은사가 흘러나옵니다. 성령의 능력이 나타나는 것입니다. 예수 사랑, 예수 생애가 그를 통하여 드러나게 됩니다.

사람의 몸은 영을 담고 있는 그릇입니다. 바울은 이 보배로운 예수를 질그릇과 같은 우리가 담고 있다고 고백하고 있습니다. 그러므로 우리는 예수의 영으로 날마다 새로워질 수 있고 더 나아가서는 영력개발도 될 수 있음을 말하고 있습니다.

우리가 잠시 받는 환난의 경한 것이 지극히 크고 영원한 영광의 중한 것을 우리에게 이루게 함이니 우리가 주목하는 것은 보이는 것이 아니요 보이지 않는 것이니 보이는 것은 잠깐이요 보이지 않는 것은 영원함이라 (고후4:17-18)

보이는 것은 잠깐이고, 시간이 흐를수록 부패되어집니다. 겉사람이 강한 사람들은 육적인 냄새가 진동하고, 세상적인 자아가 그를 진지처럼 둘러싸고 있습니다. 그러나 속사람은 영원한 것입니다. 그래서 바울의 생애는 보이는 겉사람으로 움직인 것이 아니라 보이지 않는 속사람으로 움직였습니다. 로마서 7장 22절은 "**내 속사람으로는 하나님의 법을 즐거워하되**"라고 말씀하고 있습니다.

하나님이 모든 것을 지으시되 때를 따라 아름답게 하셨고 또 사람들에게는 영원을 사모하는 마음을 주셨느니라 그러나 하나님이 하시는 일의 시종을 사람으로 측량할 수 없게 하셨도다 (전3:11)

하나님은 만물을 창조하신 후에 마지막으로 인간을 지으셨습니다.

여호와 하나님이 땅의 흙으로 사람을 지으시고 생기를 그 코에 불어넣으시

니 사람이 생령이 되니라 (창2:7)

"생령이 되니라" 곧 영을 창조하셨습니다. 이 영은 하나님을 의식할 수 있습니다. 물질 세계나 식물 세계, 동물 세계는 하나님을 의식하지 못합니다. 동물들을 훈련하면 대부분은 따라 하지만 예배만큼은 훈련해도 예배의 대상을 알지 못하기 때문에 흉내만 냅니다. 인간만이 예배를 드릴 수가 있습니다.

하나님은 인간을 영으로 창조하셨는데 인간이 죄를 범함으로 말미암아 하나님을 의식할 수 있는 영이 죽었고, 그 타락한 본성은 나름대로 변형된 하나님을 만들어서 섬기려고 합니다.

하나님을 모르는 자들도 그 속에는 영원을 사모하는 마음이 있어서 그들 나름대로 신을 만들어 갑니다. 진리를 알지 못하므로 많이 배웠든지 못 배웠든지, 부유하든지, 가난하든지 상관없이 나무나 돌 같은 것이 어떤 기형적인 형체가 드러나서 조금 이상해 보이고 신비해 보이면 그것을 우상으로 섬기면서 절합니다. 그 사람들에게는 그런 생명 없는 것들이 신이 되어버립니다. 우리가 참된 예배의 대상을 알지 못하면 이런 어이없는 일들을 저지르곤 하는 것입니다. 시간이 흐를수록 인간의 겉사람은 세상 것으로 포장되고 무장된 자아를 드러내기를 원하고 힘씁니다.

나에게 이르시기를 내 은혜가 네게 족하도다 이는 내 능력이 약한 데서 온전하여짐이라 하신지라 그러므로 도리어 크게 기뻐함으로 나의 여러 약한 것들에 대하여 자랑하리니 이는 그리스도의 능력이 내게 머물게 하려 함이라 (고후12:9)

그리스도의 능력이 내게 머무르게 하려면 말씀한 의도를 잘 알 수 있기를 원합니다.

내가 호렙 산에 있는 그 반석 위 거기서 네 앞에 서리니 너는 그 반석을 치라 그것에서 물이 나오리니 백성이 마시리라 모세가 이스라엘 장로들의 목전에서 그대로 행하니라 (출17:6)

하나님께서는 이 이스라엘 백성들을 무대 위에 세워 놓고 우리에게 일러 주셨습니다. 하나님의 말씀대로 모세가 반석을 내리쳤을 때 사실은 보이지 않는 어떤 분이 구약 성도들을 위해서 반석이 되어 맞았습니다. 또한, 출애굽한 이스라엘 백성들이 홍해를 건넜습니다. 그 홍해 건넌 사건을 구약 성도들이 세례를 받은 것으로 말하고 있습니다. 그리고 하늘에서 내리는 신령한 만나를 먹었고, 다 같은 신령한 음료를 마셨는데 이 음료는 신령한 반석으로부터 나왔으니 이 반석이 곧 그리스도라고 말하고 있습니다.

바울은 이것을 영적으로 분별하고 있습니다. 실제로 예수가 그렇게 십자가에서 고통당하시고 물과 피를 다 흘리셨을 때 성령이 흘러나온 것입니다. 구약의 반석은 그리스도의 모형이었습니다. 예수님도 겉사람을 깨뜨리기까지 사실은 쉽지 않은 일이었습니다. 그래서 누가복음 22장 42절에 보면 예수님은 땀방울이 핏방울이 되도록 기도하셨습니다.

"그러나 내 뜻대로 하지 마시고 아버지의 뜻대로 되기를 원하나이다" 라고 했을 때 비로소 겉사람이 깨어졌고 성령이 흘러 나왔습니다. 예수님이 그렇게 깨어졌기 때문에 온 인류의 영혼들의 목마름을 축일 수 있는 성령을 우리에게 주실 수 있었습니다. 우리도 하나님 앞에 잘못된 겉사람이 깨져야 합니다. 모든 생명은 껍질에 있지 않고 씨에 생명이 있습니다. 내 심령 속에 예수의 생명이 흘러나오기를 원한다면 하나님 앞에 겉껍질처럼 두꺼운 자아가 깨져야 합니다. 바울은 이것을 알고 있었으므로 내 궁핍과 환난과 곤고함을 잘 안다고 한 것입니다.

† 내 자아를 깨트려라

천국과 지옥이 있다는 것을 믿습니까? 영원한 세계가 있다는 것을 믿습니까? 그렇다면 예수의 영이 내 안에 들어오게 되면, 그는 길이요, 진리요, 생명으로 인도하기를 원하십니다. 때론 내가 알고 있는 지식과 생각이 내 안에 있는 성령과 부딪치는 경우가 많이 있습니다. 그럴 때는 주님이 깨지는 것보다 내가 깨지는 것이 원칙입니다. 그러나 우리는 꼭 주님을 이기려고 합니다. 신앙이 어릴 땐 주님도 기다려 주십니다. 그렇지만 계속 겉사람의 자아가 강해 봐야 그 믿음대로 돼서 남는 것은 인간의 근본적인 모습밖에 더 있겠습니까?

주님 없이 살아온 나이 먹은 사람들을 만나보십시오. 그 자아가 얼마나 강한지 한번 만나면 세상 것으로 포장된 그 사람의 육신의 썩어질 냄새밖에 안 납니다. 겉사람은 그렇게밖에 될 수 없는 것입니다. 그러나 내 안에 있는 속사람은 영의 사람으로 살기를 원합니다. 바울이 나의 약함을 자랑하는 것이 바로 영의 사람, 곧 속사람으로 살기 원함이고 그래서 속사람을 드러내고자 했던 것입니다.

살아가면서 환란, 궁핍, 곤고함으로 약해진 겉사람을 자랑하기 바랍니다. 왜냐하면, 내 겉사람의 약해진 부분을 통하여 성령이 흘러나오기 때문입니다. 겉사람이 깨지고 약해져서 영의 사람, 속사람이 드러날 때 성령이 나에게 은사나 능력으로, 때로는 신령한 모습으로 성령의 열매가 맺혀져서 예수 향기가 진동하는 것입니다.

† 방언기도를 많이 하라

하나님의 은혜가 드러난 사건은 모양만 조금씩 다를 뿐이지 다 똑같습니다. 예수의 향기가 드러난 사건도 똑같은데, 대부분 내 인생이 내 의도대로 되는 것보다 하나님의 의도대로 되는 축복을 받습니다. 그래서 깨지려면 일찍 깨지는 것이 축복입니다. 그럴 때 그 사람의 겉사람이 약해지고 속사람이 강해집니다. 그 속사람이 강해진다는 것은 영력이 개발된다는 것입니다. 영력이 개발되기를 원하십니까? 영적인 사람들은 모두 이런 과정을 통과했습니다. 이 내용을 보고 내 주변에 영력이 개발된 사람들을 잘 살펴보기 바랍니다. 그렇지 않은 사람이 하나도 없습니다.

먼저 방언기도를 많이 하기를 바랍니다. 작정기도를 많이 하고 손을 들고 기도 한다든지 시간을 정해놓고 기도하는 것이 좋습니다. 교회를 개척했을 때 사모와 저는 하루 5시간 이상의 기도를 하기로 했습니다. 하루 5시간의 기도량을 채워야겠다고 생각을 한 것입니다. 그런데 한두 시간 정도 하다 보면 내 속사람보다 겉사람이 강하기 때문에 내 자아는 자꾸 일어나라고 합니다. 그러므로 작정기도나 정해진 그 기도 시간을 통하여서 스스로 내 자아를 자꾸 죽여야 합니다. 겉사람이 약할 때 속사람이 개발되는 것이기에 그렇습니다. 사도바울이 쉬지 말고 기도하라고 했듯이 매일 같이 기도의 제단을 쌓는데 평소 30분 정도의 기도를 한다고 하면 1시간으로 기도의 양을 늘리기 바랍니다. 그리고 그 기도 시간에는 일어나고 싶어도 참아야 합니다. 그럴 때 자아가 죽는 것입니다.

창세로부터 그의 보이지 아니하는 것들 곧 그의 영원하신 능력과 신성이 그가 만드신 만물에 분명히 보여 알려졌나니 그러므로 그들이 핑계하지 못할지니라 (롬1:20)

하나님께서 만물을 만드셨습니다. 하나님은 영이시기 때문에 모든 것을 주장하십니다. 때로는 그 사람의 속사람을 채우기 위해서 겉사람의 보강된 부분들을 깨뜨리십니다. 어떤 사람은 물질을 깨뜨리기도 하고 건강을 깨뜨리기도 합니다. 물질을 깨뜨리니 환경의 우겨 싸임을 당하는 것입니다. 그 문제로 인해서 감옥에 가게 되었고 그 곳에서 비로소 인생이 자기 의도대로 안 되는 것을 깨닫게 됩니다. 그 사람에겐 물질이 하나님이었는데 물질이 깨지고 나니까 그제야 그의 심령의 문이 열려서 예수를 믿게 된 것입니다. 또 어떤 사람은 건강을 자랑하는데 그 건강이 깨지고 나니 그것 때문에 예수를 믿게 되는 것을 볼 수 있습니다. 아픈 사람은 치유가 목적이겠지만 사실은 그 질병을 통해서 진리의 예수를 알게 되는 것입니다. 토요일에 상담사역을 하는 데 문제 있는 분들이 많이 찾아옵니다. 그분들의 특징을 본다면 계산이 많다는 것입니다. 문제만을 바라보고 문제만 해결하기 위해서 상담을 하곤 합니다. 안타깝기 그지없습니다. 하나님이 의도하시는 바를 알지 못하면 계속 문제 밖으로 벗어나지 못합니다.

바울은 겉사람의 문제를 통하여서 항상 성령의 의도하신 바가 드러났기 때문에 그것에 눌림 받지 않고 오히려 자랑했던 것입니다. 그것을 통하여 나는 항상 기뻐한다는 것입니다. 우리는 이런 말씀을 믿어야 합니다. 항상 나에게 유익 되는 말씀만 믿으려 하지 말고 이런 능력의 말씀을 내 가슴에 새기길 바랍니다. 앞으로는 영력이 개발되지 않으면 주의 종은 목회하기 힘들고 평신도들도 사역하기가 매우 어려워짐은 매한가지입니다.

하나님의 말씀은 실제로 살아있는 말씀인데 하나의 이론과 지식으로만 증거하다 보면 실제적인 하나님을 경험치 못해 많은 인생이 갈급함을 느끼고 목마름을 느끼는 것입니다. 불과 10년 전만 하더라도 담임목사님 설교 외에는 다른 말씀을 들을 기회가 많이 없었습니다. 그러나 지금은 인터넷을 통해 다른 교회 목사님의 설교를 듣는 것은 너무나 쉬운 일입니다. 또한, 기독교 서점에 가면 필요한 서적을 얼마든지 구매할 수 있습니다. 예전에는 오직 담임 목사님 설교만이 다인 줄 알았는데 이제는 그렇지 않습니다. 앞으로 영적으로 필요한 것은 얼마든지 쉽게 접할 수 있는 시대가 되었습니다. 이제 영적인 실상이 드러나지 않으면 그만큼 목회 사역이 힘들어집니다.

영력개발이 되어 그 속사람을 통하여 주님이 드러나게 되면 체험적이고 능력 있는 모습으로 변화된 길을 걸어갈 수 있습니다.

14

은사는 배가 되어진다

길갈, 자기를 만드는 장소

벧엘, 교회 안의 시험 장소

여리고, 교회 밖의 시험 장소

요단, 생명을 걸고 결단하는 장소

14. 은사는 배가 되어진다

엘리야와 엘리사는 똑같이 하나님 앞에 귀히 쓰임 받은 선지자입니다. 그러나 엘리야는 자신보다 갑절이나 많은 능력을 받은 그 제자 엘리사보다 배나 힘들게 하나님의 일을 했어도 절반 정도의 일밖에 못 했습니다.

성경에 보면 둘 다 똑같이 죽은 아이를 살려내는 데 쓰임을 받았습니다. 엘리야는 그 죽은 아이의 몸에 세 번이나 엎드리며 부르짖어 기도해야만 했습니다. 그러나 엘리사는 큰 부르짖음의 기도 없이도 죽은 아이의 몸에 두 번만 엎드리고 기도하여 그 아이를 살려냈습니다.

성경을 보면 하나님으로부터 놀라울 만큼 큰 축복과 은혜를 입은 사람들을 접하게 됩니다. 우리는 그들의 삶을 조명해 나가면서 또한 믿음과 은혜의 세계로 나가야 합니다. 살펴보건대 하나님의 축복받은 사람 곁에 있는 자는 그 사람이 받은 축복과 능력들이 전가 되어진 것을 볼 수 있습니다.

◆ 아브라함의 축복이 이삭에게 전가되었고, 이삭의 축복은 다시 야곱에게 전가되었습니다.

◆ 모세의 능력 또한 가장 가까이 있었던 여호수아에게 흘렀습니다.

◆ 엘리야의 영감은 엘리사에게 흘러 갔습니다.

◆ 예수님의 비전, 능력 그리고 사랑 또한 제자들에게 전가가 되었습니다.

주님의 참된 제자가 되기 원한다면 우리 또한 예수님이 소유하셨던 비전, 능력, 소망, 사랑, 희생 등을 전가 받아야 합니다. 가장 큰 축복은 주님이 가신 길을 재현해 내는 것입니다. 예수의 생애를 드러내야 합니다. 영생하는 능력을 나눌 수 있는 삶을 살아야 합니다.

축복과 능력을 전가 받길 원하십니까. 그러면 먼저 자신에게 있어서 걸림돌이 되는 것들을 내려놓는 일부터 시작하십시오.

나더러 주여 주여 하는 자마다 다 천국에 들어갈 것이 아니요 다만 하늘에 계신 내 아버지의 뜻대로 행하는 자라야 들어가리라 그 날에 많은 사람이 나더러 이르되 주여 주여 우리가 주의 이름으로 선지자 노릇 하며 주의 이름으로 귀신을 쫓아내며 주의 이름으로 많은 권능을 행하지 아니하였나이까 하리니 그 때에 내가 그들에게 밝히 말하되 내가 너희를 도무지 알지 못하니 불법을 행하는 자들아 내게서 떠나가라 하리라 (마7:21-23)

성경을 보면 하나님께 크게 쓰임을 받고도 버림받은 사람이 있습니다. 하나님으로부터 능력을 받아 크게 쓰임 받기도 쉽지 않지만 쓰임 받고서도 버림을 당합니다. 이유는 그들이 쓰임 받기 전에 버려야 할 것들을 버리지 않은 채 능력을 받아 행하였거나, 또는 능력 받았지만, 그 후에는 자신의 탐욕을 따라 행했을 경우입니다. 하나님의 말씀에 어긋나는 일을 했기 때문입니다. 그러므로 능력을 받는 것도 중요하지만 그 과정에 자기 자신이 다듬어지고 만들어져야 합니다. 엘리야를 따랐던 엘리사가 그 실상의 모습을 우리에게 바로 알려줍니다.

첫째로, 신앙의 결단이 필요합니다.

엘리야가 거기서 떠나 사밧의 아들 엘리사를 만나니 그가 열두 겨릿소를 앞세우고 밭을 가는데 자기는 열두째 겨릿소와 함께 있더라 엘리야가 그리로 건너가서 겉옷을 그의 위에 던졌더니 그가 소를 버리고 엘리야에게로 달려가서 이르되 청하건대 나를 내 부모와 입맞추게 하소서 그리한 후에 내가 당신을 따르리이다 엘리야가 그에게 이르되 돌아가라 내가 네게 어떻게 행하였느냐 하니라 엘리사가 그를 떠나 돌아가서 한 겨릿소를 가져다가 잡고 소의 기구를 불살라 그 고기를 삶아 백성에게 주어 먹게 하고 일어나 엘리야를 따르며 수종들었더라 (왕상19:19-21)

특별히 축복과 능력과 은혜를 전가 받기를 사모하는 자들에게는 이 내용이 교과서 같은 내용입니다. 엘리사가 엘리야를 따를 때 그는 엘리야의 영감을 받기 위해서 결단하는 모습부터 남다릅니다. 한번 엘리야를 따르기로 작정했으므로 더는 세상 것에 연연하지 않는 결연한 자세를 취합니다. 무슨 일이든 자기의 목적을 성취하려면 세상에서도 그 나름대로 결단이 요구되듯 엘리사는 남다른 신앙의 결단을 하고 엘리야를 따랐습니다.

엘리사는 원래 농부였던 사람입니다. 그런데 엘리야가 찾아와서 엘리사에게 겉옷을 던졌습니다. 엘리야의 겉옷은 하나님의 능력이 흐르는 통로였습니다. 마치 모세의 능력이 지팡이에서 나오고, 삼손에게 있어서 힘의 근원은 머리카락에서 나오듯이 엘리야는 겉옷을 통해 능력이 표출되었습니다. 그런 겉옷을 던졌다는 것은 엘리사에게 "**은혜와 능력이 있는 삶을 원한다면 나를 따르라**"라는 의미였습니다.

엘리사는 능력 있는 삶을 살기를 원하였기에 결단을 합니다. 그냥 엘리야를 따르는 것이 아니라 다시는 자기의 삶을 뒤돌아보지 않기 위해 모든 농기구를 불살라 버린 후 소를 잡아 동네잔치를 하였습니다. 이제는 농사를 지으려고 해도 지을 수 없게 되었습니다. 엘리사는 이렇듯 버려야 할 것들을 과감히 버렸고, 시작부터 남다른 모습을 보였기에 자신이 소원했던 갑절의 영감을 받아 스승인 엘리야보다 많은 은혜와 능력을 입을 수 있었습니다. 또한 많은 열매를 하나님께 드렸습니다.

목회하시려는 분 중에서 자기 생업이나 현실을 미처 내려놓지를 못해서 이것도 저것도 아닌 엉거주춤한 상태로 허송세월하는 모습을 볼 때가 있습니다. 한 마리 토끼도 쫓기 힘듭니다. 사나운 맹수도 한 마리 토끼를 잡을 때 전심전력을 다 해야만 결과를 얻습니다. 세상에 속해 있는 권리, 부유, 소유된 것들을 포기하지 않고 하나님의 일을 시작하게 되면 대개가 목회가 힘들어지고 어려워질 때 다시 뒤를 돌아봅니다.

예수님께서도 베드로와 그 동생 안드레를 제자 삼기 위해 불렀습니다. 두 사람은 바다에서 고기잡이를 하는 중이었으나 예수님의 부름을 받는 즉시 곧 그물을 버려두고 예수를 좇았습니다. 세베대의 두 아들 야고보와 요한도 그랬습니다. 그들은 주님의 부름을 받는 즉시 그물과 배를 버려두고 예수를 따라갑니다. 세리 마태도 세관에서 일을 하는 중에 주님의 부름을 받았는데 이 또한 그 자신의 중요한 업무와 가족들을 버려두고 예수를 좇아갔습니다.

하늘의 은혜를 입고 능력 있는 삶을 살고 싶거든 신앙의 결단을 하시기를 바랍니다.

예수께서 이르시되 손에 쟁기를 잡고 뒤를 돌아보는 자는 하나님의 나라에 합당하지 아니하니라 하시니라 (눅9:62)

사랑하는 여러분, 뒤돌아보지 않기 위해 농기구를 불사르고 없애버린 엘리사처럼 다시 돌아가지 않기 위해 옛것을 과감히 없애버리는 결단을 하시기를 바랍니다.

둘째로, 장소를 통하여 시험을 이겨야 합니다.

여호와께서 회오리 바람으로 엘리야를 하늘로 올리고자 하실 때에 엘리야가 엘리사와 더불어 길갈에서 나가더니 엘리야가 엘리사에게 이르되 청하건대 너는 여기 머물라 여호와께서 나를 벧엘로 보내시느니라 하니 엘리사가 이르되 여호와께서 살아 계심과 당신의 영혼이 살아 있음을 두고 맹세하노니 내가 당신을 떠나지 아니하겠나이다 하는지라 이에 두 사람이 벧엘로 내려가니 벧엘에 있는 선지자의 제자들이 엘리사에게로 나아와 그에게 이르되 여호와께서 오늘 당신의 선생을 당신의 머리 위로 데려가실 줄을 아시나이까 하니 이르되 나도 또한 아노니 너희는 잠잠하라 하니라 엘리야가 그에게 이르되 엘리사야 청하건대 너는 여기 머물라 여호와께서 나를 여리고로 보내시느니라 엘리사가 이르되 여호와께서 살아 계심과 당신의 영혼이 살아 있음을 두고 맹세하노니 내가 당신을 떠나지 아니하겠나이다 하니라 그들이 여리고에 이르매 여리고에 있는 선지자의 제자들이 엘리사에게 나아와 이르되 여호와께서 오늘 당신의 선생을 당신의 머리 위로 데려가실 줄을 아시나이까 하니 엘리사가 이르되 나도 아노니 너희는 잠잠하라 엘리야가 또 엘리사에게 이르되 청하건대 너는 여기 머물라 여호와께서 나를 요단으로 보내시느니라 하니 그가 이르되 여호와께서 살아 계심과 당신의 영혼이 살아 있음을 두고 맹세하노니 내가 당신을 떠나지 아니하겠나이다 하는지라 이에 두 사람이 가니라 선지자의 제자 오십 명이 가서 멀리 서서 바라보매 그 두 사람이 요단 가에 서 있더니 엘리야가 겉옷을 가지고 말아 물을 치매 물이 이리 저리 갈라지고 두 사람이 마른 땅 위로 건너더라 건너매 엘리야가 엘리사에게 이르되 나를 네게서 데려감을 당하기 전에 내가 네게 어떻게 할지를 구하라 엘리사가 이르되 당신의 성령이 하시는 역사가 갑절이나 내게 있게 하소서 하는지라 (왕하2:1-9)

엘리사는 스승 엘리야로부터 세 번의 시험을 받습니다. 엘리야가 하늘로 승천할 것을 알고 있는 엘리사는 자신이 원하는 능력을 받기 위해 엘리야의 곁을 잠시라도 떠나지 않습니다.

"청컨대 너는 여기 머물라" 엘리야는 엘리사를 시험합니다. 그러나 엘리사는 어느 곳에도 머물지 않겠다는 강한 의지를 보임으로 시험에 합격합니다. 시험에 합격한 후에야 엘리사는 엘리야보다 갑절의 능력을 받는 방법을 엘리야로부터 전가받게 됩니다.

능력은 그냥 전가되지 않습니다. 하나님께서는 한 사람을 택하여 쓰시고자 하실 때 시험을 통하여 연단시키시고 만들어 가십니다. 성경은 엘리야가 죽음을 보지 않고 승천하는 과정에서 엘리사에게 영감이 전가되는 과정을 자세하게 밝혀 주고 있습니다. 그런데 장소마다 남다른 시험을 통과해 나갑니다.

† 길갈, 자기를 만드는 장소

여호와께서 회오리 바람으로 엘리야를 하늘로 올리고자 하실 때에 엘리야가 엘리사와 더불어 길갈에서 나가더니 (왕하2:1)

엘리야는 엘리사에게 여기 길갈에 머물라고 합니다. 길갈이라고 하는 지역의 명칭이 뜻하는 바가 있습니다.

여호와께서 여호수아에게 이르시되 내가 오늘 애굽의 수치를 너희에게서 떠나가게 하였다 하셨으므로 그 곳 이름을 오늘까지 길갈이라 하느니라 (수5:9)

이스라엘에는 원래 '길갈'이라는 지역 명칭을 가진 곳이 없습니다. 한 지역을 '길갈'이라는 이름을 붙인 것은 하나님께서 이스라엘 백성들에게 그 약속하신 가나안 땅을 그들에게 주시기 위해 그들로 하나님의 이적을 통해 요단강을 건너게 하신 후에 그들에게 이르시되 **"내가 오늘 애굽의 수치를 너희에게서 떠나가게 하였다"**(수5:9)고 말씀하신 데서 기인

합니다. 이에 기쁨이 넘친 이스라엘 백성들은 자신들이 머무는 그곳을 '길갈'이라고 이름 지었습니다. 하나님께서는 왜 그렇게 말씀하셨을까요?

그것은 우리나라가 36년 동안 일본의 압제 아래서 온갖 설움과 수치를 당하였던 것같이 400년간의 기나긴 세월을 애굽의 학정 밑에서 고통 받던 이스라엘 백성들을 애굽에서 불러내었고 이제는 그들에게 주려고 약속하신 축복의 땅인 가나안의 첫 지경으로 그들을 인도하셨기 때문입니다. 바로 여기가 엘리야가 그 제자 엘리사에게 "너는 여기 머물라" 고 말한 첫 번째 지역입니다. 그렇다면 그 시험적 의미는 무엇일까요?

그것은 '길갈'(수치가 떠나가게 하다)이라는 그 이름의 뜻이 말해주는 대로

'내가 너를 나의 후계자 되게 하였고, 그동안 선지자로서의 길을 걸으며 온갖 연단을 받느라 가난과 고통을 당한 너의 모든 수치를 떠나가게 하였으니 이제 너는 이쯤에서 머물고 이 외의 다른 은혜는 받으려 하지 말라'

다른 은혜, 즉 신령한 권능까지는 받으려 하지 말라는 시험입니다. 그러나 엘리사는 거기서 포기하지 않습니다. 우리는 환경, 사람, 질병을 통해 자신의 부족한 부분과 모난 부분이 다듬어져야 합니다. 그러나 길갈과 같은 광야에 머무르기 위해서 엘리야를 좇은 것이 아니었습니다.

우리가 세상에 속해 있다가 세상에서 깨져서 믿음으로 나올 때의 나의 모습을 한번 그려보시기 바랍니다. 그 당시에는 믿음을 가졌어도 삶이나 성격이 굉장히 날카로웠을 것입니다. 바위가 막 깨지면 굉장히 날

카롭습니다. 그러나 깨진 바위 조각들은 자기들끼리 서로가 부딪치고 물살에 깎여 나가면서 둥글어집니다. 오랜 세월 환경과 물결에 부딪히면서 자꾸자꾸 깨지고 다듬어져 나갑니다. 사우나에 가면 조약돌이 있습니다. 사람들은 그 조약돌 위에 자주 올라섭니다. 왜 그렇습니까? 조약돌은 둥글어졌기에 발로 밟아도 아프지 않고 오히려 시원함을 줍니다. 그러나 그 조약돌은 원래 날카로운 깨진 바위였습니다. 깨지고 모가 난 바윗돌처럼 교회 안에도 세상적으로 깨진 지체들이 모여 있지만 서로 부딪힘을 통해 시간이 흐를수록 둥글둥글하게 다듬어져갑니다. 성화된 성도는 사우나에 있는 조약돌처럼 하나님이 쓰시기에 편하고 시원함을 줄 수 있는 자입니다.

대부분 어린 자녀들은 할머니를 좋아합니다. 친부모나 형제들에게는 어떤 잘못이 드러나면 꾸중 듣고 야단맞지만, 할머니는 모든 것을 품습니다. 할머니는 모든 것을 받아줍니다. 할머니에게는 오랜 세월을 통하여 어린 손주들을 사랑으로 품을 수 있는 넉넉함이 배여 있기 때문입니다.

어떤 성도들은 상대방의 단점을 보고 비판하고 정죄합니다. 그러나 우리는 다른 사람의 단점을 보는 사람이 되지 말고 남을 통해 자신을 보는 자가 되어야 합니다. 상대방을 통하여 자기의 부족함을 살펴야 합니다. 그런 자가 신앙의 성장을 가져오면서 하나님의 축복을 받습니다. 길갈은 광야에서 자기를 둥글게 만드는 곳입니다. 그러나 거기에 머물러 있으면 안 됩니다.

† 벧엘, 교회 안의 시험 장소

벧엘은 "**하나님의 집**"이란 뜻입니다. 교회 안에서 사람과의 관계를 통하여 훈련되는 과정입니다. 믿는 사람끼리 부딪치고 사람과의 관계를 통하여 시험을 이겨야 하는 장소이기도 합니다.

우리 교회를 다니는 어느 여성도님이 이런 고백을 합니다.

'예전에 다른 교회를 다닐 때, 남편은 교회를 한동안 잘 다녔습니다. 그런데 교회에서 시험이 든 후로 안 나갑니다. 어느 주일에 예배를 마친 후, 귀가를 하던 중 교회 주차장에서 어느 교인의 차량과 접촉 사고가 났습니다. 상대방이 터무니 없는 보상을 요구해 왔고, 그 일에 충격을 받은 남편은 시험이 들어 더 이상 교회를 안 나갑니다.'

또 80세가 넘으신 성도님은 오랫동안 예수 믿는 자들을 비판적으로 바라보았습니다. 그 이유가 자기 자식이 예수 믿는 사람을 통하여 물질적으로 손해 보는 일들이 생겨 오랫동안 기독교에 대해 안 좋은 감정을 갖고 있었기 때문입니다. 그런데 그 자제분을 통하여 어르신을 알게 되었고 우리는 주님의 사랑으로 대하면서 선물로 내복도 사다 드리고, 또 몸이 불편한 곳을 교회 집사님들이 안마도 해드렸습니다.

성심성의껏 주님의 사랑으로 보살펴드릴 때 성령께서는 그 어르신의 마음을 어루만지셔서 믿게 된 것입니다. 사람을 보면 때로는 이해가 안 될 일도 많고 실망스러울 때도 종종 있습니다. 우리는 하나님만 바라보아야 합니다.

바울은 영의 아들 디모데에게 서신을 보내며 교회 안에서의 사람과의 관계를 당부했습니다. 즉, 교회 안의 시험을 당부했습니다(딤전1:18). 바울은 특별히 경계할 대상을 말했습니다.

◆ 양심을 버린 자(딤전1:19)
◆ 교회 안에서 믿음이 파산한 자(딤전1:19)
◆ 경건에서 멀어져 신앙이 뒤처진 자(딤후2:16)
◆ 구원받지 못하고 버림받은 자(딤후3:8)
◆ 대적자(딤후 4:14)

많은 사람이 은혜를 입기 위해 왔으나, 남의 일에 이러쿵저러쿵 간섭하는 모습을 봅니다. 시험을 통과하지 못하면 그 자리에 머물게 됩니다. 본문에서 엘리야는 엘리사에게 머물라고 말했지만 엘리사는 머물지 않겠다고 합니다. 교회 안에서 얼마든지 성도들뿐 아니라 주의 종에게도 시험이 올 수 있습니다. 그러나 성숙한 자는 시험을 극복해 나아갑니다.

† 여리고, 교회 밖의 시험 장소

'여리고'는 세상을 의미합니다. 벧엘이 교회 안에서 오는 내부적인 시험이라고 한다면, 여리고는 세상으로부터 받는 외적인 시험을 말합니다. 세상을 이기는 자가 축복을 받습니다. 세상이란 무엇을 의미할까요? 바울은 에베소서를 통해 마귀는 세상 풍속을 좇고 불순종의 아들들 가운데 역사하는 영이라고 밝히고 있습니다(엡2:2).

마귀는 "나는 마귀다"라고 나타나지 않습니다. 세상 임금이 바로 마귀이고 세상의 풍속을 따라 나타납니다. 오늘날 어둠의 영이 문화와 환경을 붙잡고 있어 우리를 혼미하게 합니다. 즉, 진리를 분별하지 못하게 하고 어지럽게 합니다.

세상 풍속, 향락, 유혹을 통해 마귀는 주님을 좇지 못하게 하고, 세상을 사랑하게 하고, 세상에 취하게 하며, 그것을 따라가게 합니다. 그러므로 우리는 세상을 이겨야 합니다.

오늘날 교회가 세상에 밀리는 이유는 무엇일까요? 바로 세상과 타협하는 모습을 가지고 있기 때문입니다. 우리는 세상과 타협해서는 안 됩니다. 우리는 믿음으로 세상을 이겨야 합니다. 축복은 이겨야 받습니다. 이기는 길은 하나님의 말씀과 기도밖에 없습니다. 기도할 때 성령께서 이기게 하십니다. 기도하는 가운데 세상과 마귀를, 우상과 죄를 이길 수 있습니다.

† 요단, 생명을 걸고 결단하는 장소

축복과 은혜, 능력을 입기 위해서는 결단하여야 합니다. 요단은 하나님의 은혜를 입기 위해서 결단을 요구합니다.

저는 믿음 생활, 신앙생활을 하면서 시간을 헛되이 보내지 않기 위해 노력했습니다. 주일 성수를 하는 것이 하나님의 말씀대로 행하는 것이기도 했지만, 그날은 나에게 시간의 복을 받는다는 것을 알았기에 절친한 친구가 주일날 결혼을 했을 때도 참석지 않았습니다. 하지만 하나님의 은혜를 입기 위해선 결단을 해야 했고 이후에도 주님의 날엔 경조사에 참석지 않습니다. 그뿐만 아니라 동창회, 동문회, 친구 모임 등 세상 모임에도 참석지 않습니다. 그러다 보니 때로는 외톨이가 된 것 같고 미운 오리새끼 같았습니다. 그러나 세상에서는 인정을 받지 못했어도 하나님의 인정을 받게 되니까 우리 교회에 성령의 기름부음이 흐르게 되었고 또한 복된 성도들을 만나서 세상 모임보다 더 즐겁게 살아가게 하셨습니다.

능력의 옷을 덧입기 위해 엘리사가 엘리야를 따라갔듯 결단할 때 능력이 흐릅니다. 우리가 한 인생을 살아감에 있어서 사단은 사람을 통해, 세상을 통해 머물러 있게 역사합니다. 그러나 머무르면 안 됩니다. 통과하여야 합니다.

능력과 축복과 은혜를 입기 위하여 끝까지 순종하고 나아가야 합니다. 디모데는 바울의 말대로 따랐기에 능력이 전가가 되었습니다. 그뿐입니까? 눈의 아들 여호수아는 모든 사람이 떠나가도 모세가 있던 회막을 끝까지 떠나지 않았습니다. 그러기에 모세의 능력이 여호수아에게 전가가 될 수 있었습니다. 또한, 그에게 나타난 하나님의 군대장관 천사가 시키는 대로 칼로 싸우지 아니하고 하나님의 방법으로 여리고를 정복했습니다. 시험을 이기지 못하면 그 장소에 머무를 수밖에 없습니다. 빨리 박차고 나가 하나님의 축복, 은혜, 능력을 전가받아 다른 사람에게 줄 수 있어야 합니다.

우리가 이 세상에 살면서 죄를 짓지 않고 살아가는 사람은 없습니다.

시험이 왔을 때 나 자신의 결점에 대한 찔림을 받게 되고 그것이 어떤 것인지 알게 됩니다. 버릴 부분, 이길 부분이 무엇인지는 스스로 압니다. 어떤 분은 술일 수도 있고, 도박일 수도 있습니다. 인터넷 채팅이나 음란으로 자주 넘어질 수도 있습니다. 때로는 게으름이나 도벽이 있는 분도 있습니다. 그러나 그것 때문에 하나님께 받아야 할 축복도 받지 못하고 그 장소에 머물러 있는 것이 억울하지 않습니까. 성령으로 기도하면서 영적으로 결단하여 하나님의 능력과 은혜가 임하기를 바랍니다.

15

성령에 대한 4가지 범죄

첫째, 성령을 근심하게 하지 말라(엡4:30)

둘째, 성령을 소멸치 말라(살전5:19)

셋째, 성령을 속이지 말라(행5장)

넷째, 성령을 훼방치 말라(마12:31)

15. 성령에 대한 4가지 범죄

† 첫째, 성령을 근심하게 하지 말라(엡4:30)

이 명령은 우리 죄가 어떻게 하나님께 영향을 미치는지 설명해 줍니다. 죄는 성령을 근심시킵니다. 이 명령은 인격 중심적입니다. 죄는 두 가지로 정의할 수 있습니다. 하나는 잘못 행하는 것이고, 또 하나는 옳은 일을 하지 않는 것입니다. **"사람이 선을 행할 줄 알고도 행하지 아니하면 죄니라"**(약4:17) 어떤 쪽이든 그리스도의 인격에서부터 멀어질 때 성령은 근심하십니다.

여호와의 손이 짧아 구원하지 못하심도 아니요 귀가 둔하여 듣지 못하심도 아니라 오직 너희 죄악이 너희와 너희 하나님 사이를 갈라 놓았고 너희 죄가 그의 얼굴을 가리어서 너희에게서 듣지 않으시게 함이니라 (사59:1-2)

우리와 하나님의 사이를 갈라놓는 죄가 문제입니다. 마음속의 죄와 생활 가운데 행하는 죄로 인해 성령은 근심하십니다. 마음속의 죄 가운데 하나는 하나님보다 더 사랑하는 또 다른 우상이 자리 잡고 있는 것입니다. 그것이 자녀일 수가 있고 남편일 수도 있습니다. 때로는 사회적 지위를 우상으로 삼을 수도 있습니다. 복음을 전하는 사역자들에게는 그 명성이 높아짐이 우상으로 자리 잡을 수 있습니다. 이렇게 되면 하나님으로부터 마음을 빼앗는 그 우상으로 인하여 성령께서 근심하십니다.

때로는 부부간의 잘못된 관계가 성령을 근심케 합니다. 밖에서는 다른 사람들에게 친절과 사랑이 많지만, 집에만 들어오면 배우자에게 차갑고 냉랭하게 대해서 성령을 근심시키기도 합니다.

우리가 기도할 때 생활 속에서 사랑을 실천하라는 마음을 주십니다. 때로는 나에게 불이익을 끼쳤던 자를 용서하라는 마음을 갖도록 하십니다. 사람들이 기도할 때마다 성령께서 일러 주시고 깨닫게 하시는 부분이 있는데 그것을 외면하면 기도의 능력을 잃어버립니다. 당분간은 그렇다고 해서 외형적으로 특별히 손해가 나거나 어려움을 겪는 것이 아니기에 내 안에 성령께서 주시는 감동을 외면합니다. 성령의 근심이 지속되면 성령은 그와 관계없는 상황에 이릅니다.

† 둘째, 성령을 소멸치 말라(살전5:19)

이 명령은 그의 인도하심을 따라야 한다는 말입니다. 소멸이라는 말은 어떤 것이 **'흐르는 것을 막는다'**는 의미입니다. 성령께서 구원과 치유, 그리고 역사를 가져올 준비가 되어 있을 때 우리는 그분과 함께 흘러가게 됩니다. 이렇게 하지 못할 때 우리는 초자연적인 은혜를 주시려는 그

분의 통로가 막힙니다. 만일 그가 우리 삶에서 자유롭게 움직이신다면 우리는 끊임없이 불가능을 가능케 할 수 있습니다. 초자연적인 세계는 그의 영역입니다.

사울은 이스라엘의 초대 왕이었습니다. 백성들의 요구로 기름부음을 받고 왕이 되었습니다. 처음에는 영적으로 예민한 삶을 살았지만, 지속적인 범죄로 인하여 영의 세계에서부터 오는 하나님의 능력을 소멸하고 말았습니다.

베냐민 지파에 기스라 이름하는 유력한 사람이 있으니 그는 아비엘의 아들이요 스롤의 손자요 베고랏의 증손이요 아비아의 현손이며 베냐민 사람이더라 기스에게 아들이 있으니 그의 이름은 사울이요 준수한 소년이라 이스라엘 자손 중에 그보다 더 준수한 자가 없고 키는 모든 백성보다 어깨 위만큼 더 컸더라 사울의 아버지 기스가 암나귀들을 잃고 그의 아들 사울에게 이르되 너는 일어나 한 사환을 데리고 가서 암나귀들을 찾으라 하매 그가 에브라임 산지와 살리사 땅으로 두루 다녀 보았으나 찾지 못하고 사알림 땅으로 두루 다녀 보았으나 그 곳에는 없었고 베냐민 사람의 땅으로 두루 다녀 보았으나 찾지 못하니라 (삼상9:1-4)

본문은 베냐민 지파 사람인 기스가 애지중지하던 암나귀를 잃어버린 후에 아들 사울을 통해 찾으러 보냈으나 찾지 못한 내용입니다. 사사를 통해 하나님의 직접적인 통치를 받던 이스라엘 사람들은 주변 나라들이 왕이 있음을 보고 하나님께 자신들도 왕을 세워 달라고 호소합니다. 이에 하나님께서는 이스라엘의 자손 중에 가장 준수하며 키가 모든 백성보다 어깨 위에 더한 사울을 왕으로 택하려는 상황이 발생합니다. 그것은 사울의 집에 애지중지하던 암나귀를 잃어버리는 사건으로부터 시작됩니다. 이것은 우연히 일어난 사건이 아니라 사울을 왕으로 택하셔서 기름을 붓기 위해 하나님께서 의도하신 사건입니다.

사울이 오기 전날에 여호와께서 사무엘에게 알게 하여 이르시되 내일 이맘때에 내가 베냐민 땅에서 한 사람을 네게로 보내리니 너는 그에게 기름을 부어 내 백성 이스라엘의 지도자로 삼으라 그가 내 백성을 블레셋 사람들의 손에서 구원하리라 내 백성의 부르짖음이 내게 상달되었으므로 내가 그들을 돌보았노라 하셨더니 (삼상9:15-16)

하나님께서 사울에게 기름부음을 주시려고 의도적으로 암나귀를 잃게 하셨고, 사환을 통해 사울을 사무엘에게 가게끔 인도하셨습니다. 또한 미리 사무엘 선지자에게 사울이 올 것을 알게 하시고, 그가 오면 기름 부을 것을 지시하셨습니다. 이를 통해 이 사건은 내 사건이 아니라 하나님께서 일으키신 사건이라고 볼 수 있습니다.

네게는 여호와의 영이 크게 임하리니 너도 그들과 함께 예언을 하고 변하여 새 사람이 되리라 이 징조가 네게 임하거든 너는 기회를 따라 행하라 하나님이 너와 함께 하시느니라 (삼상10:6-7)

기름부음을 받은 사울에게는 여호와의 신이 임해 예언을 하고 새 사람이 되며 하나님이 함께하실 것이라고 하셨습니다. 구약시대에는 선지자, 제사장, 왕에게 기름이 부어졌습니다. 사울의 기름부음은 왕이 되는 권세를 부여받음을 의미합니다. 이로써 그는 하나님과 관계되는 사람으로 이스라엘 나라와 백성을 다스릴 권세가 주어졌습니다. 사울의 사역 초창기에는 하나님이 전적으로 개입하시어 나라를 확장해 나갔습니다. 사울은 항상 하나님의 도우심을 바랐고 성령이 주시는 감동대로 순종해 나갔습니다.

한번은 하나님께서 전쟁시 온 이스라엘 백성들에게 금식을 선포했습니다. 전쟁의 주권은 하나님께 있는 것을 알게 하기 위해서이지요. 신령한 싸움은 위로부터 오는 하나님의 권세와 능력으로 이길 수 있는 것입니다. 그런데 적군의 동태를 살피기 위해 그 자리에 없었던 사울의 아들 요나단은 사울의 금식령을 알지 못했기에 꿀을 먹었습니다. 사울은 그것도 모르고 한밤중에 블레셋 사람을 쫓아갔을 때 이후에 있어야 할 일을 하나님께 묻습니다.

사울이 자기와 함께 한 백성에게 이르되 우리에게서 누가 나갔는지 점호하여 보라 하여 점호한즉 요나단과 그의 무기를 든 자가 없어졌더라 (삼상14:17)

하나님께 물어도 응답이 없습니다. 하나님이 대답지 않으셨습니다. 사울은 하나님이 명하신 금식의 명을 어긴 사람이 있었음을 깨닫습니다. 그래서 확인해 봤더니 그의 아들 요나단이었습니다.

사울이 요나단에게 이르되 네가 행한 것을 내게 말하라 요나단이 말하여 이르되 내가 다만 내 손에 가진 지팡이 끝으로 꿀을 조금 맛보았을 뿐이오나

내가 죽을 수밖에 없나이다 (삼상14:43)

사울은 요나단에게 말합니다. 네가 반드시 죽을 것이고 하나님이 네게 벌을 내리고 또 내리기를 원한다고 합니다(삼상14:44). 이 당시만 해도 사울은 거룩함을 잊지 않고 있었습니다. 정결함을 갖고 있었고 성령이 주시는 감동에 순종하는 삶을 살았습니다. 그래서 하나님과의 신령한 교제가 이루어지고 있었습니다. 이렇게 초창기에 사울은 영적으로 예민함을 가지며 전쟁에서 승리를 가져왔습니다. 그러나 시간이 흐를수록 그의 정결한 마음은 희석됐습니다.

블레셋과 전쟁을 할 때 사울은 먼저 사무엘 선지자를 앞세우고 하나님께 제사를 드리기로 약속했습니다. 그런데 칠 일을 기다려도 사무엘이 오지 않았고 블레셋 사람들은 예상보다 더 강력한 군대를 소집하여 대적하려고 했습니다. 이스라엘 군인들은 겁을 먹고 흩어지기 시작했습니다. 사울은 빨리 하나님 앞에 제사를 드린 후 군대를 정비하여 싸움에 임해야 하는데 사무엘이 오지 않으므로 마음이 급해졌습니다. 그리하여 그는 자기 임의대로 제사를 드려버립니다. 번제를 마친 후 사무엘이 왔습니다. 사울은 부득불 자기가 행한 것을 변명합니다. 여기에서 우리는 예배의 중요성을 발견할 수 있습니다. 예배는 하나님을 위하여 드리는 것이지 나를 위해 드리는 것이 아닙니다. 사울이 드린 제사는 하나님을 단지 이용하기 위한 인본주의 예배였습니다. 사무엘은 사울왕을 크게 책망합니다.

사무엘이 사울에게 이르되 왕이 망령되이 행하였도다 왕이 왕의 하나님 여호와께서 왕에게 내리신 명령을 지키지 아니하였도다 그리하였더라면 여호와께서 이스라엘 위에 왕의 나라를 영원히 세우셨을 것이거늘 (삼상13:13)

두 번째로 사울이 죄를 범한 사건입니다. 하나님께서 이스라엘 백성이 애굽에서 나올 때 광야 길에 항상 가시 노릇을 했던 아말렉 사람들을 진멸하라고 명하셨습니다. 그들을 쳤을 때 모든 소유를 남기지 말고 죽이라고 합니다. 남녀노소와 젖 먹이는 아이와 우양과 약대와 새끼까지도 모두 죽이라고 했습니다. 사울은 21만 명의 백성들을 소집해서 아말렉 성으로 진격하여 그들을 진멸했습니다.

문제는 그 이후부터였습니다. 모든 사람은 다 죽였지만 기름진 짐승들을 바라보니 막상 죽이기가 아까웠습니다. 전쟁에서의 탈취물로 백성들에게 승리의 기쁨을 자축하기 위해서 데리고 가려는 마음이 들었습니다. 그래서 하나님의 명령을 어기고 짐승들을 끌고 돌아옵니다. 사무엘이 그 짐승의 울음소리를 들었습니다. 그리고 왜 하나님의 명령을 어겼느냐고 물으니 하나님의 제사에 사용하려고 양과 소만큼은 죽이지 않았다고 변명합니다.

사무엘이 이르되 여호와께서 번제와 다른 제사를 그의 목소리를 청종하는 것을 좋아하심 같이 좋아하시겠나이까 순종이 제사보다 낫고 듣는 것이 숫양의 기름보다 나으니 (삼상15:22)

사울은 불순종했어도 계속 왕의 자리를 차지하고 있습니다. 외형적으로는 이스라엘의 왕으로서 권세도 있어 보이고, 백성을 다스리는 위치에 서 있습니다. 그렇지만 내면적으로는 하나님의 음성에 불순종함으로 인하여 성령의 근심을 가져옵니다.

우리도 마찬가지입니다. 현재 하나님 앞에 범죄했어도 외견상 아무 문제가 없는 것 같습니다. 눈에 드러나는 아픔이 없습니다. 그의 심령은 왜곡됐지만 그는 그것을 느끼지 못합니다. 문제는 보이지 않는 하나님과의 관계가 손상된 일이 얼마나 중한지를 인식하지 못하고 있는 것입니다.

세 번째로 사울의 마음이 오염된 사건이 있습니다. 사무엘하 21장에 보면 다윗의 시대에 3년 기근이 듭니다. 다윗이 하나님 앞에 간절히 구했을 때에 그것은 다윗의 문제가 아니라 사울이 행한 죄로 인한 땅의 기근임을 일러주십니다. 이스라엘 족속이 가나안 땅에 들어섰을 때 기브온 사람들은 그들이 먼 곳에서 사는 것처럼 위장하여 이스라엘 백성과 화친을 맺습니다. 후에 그것을 알았지만, 하나님의 이름으로 언약을 맺었기에 여호수아는 그들을 살려주었습니다. 그렇지만 사울은 그들을 눈엣가시처럼 여겨 기브온 사람들을 죽여 버렸습니다. 하나님을 잘 몰랐던 기브온 사람들조차 하나님의 언약을 붙잡고 있었는데 정작 사울은 스스로 그 언약을 파괴하여 큰 범죄를 저질렀습니다. 심령이 오염되면 성령은 떠나가 버리고 맙니다.

결국, 사울은 지속적인 범죄로 인하여 성령이 소멸하여 버렸습니다. 처음부터 넘어진 것은 아닙니다. 잘못된 예배로부터 시작하여 하나님의 주시는 음성에 불순종하고 그의 심령은 점점 완악해져 갔던 과정이 있습니다. 심령이 어두워졌을 때 회개하지 않았습니다. 결국, 그에게서 성령은 떠나가고 이제 그를 잡는 것은 악한 영이 그를 괴롭히는 것뿐이었습니다. 또 다시 전쟁이 벌어졌을 때 사울은 두려웠습니다. 그래서 무당을 찾아가 죽은 사무엘의 영을 불러 달라고 합니다.

범죄 하기 이전에는 하늘의 통로가 열려 하나님의 지시함으로 승리를 해 왔습니다. 그러나 죄로 인한 심령의 어두움으로 인해 더는 하늘로부터 오는 들을 수 있는 귀와 볼 수 있는 영안, 그리고 심령에 주시는 감화 감동이 사라져 버렸습니다. 그렇다고 세상적으로 적군을 제할 힘도 이제는 약해졌기에 그는 두려워 무당을 찾아가 사무엘의 영을 불러달라고 합니다. 죽은 사람을 통하여서라도 인도함 받기를 원한 것입니다. 성령이 나에게 주시는 감동을 묵살하면 성령은 소멸됩니다.

† 셋째, 성령을 속이지 말라(행5장)

초대교회에 하나님의 놀랍고도 풍성한 역사가 날마다 증거되었습니다. 하나님의 말씀과 성령의 폭포수 같은 은혜가 날마다 더해가다 보니 어느덧 교회 안에서는 한마음 한뜻으로 모든 물건을 서로 나누며 내 것이라는 개념조차도 사라졌습니다.

믿는 무리가 한마음과 한 뜻이 되어 모든 물건을 서로 통용하고 자기 재물을 조금이라도 자기 것이라 하는 이가 하나도 없더라 (행4:32)

오늘날도 마찬가지입니다. 성도가 하나님의 큰 은혜를 입고 나면 물질에 대한 애착이 사라지고 천국에 대한 소망을 갖습니다. 그래서 바나바와 같은 사람은 자기의 전 재산을 팔아서 그것을 교회에 바쳐 가난한 형제를 돕습니다.

이때 사단은 교회의 부흥을 가로막으려고 아나니아와 삽비라 부부의 마음속에 들어가 초대교회의 부흥을 가로막으려고 합니다. 바로 교회 안에 거짓의 영을 퍼뜨리는 방법이었습니다. 하나님의 백성, 하나님의 나라에 죄가 들어오면 성령의 역사가 그쳐집니다.

구약에도 가나안 땅에 들어간 이스라엘 백성들은 하나님의 전적 도우심으로 가나안을 정복해 나갔습니다. 그런 어느 날 위로부터 오는 하늘의 권세가 중단된 가운데 아이 성으로 싸우러 갔던 백성들은 크게 패했습니다. 알고 보니 아간이라는 사람이 하나님의 말씀을 어기고 여리고 성에서 훔친 금덩이를 감추었기 때문입니다. 아나니아와 삽비라는 바나바가 했던 행위로 사람들에게 칭송받는 모습에 고무되어 자기들도 남에게 칭찬받고 인정받길 원했습니다. 처음부터 의도가 순수하지 못했습니다.

베드로가 이르되 아나니아야 어찌하여 사탄이 네 마음에 가득하여 네가 성령을 속이고 땅 값 얼마를 감추었느냐 땅이 그대로 있을 때에는 네 땅이 아니며 판 후에도 네 마음대로 할 수가 없더냐 어찌하여 이 일을 네 마음에 두었느냐 사람에게 거짓말한 것이 아니요 하나님께로다 (행5:3-4)

교회에서 무서운 것이 바로 이것입니다. 우리가 보기에는 아주 사소한 위선이나 죄이지만 그것이 얼마든지 성령의 역사를 소멸시킬 수 있다는 사실입니다. 아나니아의 거짓된 행동은 그 속에 사단으로부터 시작된 것입니다. 순수한 헌신이 아닌 자기를 높이려는 의도가 있었기에 사단에게 이용만 당합니다. 하나님은 초대교회가 처음부터 거짓의 영이 역사하지 못하도록 막으셨습니다.

† 넷째, 성령을 훼방치 말라(마12:31)

그러므로 내가 너희에게 이르노니 사람에 대한 모든 죄와 모독은 사하심을 얻되 성령을 모독하는 것은 사하심을 얻지 못하겠고 (마12:31)

주님께서 사역하실 때 성령의 능력으로 귀신을 쫓아내고 병든 자를 치유하는 모습을 보고 서기관과 바리새인들이 그런 일은 귀신의 능력을 받은 자가 행하는 것이라고 하면서 훼방합니다. 성령의 역사를 귀신의 능력이라고 합니다. 주님께서 이런 자는 금세나 내세에 절대로 용서함을 받을 수 없다고 못 박으셨습니다. 우리는 사단에게 속아서 이용당하면 안 됩니다. 내가 직접 보지 못하고 판단할 수 없는 부분을 너무 쉽게 다른 사람의 말을 듣고 정죄하는 우를 범합니다. 저는 직접 보거나 알 수 없는 일은 다른 사람의 말을 그대로 듣고 판단하려고 하지 않습니다. 사단은 지금도 성령의 역사를 시기하고 훼방합니다. 기도하며 영적으로 깨어있지 않으면 사단은 지금도 우는 사자처럼 교회를 삼키려고 덤빕니다.

목회 초창기 시절, 저는 목회를 내가 하는 줄 알았습니다. 물론 하나님이 하시는 것이라고 했지만, 그것은 일상적인 말뿐이었고 교회 일을 내 생각과 방법대로 진행해 나갔습니다. 그러면서 목회가 어려워질 때마다 하나님의 도움을 구하는 기도를 드렸습니다.

목회의 위기는 예고 없이 찾아왔습니다. 임대 교회로 시작한 교회가 장소가 비좁아지기 시작했고, 마침 임대 계약도 끝나갈 무렵이었기에 교회는 부흥을 위해 화곡동에서 등촌동으로 건물을 구매하여 이전하였습니다. 좀 더 넓은 성전을 구매하여 가니까 처음에는 모두가 좋아했습니다. 그러나 시간이 흐를수록 신도들은 옮긴 장소가 멀다고 해서 한 가정, 두 가정씩 교회를 떠나기 시작했습니다.

주일이 돌아올 때마다 넓은 예배당은 점점 한산해져 갔습니다. 나보다는 아내가 더 마음의 충격을 받았습니다. 아내는 사랑을 주었던 사람들이 등을 돌리는 모습을 보자 무척 힘들어했습니다. 아내는 급기야 우울증에 걸렸고, 한국을 떠나 해외에 나가서 선교하기를 원했습니다.

그 당시 내가 할 수 있는 것은 무릎을 꿇는 일밖에 없었습니다. 성장하던 교회가 1년 만에 급속히 위축되니 어느덧 남아있는 성도들도 마음을 잡질 못하고 갈팡질팡 하는 모습을 드러내었습니다. 심지어 아내조차도 병에 걸려버렸으니 모든 것을 내려놓을 수밖에 없었습니다.

할 수 있는 것은 하나님 앞에 무릎 꿇는 일이었습니다. 아마도 그 당시 무릎을 꿇지 않았다면 나의 목회사역은 고비를 맞이했을 것입니다. 그러나 목회를 시작할 때부터 힘들수록 더욱 무릎을 조였습니다. 마치 병아리가 바람이 불면 어미 닭 품속에 달려가듯 나는 내 자신을 내려놓고 주님만 바라보았습니다. 1년 동안 외출을 금하고 오직 교회 안에서 말씀과 기도에만 전념했습니다. 그 상가건물 1층에는 슈퍼가 있었는데 그 슈퍼를 1년 동안 한 번도 안 갈 정도로 오직 기도에만 힘썼습니다.

하나님은 기도할 때 이길 힘을 주셨습니다. 밧모섬에 끌려간 사도 요한이 기도할 때 그 곳에서 앞으로 일어날 미래적인 계시를 영안이 열려 보았듯이, 저 또한 기도할 때 교회를 도우시고 지키시는 분이 성령님인 것을 알았습니다.

그 날도 무릎 꿇고 기도하는 중이었습니다. 느닷없이 내 앞에 환상이 펼쳐졌습니다. 뱀 두 마리가 고개를 쳐들고 있었습니다.

성경에 기록된 선지자 에스겔이나 바울, 혹은 베드로나 요한과 같은 자들이나 환상을 보는 줄 알았습니다. 그런데 내 눈에도 환상이 펼쳐졌습니다. 놀랄 틈도 없이 갑자기 화면이 바뀌더니 어느 가정의 집안이 화면에 드러났고 그 집안에 우리 교회 주축 성도들이 모여서 수군수군하는 모습이 보였습니다. 그들 머리 위에는 뱀 두 마리가 날름날름 거리고 있었습니다.

사도행전 10장에 보면 고넬료를 구원하기 위해서 베드로에게 환상이 보이고, 천사가 동원되고, 성령의 음성을 듣게 됩니다. 베드로에게만 아니라 필자에게도 마찬가지였습니다. 환상이 보이면서 또한 성령의 음성이 들려왔습니다.

"너는 지금 저 집으로 가서 전하라."

성령께서 환상 중에 보이는 집을 찾아가라고 명하셨습니다. 성전 벽에 붙어있는 시계를 보니 새벽 1시가 가까워지고 있었습니다. 나는 벌떡 일어나 아내에게 지금 본 환상을 말했습니다. 아내는 믿지 못하겠다는 투로 반신반의합니다. 이 추운 밤에 성도들이 잠도 자지 않고 그 시간에 모여 있을 리가 없을 거라고 했습니다.

하나님은 고넬료의 가정을 구원키 위해 베드로에게 3번이나 환상으로 보여주셨습니다. 그러나 그도 그것이 사실인 줄 몰라서 주저했던 것처럼 나 역시 마찬가지였습니다. 다시 무릎을 꿇고 기도하는데 똑같은 환상이 재현되었습니다. 그리고 지금 보여주는 저 집으로 가서 주님이 해 줄 말을 증거하라고 하십니다.

나는 성령에 떠밀려 차에 올랐습니다. 낮에는 등촌동 성전에서 화곡동까지 10분 정도 걸리지만, 새벽 1시가 가까웠기에 5분 정도면 충분히 도착할 수 있는 거리였습니다. 가는 도중 성령께서 이렇게 말씀하셨습니다.

"너는 그 집에 가서 이렇게 말해라. '가룟 유다가 은 30냥에 예수 팔아먹은 후에 그는 후회하여 그 돈을 내던지고 목매달아 죽고 지옥에 갔다. 만약 그가 그럴 줄 알았다면 그와 같은 행동을 했겠느냐?' 이 한 마디만 하고 나오너라."

하실 말씀까지 일러주셨습니다. 성경을 묵상하기 좋아했지만, 막상 그런 말씀까지는 지금까지 전혀 해보지 못했던 내용이다 보니 신기한 생각이 들었습니다.

'그렇지! 가룟 유다가 예수를 팔아먹고 후회하여 자살해 죽을 줄 알았다면 왜 그 짓을 했겠는가?'

성령이 깨닫게 해주신 내용이 참으로 귀하다고 여기는 동안 어느덧 그 집 앞에 도착했습니다.

도착하고 나서도 한편으로는 갈등이 몰려왔습니다. '내가 지금 본 환상이 사실일까?' 하는 의문도 들었고, 시계를 보니 새벽 1시가 가까워지고 있었기 때문입니다. 도대체 이 시간에 아무도 없으면 망신이나 당하고 성도에게 창피한 모습을 보이는 것이 아닌가 하는 근심에서 그곳에 도착하였어도 선뜻 움직일 수 없었습니다.

그런데 창문으로 보니 불이 켜져 있었습니다. '아직 자지 않고 있구나!' 생각이 들었습니다. 무거운 발걸음으로 초인종을 눌렀습니다. 누르는 순간 집안에서는 '누구냐' 하는 소리와 함께 내가 온 것을 알고서 안에서 잠시 무거운 적막이 흐르더니 문이 열렸습니다. 놀랍게도 환상에서 본 그대로였습니다. 나 또한 놀랐지만, 그곳에 있는 모두가 당황하는 모습이 역력했습니다. 떨리는 음성으로 조금 전 성령이 일러준 한 마디 내용만 말하고 나왔습니다.

여러분은 자기를 위하여 또는 온 양 떼를 위하여 삼가라 성령이 그들 가운데 여러분을 감독자로 삼고 하나님이 자기 피로 사신 교회를 보살피게 하셨느니라 (행20:28)

성령님이 교회를 치리하시고 감독하십니다. 감독이 하는 일은 모든 것을 보살피듯이 성령께서 그렇게 감찰하고 계십니다. 마귀 권세를 이길 수 있도록 하십니다. 성령의 음성에 순종할 때에 교회는 다시 세워질 수 있었습니다.

16

은사 깡패

은사 받은 자가 교회에 부작용을 일으킴

주님의 사역자인가, 은사 깡패인가!

교만

욕심

무지

16. 은사 깡패

목요 영성집회의 은혜를 사모하여 전국에서 목사님들과 사모님 그리고 평신도들이 몰려오셨습니다. 그 중에 지방에서 올라오신 한 목사님이 계셨습니다.《내가 예언과 환상과 꿈을 주리라》책을 읽어 보시고 은혜를 사모하여 집회에 참석하셨습니다.

† 은사 받은 자가 교회에 부작용을 일으킴

한편으로는 상담할 내용도 있었습니다. 목사님의 아내 되는 사모님 때문입니다. 그 사모님도 은사를 받으셨습니다. 우리는 그 받은 은사를 잘 가꾸고 다듬어야 합니다. 은사를 받게 되면 상당히 그 은사로 말미암아 교만함이 올 수가 있습니다. 은사를 통하여 남들이 소유하지 못한 신적 권능이 나타나기 때문입니다. 그래서 초창기 은사를 받게 되면 그 은사가 온전해질 때까지 잘 다듬어져야 합니다.

문제는 그 사모님은 그것을 모르고 은사사역을 하다 보니 교회의 덕을 세우기보다는 오히려 부작용을 일으키는 일이 잦았습니다. 상황이 너무 심각하다 보니 목사님이 찾아오신 것입니다.

각 사람에게 성령을 나타내심은 유익하게 하려 하심이라 (고전12:7)

그렇습니다. 은사는 교회와 성도들에게 유익함을 줘야 합니다. 덕을 세워야 합니다. 그것이 바로 참된 은사사역입니다. 그렇지 못하면 은사라고 하는 무기를 가지고 깡패와 같이 휘두르는 무법자가 됩니다. 지방에서 올라오신 목사님의 고민이 바로 그런 문제였습니다.

† 주님의 사역자인가, 은사 깡패인가!

칼이 있다고 가정해 봅시다. 어떤 사람은 그 칼을 가지고 많은 사람에게 음식을 요리하는 유익한 도구로 사용합니다. 어떤 사람은 그 칼을 가지고 사람을 위협하고 살인하기도 합니다. 은사 또한 마찬가지입니다. 하나님이 나에게 성령의 도구를 주신 것은 잠든 영혼 깨우고, 상한 영혼 고치고, 죽은 영혼 살리기 위해서 주신 은사입니다.

참된 은사자는 교회 안에서 목회자의 말에 100% 순종해야 합니다. 왜냐하면, 그 교회를 가장 사랑하고 가장 크게 보고 성도들의 모든 형편과 사정을 모두 알고 있는 분이 담임목사입니다. 그러므로 은사자는 그 목회자의 권위 안에 들어가서 일하는 것이 맞습니다.

평신도임에도 신유와 예언의 은사를 받은 분들이 많이 있습니다. 그들은 목회자의 말에 100%로 순종해야 합니다. 내가 주님의 참된 사역자가 될 것인가? 아니면 은사 깡패가 될 것인가? 말씀 안에서 검증할 수 있습니다.

† 교만

그 때에 제자들이 예수께 나아와 이르되 천국에서는 누가 크니이까 예수께서 한 어린 아이를 불러 그들 가운데 세우시고 이르시되 진실로 너희에게 이르노니 너희가 돌이켜 어린 아이들과 같이 되지 아니하면 결단코 천국에 들어가지 못하리라 그러므로 누구든지 이 어린 아이와 같이 자기를 낮추는 사람이 천국에서 큰 자니라 (마18:1-4)

예수님 앞에서 제자들이 누가 큰 자인지 누가 높은 자인지를 다투고 있습니다. 요한복음 13장에서는 이 내용을 동일하게 기록해 놓고 있습니다. 특별히 제자들의 그런 모습을 보고 예수님은 저녁 먹는 도중에 식사를 중단하시고 대야에 물을 담아 제자들의 발을 씻기셨습니다. 서로가 누가 크냐고 하면서 높아지려는 그들에게 예수님은 그들의 발을 씻기면서 직접 낮아짐과 섬김의 본을 보이십니다. 예수께서 그렇게 행하신 이유는 그리스도 안에서는 세상과 반대로 남을 섬기는 자가 하늘나라에서는 가장 큰 자임을 일러주시는 것입니다. 예수님 자체가 모든 하늘의 권세와 영광을 내려놓고 이 땅에 오신 것이 그 증거입니다. 그분은 우리에게 직접 섬김과 겸손의 본을 보이셨습니다.

신령한 은사가 주어졌을 때 사람들이 그를 바라보는 시선이 높아질 수 있습니다. 여기저기서 존귀하게 여김을 받는 처지로 바뀝니다. 은사자는 순간적으로 우쭐해지고 높아져 버립니다.

복음을 전하는 사역자들도 자기 이름을 떨쳐 보려는 명성과 명예욕에 붙잡힐 수 있습니다. 어떤 분의 명함을 받아보면 교회 목사의 직책뿐만 아니라 빼곡히 들어선 각종 사회적 지위를 밝혀놓고 있습니다. 그 많은 직책을 어떻게 다 감당하는지 신기합니다.

이처럼 세상적으로 높아지려고 하다 보니 한국 교회에 망국병처럼 유행하는 것이 평신도들도 신학교를 다녀서 목회자의 길을 걸어야 한다는 것입니다. 그래서 평신도들이 무언가 상황적 어려움이 생기면 사명을 감당하지 않아서 그런가 하는 죄책감으로 목회자의 길을 생각합니다.

교회를 개척한 후 삼 년 육 개월 동안 십여 명의 여자 전도사들이 교회에 와서 등록하고 봉사하다가 중도에 포기하고 떠났습니다. 그 중 몇 명은 어떻게 목사 안수를 받았는지 알 수 없지만, 목회자가 되었다는 소식을 들었습니다. 한국 교회는 성장만 부르짖지 신앙성숙은 없습니나. 모두가 감투만 쓰기 좋아하면서도 자신에게 채워야 할 영성, 인성, 지성, 감성 부분은 채우지 못하고 있습니다.

야고보서 3장 1절에 보면 너희는 더 큰 심판을 받을 줄 알고 많이 선생 되지 말라고 했습니다. 사명은 누구에게나 있는 것입니다. 대개 주변의 어떤 사람으로부터 '당신은 사명자인데 주의 길을 가지 않아서 힘들다'는 말이 무거운 눌림으로 자리 잡았다며 많이 찾아오십니다. 사명자의 길을 걷지 않아서 힘든 것이라는 무책임한 말 한마디가 삶의 눌림이

됐습니다. 그래서 마음에 근심을 짊어지고 상담 받으러 찾아옵니다. 특히 늦은 나이에 신학을 하겠다고 하십니다. 50이 넘은 분들은 대부분 목회자의 사명이 아닙니다. 하나님께서 사명을 주셨다면 벌써 일찍부터 그를 다듬으시고 훈련해 나갔을 것입니다. 제발 감투 좋아하지 마시기 바랍니다.

† 욕심

은사자가 반드시 내려놓아야 할 부분입니다. 제가 어렸을 때는 주위에 기도하는 사람들이 많아서인지 은사자들이 많았습니다. 능력 받았다는 종들의 집회에는 사람들이 구름처럼 몰렸습니다.

청년 시절, 모처에서 열린 여름 산상 집회를 참석했었습니다. 일천 명 정도가 참석했는데 예배 때마다 각 사람이 낸 헌금을 일일이 호명하다 보니 그 시간만 해도 30분이 족히 넘어갔습니다. 또 예배 도중 필요한 재정을 말하면서 그 자리에서 헌금할 분들을 손들게 했습니다. 1억부터 시작되어서 5천만 원, 3천만 원, 1천만 원 내려가다가 50만 원까지 헌금을 바치도록 유도했습니다. 은혜 받으러 갔던 성도들이 이런 잘못된 부흥집회로 인해 교회 부흥에 찬물을 끼얹는 역할을 합니다.

너희는 욕심을 내어도 얻지 못하여 살인하며 시기하여도 능히 취하지 못하므로 다투고 싸우는도다 너희가 얻지 못함은 구하지 아니하기 때문이요 구하여도 받지 못함은 정욕으로 쓰려고 잘못 구하기 때문이라 (약4:2-3)

자칫하면 우리가 욕심 때문에 바로 쓰임 받지 못하고 넘어지고 맙니다. 은사를 받는 동기도 하나님의 영광과 영혼 구령에 있는 것이지요. 어떤 세상적 욕구를 채우려고 해서는 안 됩니다.

† 무지

주변에 사는 사람들을 바라보면 무지한 사람도 나름대로 소신 있게 사는 것을 봅니다. 굳이 진리를 알지 못했어도 나름대로 삶을 긍정적으로 살아가는 자들도 있습니다. 그런데 더 큰 문제는 교회 안에 있는 부류입니다. 신앙적으로 바라볼 때 아직 거듭나지도 못했고, 하나님으로부터 채워야 할 신앙 수준에도 도달하지 못했는데 본인이 은사가 있다고 착각하고 문제를 많이 일으키기도 합니다.

사울과 바울의 차이를 아십니까. 거듭나기 이전의 사울은 부활의 도를 증거 하는 예수의 제자들이 무조건 잘못되어졌다고 생각했습니다. 사람이 죽으면 그만이지 어떻게 다시 살아날 수 있겠느냐고 하면서 제자들이 사람들을 선동한다고 보았습니다. 그래서 그는 예수의 제자들을 핍박하는데 선두에 앞장섰던 사람입니다. 그러나 다메섹 도상에서 직접 부활의 예수를 만나니 그는 자기가 죄인 중에서도 괴수였다는 고백을 합니다. 거듭나기 전 사울은 히브리인으로서 가말리엘 문하생으로 최고의 학문을 마친 자입니다. 율법으로도 온전한 자입니다. 그러나 그는 진정 소유할 부분을 소유하지 못했던 자였습니다. 그는 성경에서 예언한 예수를 몰랐고, 더욱이 성령의 실체에 대해서 몰랐습니다. 다행스럽게도 부활의 예수를 만난 후 영적 무지에서 벗어날 수 있었습니다.

제가 볼 때 성령의 은사와 방언에 대한 부분도 이와 같다고 봅니다. 성령의 본질적인 역사는 전혀 소유해 보지도 못한 자들이 단지 이론적으로만 바라보고 시비하려 합니다. 신약성경에 나온 서기관과 바리새인들과 같습니다. 여러분은 율법만 소유했던 바리새인과 같은 자가 되어선 안 됩니다.

니고데모를 한번 생각해 보시기 바랍니다. 예수님께서 이 땅에서 권세 있는 복음을 증거할 때 유대인의 관원인 니고데모가 찾아왔습니다.

우리가 당신은 하나님께로부터 오신 선생인 줄 아나이다 (요3:2)

니고데모는 주님을 '**하나님께로부터 오신 선생**'으로 보고 있습니다. 맞는 표현일까요? 그렇지 않습니다.

우리는 주님을 대할 때 어떻게 대해야 하는지 잘 알아야 합니다. 니고데모는 예수를 자기 수준과 지식으로 바라보았습니다. 니고데모는 당시 존경받는 유대의 선생이었습니다. 그런 그에게 주님은 한마디로 말해서 거듭나라고 하십니다. 거듭나지 않으면 하늘나라를 보지도 못할 뿐만 아니라 들어가지도 못한다고 하셨습니다.

대부분의 사람은 이 니고데모와 같이 자기의 길을 성실하게 꾸준히 걸어갑니다. 그런데 옳다고 해서 살아온 그 삶이 자기의 의가 되기 십상입니다. '사람은 성실하게 살면 되지 다른 것이 무슨 유익이 있는가.' 생각합니다. 어떤 자는 깨끗하게 사는 삶을 의로 여깁니다. 또 다른 것은 남을 나름대로 돕는 삶 속에서 자신의 의를 충족시킬 수도 있습니다. 이와 같은 세상의 선생 수준에서 예수까지도 그렇게 바라보는 것이 문제입니다.

랍비는 당시 진리를 가르쳤던 선생이었습니다. 니고데모는 예수님을 선생으로 알고 있었습니다. 선생은 지식을 가르쳐 주고, 토론하고, 깨닫게 합니다. 그러나 선생이 구원을 시켜주는가? 선생이 죄를 사해 주는가? 선생이 신적 능력을 드러낼 수 있는가? 선생의 수준으로는 영적 실상을 아무것도 드러낼 수 없습니다. 하나님의 말씀을 대할 때 선생 정도의 수준으로 가르치고, 깨닫고 토론하는 수준으로 대하면 안 됩니다. 진리의 말씀을 통해 거듭나려고 해야 합니다. 성령으로써 새로운 창조가 내면에서부터 일어나야 합니다. 예수를 선생으로 바라보지 말고, 이념이나 사상적 차원이 아닌 구세주로 바라볼 수 있는 영적인 눈이 필요합니다.

똑같이 주님을 만났는데 베드로는 달랐습니다. 그는 처음부터 예수를 그리스도로 대했습니다.

시몬 베드로가 이를 보고 예수의 무릎 아래에 엎드려 이르되 주여 나를 떠나소서 나는 죄인이로소이다 하니 (눅5:8)

밤새도록 물고기를 못 잡은 베드로의 배에 주님께서 오르시어 하나님의 말씀을 선포하시고 **"깊은 데로 가서 그물을 내려 고기를 잡으라"**(눅5:4)고 하셨습니다. 베드로는 원래 직업이 어부였으므로 누구보다도 고기가 잘 잡히는 곳을 알고 있었습니다. 그렇지만 베드로는 그날따라 고기를 잡지 못하고 그물을 손질하고 있을 때 예수께서 그 배에 오르시어 자신이 성경에서 예언한 그리스도임을 말씀하셨습니다. 베드로는 "속으로 정말일까?" 의구심이 들었을 것입니다. 주님께서는 그런 베드로의 심정을 감찰하셨기에 말씀을 마치신 후 그에게 다시 한 번 그물을 내려 보라고 지시하신 것입니다. 베드로는 예수의 말을 확인하는 심정으로 다시 바다로 향하면서 "**말씀에 의지하여 내가 그물을 내리리이다**"라고 순종했습니다.

지시하신 곳에 내린 그물에는 상상치 못할 만큼 그물이 찢어질 정도로 많은 물고기가 잡혔습니다. 물고기가 그냥 잡혔겠습니까? 존재의 근원 되신 그분이 말씀하시면 모든 만물은 움직입니다. 예수께서 말씀하셨을 때 갈릴리 바다 속에 있는 고기들은 베드로의 그물에 잡히기 위해 이동했을 것입니다. 물론 그 이전에는 주님이 예정하신 바에 의해서 물고기가 피해 다니고 있었으므로 베드로는 전혀 고기를 잡을 수 없었습니다. 베드로는 그곳에서 태어나서 고기를 잡을만한 지식과 경험만큼은 누구보다도 뛰어났던 자였습니다. 그러나 예수님의 말씀을 통하여 순종했을 때 잡힌 고기를 통하여 그는 유대인의 선생이 아닌 메시아를 만난 것이었습니다.

'주여 나를 떠나소서 나는 죄인이로소이다.'

이 고백은 그리스도, 즉 메시아를 만난 자만이 할 수 있는 고백입니다. 베드로는 구세주인 주님을 만났습니다. 한편 니고데모는 주님을 선생으로 대했습니다. 예수를 진리나 깨닫게 해주는 선생 수준으로 아는 것은 잘못된 것입니다. 니고데모는 처음부터 그리스도를 영, 혼, 육의 구세주로서 하나님의 아들로 대하는 것이 아니라 선생으로 대했습니다.

우리도 마찬가지입니다. 오늘의 말씀을 진리로 소유하지 않고, 지식으로 대하면 안됩니다. 말씀을 듣고도 내가 변하지 않으면 무슨 상관이 있겠습니까?